어나더 경제사 2

ANOTHER ECONOMIC HISTORY

어나더 경제사
2

─────── 산업문명 ───────

홍기빈 지음

서열

어나더 경제사 - 산업문명 편을 시작하며

산업문명의 세 요소 : 기술, 사회 세력, 제도

18세기 영국에서 시작된 산업혁명은 19세기에 들어 유럽 전역과 북미 대륙으로 확산했고, 20세기에는 전 세계로 퍼져 나가면서 지구 전체에 걸쳐 산업문명을 만들어 냈습니다. 21세기의 우리도 그 안에서 살아가고 있으며, 최소한 당분간은 산업혁명을 통해 발현된 산업문명이 사라질 것 같지 않으며, 오히려 현재 시점에서 관찰해 보면 더욱더 가열찬 팽창 일로에 있습니다. 이런 의미에서 산업혁명을 단순히 '1770년대 영국에서 벌어진 사건'으로 이해해서는 안 됩니다. 그 이후 지금까지 이어지고 있으며, 산업문명이 존속하는 한 계속 인간과 사회와 자연의 삶을 지속적으로 바꾸어 나가는 '영구적인 혁명' 같은 것으로 보아야 합니다. 과거의 한 사건을 말하는 것이 아니라 과거에 시작되었지만 지금까지 쭉 이어지고 있는 연속성을 가진 개념입니다. 영어 시제로 이해해 보자면, 과거 시제가 아니라 현재 완료 진행Present Perfect Continuous' 시제라고 할 수 있습니다.

산업문명의 성립은 인류 진화의 큰 사건

'빅 히스토리Big History'라는 역사 시각이 최근 들어 각광을 받고 있습니다. 약 138억 년 전 벌어진 빅뱅에서 시작하여 우주와 지구의 탄생 그리고 생명의 출현 등 큰 사건들을 큰 시간적 지평에서 조망하는 역사 서술이기도 합니다. 이 시각에서는 인류, 즉 호모 사피엔스의 사연도 몇십만 년 전 보잘것없는 영장류의 하나로 출현하여 21세기에 들어 지구 생태계 전체를 위협하는 무서운 존재가 될 때까지를 볼 수 있습니다. 그 경우 관습적으로 과학의 범주로 다루어 온 인류의 진화도 역사에 통합해 연속적인 과정으로 이해할 수 있겠죠. 산업문명이라는 사건의 규모와 의미 또한 인류라는 생물종의 '빅 히스토리'에서 보아야 그 의미를 충분히 짐작할 수 있습니다. 이 역시 역사적 대사건일 뿐만 아니라 인류 '진화', 나아가 지구 '역사'에 있어서도 큰 획을 긋는 거대한 사건이기 때문입니다.

산업문명은 인류가 자연과 관계 맺는 방식, 다른 인간들과 관계 맺는 방식, 다른 생물종과 관계 맺는 방식, 나아가 개인이라는 개체가 자기 자신과 관계 맺는 방식까지 모두 송두리째 바꾸어 버렸습니다. 산업문명의 성립에 비견할 수 있는 사건은 농경과 목축을 시작하여 도시와 국가를 건설하게 된 '신석기혁명' 및 '도시혁명' 정도가 있겠지만, 저는 산업문명이 훨씬 더 큰 사건이라고 생각합니다. 우선 신석기혁명이나 도시혁명이 시간적으로 몇천 년에 걸쳐 완만하게 벌어진 사건임에 비해 산업문명은 불과 300년도 되지 않는, 즉 세대 변환이 채 10대도 이어지지 않은 짧은 시간에 폭발적·압축적으로 벌어졌습니다. 둘째, 두 사건이 자연·사회·인간에게 가져온 변화의 폭과 깊이로 볼 때에도 비교가 되지 않습니다. 가죽옷 하나 걸친 채 돌도끼를 들고 떠돌아다니던 구석기 인류가 큰 궁전과 신전을 세우고 사치와 향락을 누리는 제국의 일원이 된 것도 물론 큰 변화입니다만, 태어난 곳에서 반경 30킬로미터를 벗어나지 않고 일생을 보내던 전통 시대의 농민에서 매일 동탄과 서울을 자동차로 출퇴근하며 스마트폰으로 공동 구매를 하는 수도권 주민으로 변화한 것에는 미치지 못합니다.

게다가 산업문명의 성립은 인류라는 생물종의 생활 방식만 바꾸어 놓은 것이 아닙니다. 지구의 생태계, 즉 생명 영역biosphere 전체를 바꾸어 놓았을 뿐만 아니라 지금은 아예 지질학적 차원에서 '인류세anthropocene'라는 표현이 등장할 정도로 지구 전체에 걸쳐 자연 구성까지 바꾸어 놓았습니다. '신석기혁명'과 '도시혁명'도 지구의 생태계에 변화를 가져오기는 했습니다만, 이 정도로 극적이고 폭발적인 변화를 가져온 것은 아니었습니다.

왜 '문명'이라고 하는가

산업혁명 이후에 나타난 세상을 '산업사회'라는 말로 부르기도 합니다만, 저는 '산업문명'이라는 말을 쓰고자 합니다. 뜻이 좀 애매하기도 하고, 걸핏하면 다른 종족들을 얕잡아보는 말로 오용되기도 하는 이 '문명civilization'이라는 말을 굳이 쓰려고 하는 이유가 있습니다.

이 말이 내포하고 있는 복잡한 역사를 모두 넘어서, 최초 어원에 착목해 봅니다. 이 말은 '도시 사람들의 생활 방식'을 뜻하는 라틴어 'civilis'에서 나온 말입니다. 같은 말을 어원으로 둔 '도시civitas'라는 단어도 물질적으로 풍요롭고 사회 전체에 명확한 질서가 확립되어 있는 곳을 뜻합니다. 이곳 사람들은 '야만' 지역 미개인들과는 달리 공손하고 우아하고 세련된 매너를 구사하면서 높은 정신적 수준의 삶을 살게 되는데, 여기에서 제가 주목한 것은 바로 도시가 '물질적 삶과 정신적 삶의 결합체'라는 점입니다. 도시의 물질적 풍요는 그 도시가 보유한 권력과 힘 덕분에 가능해집니다. 그 도시의 권력과 힘의 원천은 다시 시민들 모두의 삶 속에 깊이 자리 잡은 '용기와 미덕'에서 나오며, 용기와 미덕의 원천은 다시 시민들의 정신세계에 있습니다 한편 이러한 시민들의 정신세계와 용기와 미덕이 유지되기 위해서는 도시의 물질적 풍요 그리고 힘과 권력이 떠받쳐 주어야만 합니다. 이렇게 문명이라는 말은 인간 세상을 물질적 차원과 정신적 차원의 결합체로 이해하는 태도를 담고 있습니다.

산업문명 이후의 사회를 이야기할 때 지금까지 너무나 많은 방점을 기술이나 산업 발전 같은 '물질적' 차원에 찍어 왔습니다. 하지만 물질적 변화가 어떻게 사람들의 정신세계를 바꾸어 놓는지, 정신적 변화가 다시 어떻게 물질적 변화의 향방을 바꾸어 놓는지, 또한 물질적 삶과 정신적 삶의 팽팽한 줄다리기 속에서 어떻게 세상 전체의 질서를 확립하는 제도가 나타나게 되었는지 등의 과정은 상대적으로 무시되어 온 감이 있습니다. 그 결과, 인간과 사회를 일종의 기계처럼 착착 맞물려 돌아가는 것으로 이해하는 기능적인 태도까지 나타났습니다.

이러한 협소한 시각으로는 이 인류 진화사의 큰 사건을 충분히 음미하고 조망할 수 없습니다. 우리의 삶이 왜 이런 모습으로 나타났으며, 또 앞으로는 어떻게 변해 갈 것인가를 생각할 때에도 충분한 혜안을 줄 수 없습니다. 따라서 산업혁명 이후의 세상을 '정신적 삶과 물질적 삶의 결합체'로 이해할 때 비로소 본질을 꿰뚫어 볼 수 있습니다. 제가 '산업문명'이라는 말을 쓰고자 하는 이유입니다.

산업문명을 만들어 내는 세 원천 : 기술, 사회 세력, 제도

산업문명이 지난 300년간 펼쳐 낸 이야기를 이해하기 위해서 세 가지 요소를 중심으로 들여다보고자 합니다. 첫째는 말할 것도 없이 기술의 변화입니다. 산업문명이 그 이전의 사회와 크게 다른 점은 기술의 변화가 항상 그리고 지속적으로 이루어져 왔다는 점입니다. 그 이전에도 기술의 변화는 있었습니다만, 무척 느리게 드문드문 일어났을 뿐만 아니라 그러한 기술의 변화가 인간과 사회를 바꾸어 놓는 과정도 무척 느리게 진행됐고, 여러 사회적·정치적 제약에 막히기도 했습니다. 하지만 산업문명은 기술 변화에 최적화된 사회 형태라고 볼 수 있습니다. 이전의 인류가 종교·전쟁·예술 등에 목숨을 걸고 거기에서 나오는 영웅들을 우러러보았다면, 이제 인류가 갈채를 보내는 최고의 영웅은 기술의 변화를 이끌어 내는 이들이 되었습니다. 이처럼 뜨거운 성원에 힘입어 일어나는 크고 작은 기술의 변화는 오늘도 내일도 일상적으로 자리하는 조건이 되었을 뿐만 아니라, 그 기술들끼리 서로 연결되고 융합되어 사회 전체를 송두리째 바꾸어 놓는 대규모 혁신까지 만들게 되었습니다. 자동차와 인터넷을 가능하게 만든 기술 혁신의 숫자가 얼마나 많은지 생각해 보십시오. 그 전후로 인간과 사회가 얼마나 바뀌었는지 생각해 보십시오.

두 번째는 사회 세력입니다. 비록 기술의 변화는 그 자체로 숭배와 장려의 대상이 되어 있지만, 그로 인한 인간과 사회의 변화에 대해 모든 사람들이 다 똑같은 관점과 수용성을 갖는 것은 결코 아닙니다. 우선 기술 변화가 가져오는 편익과 비용이 모든 사람들에게 고르게 나타나지 않습니다. 어떤 이들은 그런 변화로 인해 권력과 부를 크게 불리기도 하지만 어떤 이들은 지독한 고통과 희생을 오롯이 뒤집어쓰기도 합니다. 이는 다시 사람들의 정신적 문제, 삶의 문제로 연결이 됩니다. 새로운 기술로 인해 발생하는 충격 때문에 세상이 온통 뒤집어지는 사태를 종교 · 정치 · 윤리 · 미학 등의 정신적 차원에서는 어떻게 해석하고 어떻게 평가와 판단을 내릴 것인가 하는 문제는 결코 단선적이지 않으며, 사람과 집단에 따라 모두 다르게 나타납니다.

세상은 이러한 이해관계와 정신적 삶을 살아가는 과정에서 얻는 판단에 따라 이리저리 뭉치는 여러 사회 세력으로 갈라지게 됩니다. 이 사회 세력들은 세상이 바뀌는 방향을 놓고 총체적인 싸움을 벌입니다. 국회 의사당과 법정, 길거리와 광장, 공장과 작업장, 교회당과 법당, 미술 전시관과 연극 공연장, 심지어 이불 속과 화장실 같은 개인의 내밀한 영역까지 서로 충돌하는 사회 세력들이 벌이는 싸움의 장으로 휘말려 듭니다. 때로는 그 싸움이 폭력을 수반하는 혁명과 같이 과격하고 빠르게 벌어질 때도 있고, 때로는 대화와 타협과 합의를 만들어 내면서 거의 느껴지지 않을 만큼 완만하게 벌어지기도 합니다. 하지만 산업문명에서 사회 세력들의 팽팽한 줄다리기는 기술의 변화만큼이나 항시적이고 영구적으로 벌어집니다.

세 번째는 제도입니다. 앞에서 말한 대로 기술의 변화도, 또 그와 연결되어 벌어지는 사회 세력들 간의 충돌도 제각각의 방식으로 세상을 뒤집어 놓습니다. 게다가 그 둘이 연결되어 어떤 기술 변화가 어떤 사회 세력을 더 키워 주기도 하고 또 어떤 사회 세력이 어떤 기술을 적극적으로 활용하기도 하는 등의 '시너지'까지 벌어져 사회에 부정적인 영향을 끼친다면 세상은 더욱더 아수라장이 됩니다. 이런 상태에서는 인간 세상이 문명 발전은 고사하고 일상적인 생활을 하는 것조차 불가능해질 수도 있습니다. 20세기에 벌어진 대공황이나 두 차례에 걸친 세계대전 등을 생각해 보십시오. 따라서 아수라장이 될 법한 이런 일들을 '문명'으로 만들기 위해서는 일정한 질서를 부여할 수 있는, 튼튼한 제도를 반드시 확립해야만 합니다.

인간 사회의 제도라는 것은 한순간에 만들어지는 것이 아닙니다. 이는 오래전부터 역사적으로 내려온 정신적·물질적 삶의 축적물입니다. 기술이 이렇게 저렇게 변화했다고 해도, 또 사회 세력들이 크게 충돌한 결과 이런저런 집단이 승리를 거두었다고 해도 그것에만 맞추어 제도가 조변석개로 이리저리 변덕스럽게 바뀔 수는 없습니다. 제도라는 것은 몇천 년 몇만 년 내려온 인간의 무수히 다양한 삶을 상당 부분 충족시키면서 천천히 변화하고 끊임없이 누적된 결과를 반영한 것이기 때문입니다.

비근한 예로 결혼 제도를 생각해 보십시오. 아주 오래전부터 오늘날까지 동서고금에 걸쳐 결혼 제도는 다양한 모습으로 나타났습니다. 또한 같은 사회 안에서도 기술적·물질적 조건의 변화에 따라 또 사람들의 생각, 여성들의 지위와 권력 변화에 따라 끊임없이 탈바꿈해 왔습니다. 하지만 결혼이라는 행위가 인간 생활에 질서를 부여할 수 있는 하나의 제도로 안착되기 위해서는 배우자 사이의 애정과 존중, 원만한 양육, 경제적 자족, 사회적 인정 등 어느 시대 어느 사회에서나 기본적으로 충족되어야 할 여러 요소들이 있습니다. 이 때문에 결혼 제도를 급격히 변하게 하는 것은 힘이 듭니다. 다른 제도 역시 마찬가지여서 오랜 시간 동안 누적된 관행과 생각과 물질적 조건 들이 깃들어 있으며, 이를 순식간에 확 바꾸는 일은 불가능할 때가 더 많습니다.

운명의 세 여신이 짜 나가는 밧줄

북유럽 신화에 의하면 이 우주 전체는 위그드라실Yggdrasil이라는 거대한 나무에 매달려 있다고 합니다. 그 나무가 땅과 맞닿은 곳에는 노른Norns이라고 불리는 세 명의 여신이 그 나무에 물을 주어 자라나게 한다고 합니다. 이 여신들은 나무에 물을 주는 한편으로 또 밧줄을 짭니다. 세 명의 여신들이 각각 한 가닥씩을 잡아 세 가닥이 하나로 꼬이는 밧줄을 짜고 있는 것이죠. 이 밧줄이 바로 거스를 수 없는 '운명ørlog'입니다. 이 거대한 나무에 매달려 있는, 즉 우주에 존재하는 그 어느 것도 이 세 여신이 짜 나가는 밧줄의 '운명'을 피할 수는 없습니다. 인간과 짐승은 물론이고 신들도 마찬가지이며, 심지어 이 우주 전체 또한 이 세 여신이 짜 나가는 '운명'에 따라 앞날이 정해지게 된다고 합니다.

산업문명이라는 거대한 우주가 지난 300년간 펼쳐 낸 기나긴 이야기도 어쩌면 이 세 가닥의 밧줄이라는 비유로 이해할 수 있을 것 같습니다. 기술의 변화라는 이야기, 사회 세력의 형성과 충돌이라는 이야기, 제도의 성립과 변화라는 이야기가 각각 하나씩의 끈이 되어 서로 복잡하게 얽히고 꼬이면서 하나의 굵고 긴 밧줄을 만들어 가는 과정 말입니다. 이제부터 그 이야기를 펼쳐 보겠습니다.

| 목차 |

PART3 산업혁명 이후, 19세기 자본주의

PART4 2차 산업혁명이 바꾸어 놓은 세상

PART6 전후 산업문명의 해체

PART 1

산업문명,
세 가닥의 끈으로 꼬인 밧줄

1

생시몽,
'산업'을 발견하다

19세기 초 프랑스 사회사상가 중에 생시몽Claude-Henri de Rouvroy Saint-Simon이라는 이가 있습니다. 보통 사회주의 사상의 창시자라고 불리기도 하는데, 프리드리히 엥겔스Friedrich Engels 이후의 마르크스주의자들에 의해 '공상가적 사회주의자'라고 은근히 폄하되는 인물이기도 합니다. 실상을 보자면, 생시몽은 사회주의자나 좌파라는 틀로만 다룰 수 있는 인물이 아닙니다. 19세기 중반 이후 생시몽의 생각에 찬성을 하든 반대를 하든, 혹은 어떤 방식으로든 그의 영향을 받지 않은 사회사상가는 없다고 말해도 좋을 정도로 거대한 반향을 일으킨 인물입니다. 극우 파시즘에서 공산주의까지, 아나키스트에서 자유주의 우파까지, 권위주의 가부장제에서 급진적인 여성주의까지 오늘날의 산업문명에 살고 있는 그어떤 사람도 어떤 운동도 어떤 사조도 생시몽의 영향을 받지 않은 경우는 없다고 봅니다.

이름도 잘 알려지지 않은 이를 어찌 이렇게 예수님, 부처님에 가까운 위치로 치켜올리는 걸까요? 이유가 있습니다. 그는 바로 '산업'과 '산업사회'를 '발견'한 사람이기 때문입니다. 여기에서 필연적으로 생겨날 수밖에 없는 '사회과학'과 '사회계획'의 밑그림을 그렸을 뿐만 아니라 심지어 '사회주의 운동'에까지도 영감을 제공한 사람이기 때문입니다. 본래 영어의 industry와 프랑스어 l'industrie는 '생계를 위해 하는 일' 또는 '근면'이라는 뜻 정도였습니다. 이 말을 찾아내 19세기 이후의 인류가 그 이전 시기에 단절을 고하고 미래를 새롭게 규정하게 만든 사람이 생시몽입니다.[1] 오늘날은 '산업'이라는 뜻으로 쓰이고 있는데, 그야말로 인류사에서 상전벽해와도 같은 변화를 잘 보여 준 용어라고 할 수 있습니다.

생시몽은 프랑스의 유서 깊은 귀족 가문 출신입니다. 그들 가문의 주장에 따르면, 카를 대제로부터 시작된 집안이고, 조금 더 위 조상으로는 『비망록』을 쓴 생시몽 공작Louis de Rouvroy, duc de Saint-simon이 있습니다. 『비망록』은 루이 14세 시기의 프랑스 왕정 상황을 기록한 책으로 유명하지요. 그의 인생은 실로 파란만장하여, 10대 나이 때 미국 독립전쟁에 참여하여 죽을 고비를 넘기기도 하고, 프랑스혁명 시기에는 혁명 세력에 동조하여 자신의 귀족 칭호를 떼어 내는가 하면, 또 다른 한편으로는 혁명의 혼란기를 틈타 부동산 투기로 떼돈을 벌기도 하는 모습을

---

1 엄밀히 말하면 '산업'이라기보다는 '산업주의industrialisme'라는 뜻으로 쓴 말이었습니다. 즉 단순히 '산업'의 개념을 말하는 것이 아니라 '산업의 원활한 작동'을 사회 조직의 중심 원리로 삼는다는 의미라고 할 수 있습니다. 사람들이 깨닫지 못하는 가운데에서도 그토록 생시몽에게 광범위한 영향을 미친 새로운 사상의 핵심이 바로 이 '산업주의'라고 할 수 있을 것입니다. 하지만 이 말이 생경한지라 이 책에서는 '산업'이라는 말과 굳이 구별하지 않겠습니다. 생시몽이 사회주의 사상 뿐만 아니라 18세기와 19세기의 전환기에 사상사에 끼친 영향에 대한 중요한 글로 Gareth Stedman-Jones, Saint-Simon and Saint-Simonians, Cambridge History of Socialism vol. 1. ed. by Marc van Linden, Cambridge University Press: 2022.

보였습니다.[2] 이런 시기를 지난 뒤, 생시몽은 자신에게 주어진 '역사적 소명'이 새로운 시대의 의미와 방향을 '과학적으로 해명'하는 것이라고 자각하여 수학과 공학 분야 같은 과학 연구에 힘쓰는 한편, 갈고 닦은 지식을 바탕으로 인간 사회에 대한 새로운 관점을 정립하는 데에 전력을 쏟게 됩니다.

그 길이 평탄한 것은 아니었습니다. 우선 막 산업혁명이 일어나려고 하던 1810년대의 프랑스에서는 그의 사상이 어떤 의미가 있는지 이해하는 이가 거의 없었습니다. 게다가 뚜렷한 직업이 있는 것도 아니었고, 부동산 투기로 벌었던 돈도 다 날려 버린 상태여서 항상 금전적으로 쪼들렸습니다. 그나마 자신의 말을 믿고 따라 줄 당시의 프랑스 산업 부르주아들을 설득하여 몇 번 간행물을 만들지만, 걸핏하면 그 자금 줄인 산업가들과 마찰을 빚어 어려움을 겪었습니다. 하지만 엥겔스가 그에 대해 "결코 아이디어가 마르는 법이 없는 사람"이라고 평했듯, 생시몽에게는 여러 경험을 통해 얻은 폭발적인 상상력과 아이디어가 있었습니다. 문제는 생시몽이 학문적인 훈련을 제대로 받은 것이 아니라서 글로 자신의 생각을 알리는 것에 어려움을 겪었다는 데 있습니다. 결국 유능한 비서들을 두었는데, 첫 번째 비서는 프랑스의 유명한 역사가 오귀스탱 티에리Augustin Thierry이고, 두 번째 비서는 사회학의 시조라고 불리는 오귀스트 콩트Auguste Comte입니다. 이들 덕분에 자신의 뜻을 알

---

2 그래서 생시몽을 '파우스트'에 비유하기도 합니다. 생시몽 저작의 영어 선집은 아직 제대로 만들어지려면 좀 더 기다려야 할 것 같습니다. 지금은 다음 책을 권합니다. The Political Thought of Saint-Simon, Oxford University Press, 1976. 그의 전기로는 Frank Edward Manuel, The New World of Henri Saint-Simon, Harvard University Press, 1956.

릴 글을 생산해 낼 수 있었지만 안타깝게도 생시몽의 글은 열광적인 소수의 추종자들을 제외하면 별 호응을 얻지 못했습니다. 좌절감 때문이었는지 결국 1820년 권총 자살을 시도했으나 한쪽 눈만 실명했을 뿐 살아남았고, 1825년에 쓸쓸히 숨을 거둡니다.

이렇게 세간에 알려지지 못한 채 묻혀 있는, 별다른 명망을 얻지도 못한 사람에게 추종자들이 열광한 이유는 무엇이었을까요? 아마 그가 보여 준 거대한 역사적 비전 때문이었을 것입니다. 생시몽은 프랑스혁명과 미국독립혁명 이전까지의 인류는 종교와 형이상학의 지배를 받는 세상에 살았다고 봅니다. 세상의 질서는 정해져 있으며, 그 질서의 의미와 원리는 오로지 종교 및 형이상학적인 원리에 따라서만 설명될 수 있다고 생각한 것이죠. 또 그 원리를 반드시 따라야만 하는 갑갑한 상태였다고 판단하기도 합니다. 이러한 세상에서의 정치란, 세상을 다시 구성하거나 바꾸는 것이 아니라, 그렇게 정해진 원리에 따라 만들어진 질서 안에서 누가 더 많은 권력을 갖느냐 하는 '권력 다툼'에 불과했다고 말합니다. 왕이니 귀족이니 하는 자들이 그 많은 자원과 힘을 가지고 기껏 벌였던 일이 고작 그런 정도였다는 것이죠. 그 결과 사회는 부당하고 불합리한 여러 특권과 서열의 집적으로 이루어진 덩어리에 불과했다고 성토합니다.

하지만 그는 이제 인류가 완전히 새로운 시대로 들어섰다고 봅니다. 우선, 종교와 형이상학을 맹목적으로 추종하던 시대가 지나갔습니다. 신의 이름을 들먹이거나 종교적 진리를 내세우기만 하면 누구나 무릎을 꿇고 머리를 조아리던 시대가 있었지만, 증기기관이 나오고 파나마 운하가 뚫리는 세상에 누가 그런 '옛것'에 머리를 숙이나요? 물론 실제로 운하 공사 착공은 1881년의 일이지만, 이미 젊은 생시몽은 운하 착공을 위한 구체적 계획을 가지고 여러 나라의 권력자들을 설득하러 다니기도 했으니까요. 참고로 괴테는 1831년, 60년간 미루어 두었던 파우스트 2부를 완성합니다. 그때 파우스트가 인류의 구원을 위해 마지막으로 골몰하던 것은 대규모 토지 간척 사업이었죠. 괴테가 『파우스트』를 쓸 수 있도록 영감을 준 것이 바로 생시몽과 그 제자 생시몽주의자들이었다고 합니다.

이제 사람들과 세상이 믿게 된 새로운 원리는 '과학'이라고 합니다. 사람들의 경제생활을 지배하는 원리 역시 마찬가지입니다. 전통적인 생산이 아닌, 얼마 전부터 나타나 이제 앞으로 세상을 지배하게 될 '산업'이라는 것도 '과학'에 입각하여 합리적으로 생산 및 소비 과정을 조직하는 산업가들(여기에는 자본가들뿐만 아니라 지식인들과 노동자들도 포함됩니다.)의 손으로 넘어가는 국면에 놓였다는 것입니다.

따라서 이제 '산업'의 합리성에 맞추어 사회 전체를 재구성해야 할 때가 되었다는 게 그의 메시지입니다. 낡아 빠진 특권이니, 종교와 형이상학에 근간한 법질서니, 권력 정치에 눈이 먼 왕이나 귀족들의 행태니 하는 것을 떠나서, '산업'에 맞는 '과학'의 원리에 따라 사회도 전면적으로 재구성해야 하는 순간이 왔다는 것입니다. 그래서 그는, 이러한 목적을 위해서는 무엇이 옳으냐 그르냐 하는 사회에 대한 전통적인 도덕 담론을 떠나서, 자연과학의 원리에 입각하여 사회가 지금 현재 어떤 상태이며 또 어떤 모습이 되는 것이 이상적인가를 논의하는 쪽으로 틀을 바꾸어야 한다고 믿었습니다. 그를 '사회 과학'의 원조로 여기게 된 이유이기도 합니다.

지금 들으면 심드렁하게 들릴 진부한 이야기일 수도 있겠습니다만, 생시몽이 살던 때가 부르봉 왕조의 핏줄임을 주장하던 귀족 부스러기가 프랑스를 지배하던 시대임을 생각해 보십시오. 유럽 대륙 전체의 지배 체제가 그와 비슷한 케케묵은 봉건 질서로 유지되던 시대임을 생각해 보십시오. '과학'이라고 해 봐야 아직 몇몇 천재들의 저작 속에만 갇혀 있던 시대임을 생각해 보십시오. 인간 세상이라는 것이 아직도 성직자 들과 교회의 겁박 속에서 꼼짝하지 못하던 시대임을 생각해 보십시오.

이런 낡고 진부한 것들이 만연해 있던 세상을 향해 생시몽이 던진 비 전은 좌파·우파를 막론하고, 앞으로 펼쳐질 200년 동안의 산업문명을 이끄는 기본 원칙이 될 수밖에 없었습니다. 그는 당시에, 맹아라고 말 하기도 쑥스러울 정도로 미미했지만 분명하게 일어나고 있던 사회 변 화를 보면서, 이것이 새로운 사회를 만들고 나아가 인류의 진화사를 완 전히 바꿀 것이라는 영감을 얻었고, 또 인류가 어떤 원칙을 붙잡고 나 가야 하는지 글로 남겼습니다.

생시몽은 '산업' 시대의 인간 문명은 오로지 '과학'의 원리로 재구성 해야 한다고 보았습니다. 또한 정치는 권력을 쟁취하고자 하는 집착에 서 벗어나, 과학적·산업적 합리성과 인간의 도덕 및 자유의 원칙이 공 존하는 길을 찾고, 이를 극대화할 수 있는 역할에 집중해야 한다고 생 각했습니다. 그가 죽은 후, 그의 생각을 실현하려는 후학들은 다양한 이념들을 동원합니다. 노동자를 비롯한 피억압 인민의 해방을 내세운 공산주의, 전체주의적 정치 이념을 내세웠던 파시즘, 여기에 개인의 가 치와 절대적 자유를 최상으로 여기는 아나키즘까지 수많은 사회적 현 상과 사조가 한 시대를 풍미했습니다.

언젠가 그의 회상에 따르면, 그의 꿈속에 생시몽 집안의 조상이라고 하는 카를 대제가 나타나서는 "내가 유럽 대륙에 건설한 거대한 제국 을 너는 인류 정신의 영역에서 건설하게 되리라." 이렇게 말하고 사라졌다고 합니다. 비록 그는 불행하고 쓸쓸하게 세상을 떠났지만, 이제부터 펼쳐질 내용을 보면 그가 꾸었던 꿈 이야기가 꼭 헛소리만은 아니라는 것을 느낄 수 있을 것입니다. 인류는 이제부터 '산업'을 어떻게 조직할 것인가, 그 '과학적 원리'는 무엇인가, 이를 실현하는 데에 적합한 사회 구성은 무엇인가를 놓고 거대한 이야기를 펼쳐 내게 되기 때문입니다. 이 이야기는 21세기인 오늘날에도 여전히 진행 중입니다.

한 가지 남은 이야기가 있습니다. 그가 권총 자살에 실패한 것은 본인에게는 큰 비극이고 고통이었겠지만, 우리에게는 행운입니다. 그렇게 살아남은 덕분에 그가 마지막 저작 『새로운 기독교Nouveau Christianisme』를 남기게 되니까요. 그가 생각한 이상적인 산업문명은 오로지 산업과 과학의 합리성만이 관철되는 무정한 기계 같은 것이 아니었습니다. "네 이웃을 네 몸과 같이 사랑하라."는 기독교 정신이 아직은 통용되고, 인간의 자유와 도덕과 연대가 실현되는, 그런 세상이었습니다. 그의 한참 후배인 프루동Pierre Joseph Proudhon의 표현을 빌리자면, 산업문명의 유일한 출구는 '가장 숫자가 많으면서도 가장 불리한 위치에 있는 수많은 이들'이 사람답게 살 수 있는 길이며, 이를 최상의 원리로 삼는 것이 산업문명이 나아가야 할 방향이라는 게 생시몽의 마지막 유언이었습니다. 이러한 세상은 아직 실현되지 않았고, 앞으로도 요원해 보입니다.

산업문명의 운명을 짜 나가는 여신들의 세 가닥 끈, 즉 '기술·사회세력·제도'의 변화가 모두 생시몽이 생각한 방향으로 나아가게 될까요? 아니면 인류 전체의 비참한 파멸로 끝나게 될까요? 아직은 알 길이 없습니다.

2

'붉은 깃발 법'
이야기

시각을 좀 바꾸어 보겠습니다. 산업문명이 그 세 가닥 끈으로 꼬인 밧줄이라는 것을 잘 보여 주는 사례 하나가 바로 '붉은 깃발 법'을 두고 벌어졌던 일련의 사태가 아닐까 합니다. 이 법이 우리나라에서 유명해지게 된 계기가 있었습니다. 2018년 당시 문재인 정부에서 인터넷 은행업을 활성화하기 위해 은산분리를 완화하겠다는 발표를 했습니다. 기존에는 산업자본이 은행업에 뛰어드는 것을 철저히 막았었는데, 이 부분을 크게 완화해 산업자본이라 하더라도 인터넷 은행에 투자할 수 있도록 하겠다는 것이었죠. 당연히 반발이 있었습니다. 산업체가 은행을 소유하지 못하도록 하는 규제는 오래전부터 있던 것이며, 여기에는 또한 그 나름의 역사와 사연과 논리가 있었기 때문이죠. 이때 문재인 정부는 반발에 대응하기 위해 기술적 조건이 완전히 바뀌었다는 점을 강조하였습니다. 핀테크나 4차 산업혁명으로 인터넷 은행이라는 새로운 환경이 생겼는데, 옛날에 마련한 각종 규제를 고집하다가는 기술 발전을 충분히 이용하지 못한다는 논리였는데요, 그러면서 반대 측 논리에 대응하기 위해 사용했던 도구가 바로 '붉은 깃발 법'이었습니다.

붉은 깃발 법은 1865년 영국에서 만들어졌는데요, 이 법의 내용을 현재 기준으로 보면 정말 기가 막히고 코가 막힐 정도로 황당하기 그지 없습니다. 도로를 주행하는 자동차는 시속 3킬로미터 이상 속도를 내면 안 되고요, 또 자동차가 지나가면 55미터 앞에서 사람이 낮에는 붉은 깃발, 밤에는 랜턴을 들고서 "따르릉 따르릉 비켜나세요~ 자동차가 지나갑니다. 따르르르릉~" 하고 알려야 했습니다. 이게 코끼리 퍼레이드도 아니고 무슨 효율성이 있었겠습니까. 어째서 이런 황당한 규제가 만들어졌는고 하니 마차업계의 로비 때문이었다는 것입니다. 비록 자동차가 나오기는 했지만 주된 교통수단은 여전히 말이 끄는 마차였습니다. 그런데 자동차가 운송 시장을 장악하게 되면 마차업자들은 당연히 위협을 느끼겠지요. 그래서 이들이 자동차라는 기술 혁신의 손발을 묶어 버리기 위해 이런 법을 만들도록 부추겼다는 겁니다. 문재인 정부에서는 이 붉은 깃발 법을 이야기하면서 "순전히 마차업계의 탐욕에 의한 말도 안 되는 사회 규제 때문에 자동차라는 기술 혁신이 가로막혔다. 이번에 문제가 된 핀테크와 은산분리 규제 철폐 문제도 마찬가지다. 시대착오적인 규제에 집착하는 것은 붉은 깃발 법의 우를 다시 범하는 짓이다." 등의 주장을 펼쳤던 것이죠.

여러분도 앞에서 설명한 붉은 깃발 법에 관한 대략적인 내용만 보면 세상에 저런 황당한 법이 있나 싶으실 겁니다. 하지만 모든 인간사가 그러하듯 실상을 알아보면 이렇게 간단하게 흑백으로 나누어지는 일은 아닙니다. 당시 영국인들이 무슨 바보였겠습니까? 이런 법이 생겨난 원인을 파악하려면 산업문명을 구성하는 세 가닥의 끈을 모두 살펴보아야 합니다. 과거를 한 단면만 보고 이해하면 실상을 보지 못합니다. 단순하게 희화화된 이야기에 속지 않으려면 말이죠.

우선 1865년의 자동차는 지금 우리가 알고 있는 그런 자동차가 아니었습니다. 오늘날의 자동차는 휘발유나 경유를 사용하는 내연기관으로 움직이죠. 이때는 아직 내연기관이 발명되기 이전이었습니다. 따라서 자동차라고 해 봐야 외연기관인 증기기관으로 움직이는, 마차와 별로 다를 바 없는 '사륜차buggy'였습니다. 쉽게 말해 기차의 맨 앞에 있는 기관차만 따로 떨어져 나와 도시를 누비는 물건이었다고 보면 될 겁니다. 어마어마한 크기의 물탱크를 얹고 엄청난 양의 석탄을 때서 증기기관의 힘으로 달려가는 방식이죠. 따라서 무시무시한 굉음을 내었던 데다가 뿜어 대는 증기 또한 엄청났다고 합니다. 덩치는 또 얼마나 큰지, 폭이 3미터 정도였고 무게는 무려 14톤에 달했다고 합니다.

당시 영국 도로 사정에 관해서도 이야기하지 않을 수 없습니다. 현대를 사는 우리는 도로라는 게 원래부터 있던 자연물인 것처럼 여기는 경우가 많지만, 근대 이전의 지리학에서 가장 고민했던 부분은 도로를 어떻게 건설하고, 또 어떻게 정비할 것인가 하는 점이었다고 해도 과언이 아닙니다. 로마인들은 일찍이 이 점을 잘 이해하고 있었기에 제국 정비와 관리의 핵심 사업으로 거의 영구적인 도로망을 구축해 놓았고, 일부는 지금도 영국 곳곳에 남아 있습니다. 하지만 로마인들이 떠나고 난 뒤 영국의 도로 사정은 정말로 엉망이었습니다. 런던의 도로들은 관리를 했다고 해 봤자 돌을 박아 넣은 정도에 지나지 않았고, 지방의 도로 상황은 훨씬 열악했습니다. 말이나 마차만 지나가더라도 흙이 패고 돌이 튀기 일쑤였습니다. 사람이라면 어떻게든 걸어가겠지만, 말이나 마차를 타고서 지나가는 것은 매우 어렵죠. 이를 보완하기 위해 영국의 중앙 및 지방 정부에서는 도로를 공들여 관리하고 지나가는 이들에게 통행료를 받았으며, 함부로 도로를 사용하지 못하도록 꼬챙이pike가 달린 구조물로 길을 막아 놓기도 했습니다. 이런 상황에서 14톤짜리 증기 자동차가 코뿔소처럼 마구 뛰어다니면 도로가 무슨 꼴이 되겠습니까?

이보다 더 심각한 문제가 있었습니다. 당연히 그때까지만 해도 도로의 주인공은 아직 말과 마차였습니다. 그런데 저 앞에서 코끼리만 한 쇳덩어리가 엄청난 굉음과 연기를 뿜으며 무섭게 달려온다면 어떤 일이 벌어질까요? 말이 놀라 자빠지거나, 저 멀리 도망가기 마련이겠죠. 말에 타고 있던 사람이 낙마하고 마차가 뒤집어지면서 도로 일대가 아수라장이 되는 경우도 얼마든지 발생할 수 있습니다.

결국 붉은 깃발 법을 만들어 자동차 운행과 관련해 여러 규제를 가했습니다. 앞서 얘기했던 것처럼 일정 속도를 넘으면 안 되고, 자동차가 지나갈 때마다 사람이 직접 깃발을 흔들어야 한다는 조항도 있었지만, 자동차 등록 시스템을 도입해 번호판을 붙여 책임 운전을 하도록 유도했고, 경찰이 자동차 속도를 감시하는 규제 시스템 등도 만들었습니다. 이런 법은 오늘날까지 도로 교통에 있어 굉장히 중요한 인프라로 남아 있는 것들이죠. 지금 시각에서 보면 어처구니가 없을 정도로 황당한 붉은 깃발 법이라는 게, 그 당시 기술적 조건과 사회적 조건을 보면 얼마든지 정당화될 만한, 현실적인 근거가 있는 법이었다는 것입니다.

물론 당시 로비가 있었던 것도 사실입니다. 마차업계뿐만이 아니었습니다. 자동차가 곳곳을 누비고 다니면 기차 타는 사람이 줄어드니 일껏 어렵게 레일을 깔아 놓았던 철도 사업도 타격을 받겠죠. 따라서 기차 관련 업자나 철도업체 또한 들고일어나서 붉은 깃발 법을 옹호하기도 했습니다. 하지만 앞서 말한 것처럼 붉은 깃발 법을 순전히 이들의 '탐욕과 무지' 때문에 벌어진 일이라고 할 수는 없습니다. 다시 말하지만, 당시의 도로는 오늘날 우리가 알고 있는 그런 도로가 아니었고, 당시의 자동차는 오늘날 우리가 알고 있는 그런 자동차가 아니었으니까요.

1870년대로 넘어가면서 반전이 일어납니다. 오늘날 우리가 쓰는 자동차 엔진인 내연기관이 발명된 것이죠. 고도로 정제된 휘발유를 분사하고 스파크로 점화하여 그 폭발력으로 실린더 안의 피스톤이 왔다 갔다 하는 방식이라 열효율도 좋고 소음도 줄었으며 자동차의 부피도 작아졌습니다. 게다가 고무 타이어가 등장하면서 소음도 줄어들고, 나중에는 탄탄한 자동차 전용 도로도 만들어지게 되지요. 실제로 1870년대 말부터 1880년대 사이에 영국에서 자동차 산업이 크게 일어나는데, 이때부터 얘기는 달라집니다. 앞에서 말씀드린 1865년의 조건에 비해 큰 변화가 나타난 것이니까요. 사람들이 자동차에 대해 갖고 있는 인식을 바꾸기 위해 자동차업계 사람들도 노력을 많이 했다고 합니다. 1880년대 말에 다임러Daimler사가 주도한 자동차 쇼가 있었는데, 이걸 통해 대중들에게 기술력을 과시하면서 지금의 자동차가 옛날의 자동차가 아니라는 사실을 보여 주기도 했죠. 결국, 1870년대 후반부터는 붉은 깃발 법이라는 게 현실적으로 존재할 이유가 사라지고, 좀 지나 1896년에 이 법은 철폐됩니다.

붉은 깃발 법을 보면 제도나 규제가 영원토록 이어지는 것이 아니라는 사실을 알 수 있습니다. 기술이 바뀌고 사람들의 생활 방식과 의식이 바뀌면 얼마든지 탄력적으로 수정되거나 사라질 수 있습니다.

그런데 정말로 악명 높은 '붉은 깃발 법'이 없었던 것은 아닙니다. 세 가닥 끈 중 하나인 사회 세력의 고집이 드세지면 얼마든지 황당한 일도 벌어질 수 있습니다. 앞에서 말한 현실적인 조건 때문이 아니라 순전히 마차업체나 농장 세력들이 자동차 산업이 발전하지 못하도록 훼방 놓으려고 들었던 사례가 있었습니다. 이 사건은 1894년 대서양을 건너 미국에서 벌어졌는데요, 당시 펜실베이니아주 의회에서 상정한 붉은 깃발 법안이 대표적입니다. 그 내용은 이렇습니다.

자동차가 지나가다가 말이나 소나 다른 짐승들을 만나면

1. 운전자는 즉시 차를 멈춘다.
2. 차에서 내려 자동차를 해체한다.
3. 해체된 자동차의 부품을 주변 풀숲에 은폐한다.

해체를 한다고요? 정말 황당하기 그지없죠. 이 법안은 주지사가 거부권을 행사해서 결국 통과되지 않았고, 일종의 해프닝으로 끝났습니다. 하지만 붉은 깃발 법 전체를 싸잡아서 정신 나간 우스꽝스러운 법이라고 보는 인식을 심어 주는 계기가 되었습니다. 2018년 당시 문재인 정부에서 내놓은 붉은 깃발 법 이야기도 바로 이렇게 단순화되고 희화화된 버전이었죠.

여기에 덧붙여서 흥미로운 사실이 하나 있습니다. 이 '붉은 깃발 법'을 차용한 설화는 언제부터 사람들 사이에 회자된 것일까요? 궁금증이 생겨 구글에서 검색하다가 재미있는 걸 발견했습니다. 2009년 무렵부터 주로 미국의 급진적인 시장 만능주의자들이 '규제'라는 것을 조롱하기 위한 장치로 사용하고 있다는 사실이었습니다. 모든 규제는 사악하고 어리석은 것, 모든 규제는 새로운 기술을 가로막는 것, 모든 규제는 나쁜 것이라는 주장을 펼치기 위해 옛날에 있었던 사례를 가지고 와서 이야기하는 느낌입니다. 이 사람들이 쓴 글을 보면, 기술 · 사회 세력 ·

제도라는 세 가닥의 끈이 어떻게 복잡하게 엮여 나갔는지에 대한 이야기를 전혀 찾을 수가 없습니다.

　이제부터 저는 18세기 말 이후 오늘날까지 계속되고 있는 산업문명의 이야기를 풀어 갈 것입니다. 기술 발전 이야기, 사람과 사회와 자연이 겪었던 혼란에 대한 이야기, 제도의 기원과 발전에 얽힌 이야기를 두루 살펴보겠지만 그중 어느 하나에 과도하게 집착하지 않으려고 합니다. 이 세 가닥의 끈이 엮이고 꼬이는 과정을 통해 어느 한쪽의 일방적인 흐름이 아니라 어느 누구도 쉽게 예측할 수 없는 방향으로 흘러가는 '산업문명' 전체 모습을 들여다보고자 합니다.

PART 2

1차 산업혁명

1

들어가기
전에

인류의 역사에서 산업혁명이 차지하는 비중이 얼마나 큰지는 아무리 강조해도 지나치지 않습니다. 이전과는 비교할 수 없을 정도로 지구를 풍요롭게 만들었지만, 동시에 시기를 의미할 때 쓰는 '세世'라는 지질학 용어를 차용해서 '인간세anthropocene'라는 신조어를 만들어 냈을 정도로 생태 및 자연에 큰 변화를 야기하기도 했습니다. 이 외에도 사회 불평등 심화, 사회 구조와 인구 구조의 부정적 변동 등 여러 환경 변화를 일으킨 직접적인 원인이 되기도 했습니다. 다소 불편한 이야기인지는 모르겠지만 이 사실을 부정할 사람은 없을 것입니다.

보통 혁명이라고 하면 정치적·사회적 변동을 말하는데요, 프랑스혁명이나 러시아혁명 같은 것이 대표적인 경우죠. 다만 산업혁명은 그 성격이 다릅니다. 기술적인 변화, 경제생활의 변화로 시작된 만큼 이걸 정치·사회적인 변화라고 말할 수는 없습니다. 게다가 프랑스혁명이나 러시아혁명은 아주 극적인 사건이었으니 당대를 살아가던 사람들도 현재 어떤 일이 벌어지고 있는지를 분명히 알고 있었습니다. 물론 그 의미는 나중에 역사가들이 저마다 다르게 해석했지만요.

그런데 산업혁명은 양상이 좀 다릅니다. 18세기 중후반에 영국으로부터 시작되었다고는 하지만, 동시대 사람들은 이때 무슨 일이 벌어지고 있는지 제대로 의식조차 하지 못했습니다.[3] 자신들의 시대에 벌어지고 있는 이 일을 산업혁명이라고 부르지도 않았고요. 산업혁명이라는 말은 거의 100년 정도 지난 뒤에 생겨난 표현입니다. 『역사의 연구』라는 유명한 책을 쓴 사학자 아널드 토인비Arnold Toynbee와 이름이 같은 토인비의 삼촌이 있습니다. 이 삼촌 아널드 토인비는 경제학자이자 경제사가로서 옥스퍼드 대학교에서 '영국에서의 산업혁명에 대한 강의 Lectures on the Industrial Revolution in England'라는 제목으로 강연을 한 적이 있는데요,[4] 산업혁명은 이때 만들어진 말이라고 합니다.[5]

인류가 경제생활의 데이터를 축적하고, 체계적으로 경제사를 연구하기 시작한 것은 19세기 중반 이후였습니다. 이 데이터를 쭉 모아 놓고 보니까 18세기에 걸쳐 영국의 경제 구조와 사회 구조가 혁명적으로 변

---

3 이 점을 극적으로 보여 주는 이야기가 칼 폴라니의 『거대한 전환』 8장에 나옵니다. 1780년대에는 이미 산업혁명이 시작되어 근대적인 의미의 노동자 계층이 크게 증가하였지만, 당시의 사람들은 이들의 성격을 도저히 파악할 수가 없었기에 전통적인 범주인 '궁핍 영세민pauper'이라고 보았고, 이들이 어째서 이렇게 어마어마한 숫자로 증가하는지에 대해 수많은 분석을 쏟아 내었지만 그 내용은 "사람들이 홍차를 너무 많이 마셔서"와 같이 황당한 것이었다고 합니다.

4 토인비는 영국 사회주의 사상에 지대한 영향을 끼친 존 러스킨John Ruskin의 추종자였고, 노동자들의 물질적·문화적 생활을 향상시키는 것을 가장 중요한 임무로 삼았던 이였습니다. 이 강의는 그의 사후인 1884년에 책으로 출간됩니다. 관련된 부분은 다음에서 내려받을 수 있습니다.
https://www.sjsu.edu/people/cynthia.rostankowski/courses/HUM2AF13/s3/Reader-Lecture-27-Industrial-Revolution.pdf

5 물론 이 '산업혁명'이라는 말은 그전에도 오귀스트 블랑키Auguste Blanqui나 엥겔스와 같은 사회주의자들이 사용한 적이 있다고 합니다만, 하나의 학술적 개념으로 자리 잡게 되는 것은 아널드 토인비의 강의가 계기가 되었다고 보아야 할 것입니다.

화했다는 게 강연의 주 내용이었습니다.

산업혁명이 바꾼 것

산업혁명의 과정과 발전에 대해 알아보기 전에 우선 산업혁명이 지닌 의미를 생각해 볼까 합니다. 산업혁명을 이해하기 위해 필요한 이론적 · 철학적 관점이라고 생각하면 좋겠습니다.

인간을 비롯한 모든 동물은 살아가기 위해 자연과 관계를 맺습니다. 그 방식은 종류에 따라 조금씩 다른데요, 이를테면 호랑이는 짝을 지어 새끼를 낳거나 갓 태어난 새끼를 기를 때 말고는 혼자 다닙니다. 그래서 호랑이는 자연과 직접적으로 관계를 맺지 다른 호랑이를 매개로 자연과 관계를 맺는 건 아닙니다. 개미나 벌 같은 경우는 좀 다르죠. 군집을 이루어서 자연과 관계를 맺습니다.

이 두 가지 경우로 보자면 인간은 틀림없이 후자에 속합니다. 다른 인간을 매개로 해서만 자연과 관계를 맺을 수 있는 동물이라는 거죠. 다만 개미나 벌과는 크게 다른 점이 있습니다. 보통 벌의 경우 군집이 조직되는 방식이나 군집이 자연과 관계를 맺는 방식은 본능에 의해 결정되어 있습니다. 꿀벌들이 제아무리 아름다운 벌집을 만들어 낸다 하더라도 그건 '어떤 의식에 의해 창조된 것'이 아니라, '본능에 의해 만들어진 것'입니다. 이를 두고 칸트는 인간의 미학적 창조물과는 전혀 다른 것이라고 강조한 바가 있습니다.

인간이 자연이나 다른 인간과 관계를 맺는 방식을 보면 가변적이기 짝이 없습니다. 시베리아 북쪽은 겨울에 영하 50도, 60도까지 내려가는 곳이 있는데 거기에도 마을이 있고 사람이 살아요. 그 사람들은 순록을 잡아먹고 산다고 하죠. 그런가 하면 무더운 적도에서도 살고, 건조한 사막에서도 삽니다. 순록도 잡아먹고 소도 잡아먹고 생선도 잡아먹습니다. 자연과 관계를 맺는 방식이 다양할 뿐 아니라, 그 과정에서 다른 인간들과 관계를 맺는 방식도 다 다릅니다. 북극해 가까이 사는 이누이트인들과, 사하라 사막에서 생활하는 원주민들과, 대도시에서 살아가는 사람들의 사회적 조직 형태나 성격의 차이는 서로 상상도 하기 힘들 정도입니다. 그런 걸 연구하는 인류학이라는 학문도 있지요.

인간은 왜 이렇게 다른 걸까요? 보통 인간 문명의 전체 진화사를 보면 도구의 발명과 발달을 중심으로 보는 물질주의적인 경향이 있습니다. 아무래도 유물을 중심으로 작업을 하다 보니 물질적 편향성을 가질 수밖에 없는 고고학의 영향을 받았기 때문일지도 모릅니다. 구석기니, 신석기니 하고 나누는 게 그런 맥락이죠. '인간이 돌을 쓰기 시작→돌을 갈아 쓰기 시작→철을 쓰기 시작→강철을 쓰기 시작' 이런 식으로 역사를 바라보는 관점인데요, 산업혁명에 대해서도 마찬가지입니다. 주로 칙칙폭폭 증기기관 이야기, 더 나아가 방적기나 제직기 그다음에 석탄·철도·농업의 확산 정도입니다. 이를 극단적으로 압축해 "약 250년 전에 영국에서 이런 일이 시작됐고, 50년에서 100년에 걸쳐 유럽 나아가 전 세계 경제생활을 바꿔 놓았으며, 이후 사회 조직을 바꿔서 20세기 인류가 산업사회로 진입하게 되었다. 끝." 이렇게 배우는 경우가 많습니다. 어떤 신기한 장치가 새로 개발됐고, 어떤 신기한 자본재가 새로 나와서 물질적인 기술의 변화에 의해 인간 세상이 주르륵 바뀌었다고 인과 관계가 설정되기 마련입니다. 하나같이 기술주의적이고 도구주의적인 관점이죠. 이건 마치 인류가 오스트랄로피테쿠스로부터 호모 사피엔스로 진화해 나가는 것을 관찰하듯, 고고학적 관점으로 지난 몇백 년 동안에 일어난 인류의 삶을 피상적으로 바라보는 것과 다름이 없습니다.

이러한 관점에 의문을 표하는 미국의 사상가 루이스 멈퍼드Lewis Mumford 같은 이들이 있습니다. 그에 따르면, 이런 가시적이고 기술적인 도구들은 인류의 총체적 삶에서 나온 물질적 파편들일 뿐, 실제 인간 진화사에서 가장 중요하고 결정적 기능을 했던 건 상징의 사용이었고, 그중에서도 가장 강력한 상징은 언어였다고 합니다. 즉 인류가 진화하는 과정은 물론이고, 산업혁명의 전개 과정 역시 단순히 기술이나 기계가 발달하는 기술주의적 관점으로 바라봐서는 안 됩니다. 인류 문명을 인간과 자연이라는 큰 두 개의 축으로 놓고 보았을 때, 인간과 인간이 관계 맺는 사회 조직과 인간과 자연이 관계 맺는 기술 조직이라는 두 요소 중 어느 하나의 변화만 볼 게 아니라 둘 다를 놓고 바라봐야 합니다.[6]

루이스 멈퍼드의 관점으로 산업혁명을 보면 지금까지와는 다른, 굉장히 포괄적인 시각을 갖게 됩니다. 산업혁명은 몇천 년간 지속되었던 이른바 '농경혁명'이나 '신석기혁명'과 마찬가지로, 긴 세월 동안 이어지고 있는 역사적 사건입니다. 250년 전에 시작되었을 뿐만 아니라 21세기인 현재도 진행 중입니다. 이 끈의 길이가 몇백 년이 될지, 몇천 년이 될지 현재로서는 알 수도 없습니다. 그래서 산업혁명은 전통 사회와는 전혀 다른 종류의 사회 조직과 전혀 다른 종류의 관계를 만들어내는 포괄적이고 어마어마한 규모의 사건, 즉 역사를 넘어선 생물학적 '진화'의 개념을 내포한 사건이라고 보아야 합니다.

---

[6] Lewis Mumford, Myth of the Machine I: Technics and Human Development Harcourt, 1971., 『기계의 신화 1: 기술과 인류의 발달』 유명기 역, 아카넷, 2013.

이 책은 이런 관점에서 산업혁명을 다루고자 합니다. 산업혁명으로 인해 전통 사회에서 유효하게 기능했던 사회 조직과 경제 조직은 어떻게 변화했는지, 또 기술적인 생활은 어떻게 바뀌었는지 여러 변화를 중심으로 새로운 상상력과 새로운 신화, 새로운 상징과 새로운 언어의 틀을 이용해 산업혁명을 다시 스케치하려고 합니다.

4대 원인론으로 바라보는 산업혁명

아리스토텔레스의 형이상학에 '4대 원인'이라는 개념이 있습니다. 이 개념을 알아보기 전에 먼저 '원인'이라는 말의 의미를 생각해 봅시다. 근대 과학에서는 사건들을 시간 순서로 배열한 뒤 사건이 긴밀하게 연결된 지점을 찾아 그 앞에 벌어진 일을 원인으로 봅니다. 예를 들면 "성냥을 그었더니 불이 붙었다." 같은 것이죠. 이런 단선적 인과율은 사태를 단일 원인에 의한 것으로 보기 때문에 이해하기는 쉽지만 전체 맥락 속에서 사건이 갖는 의미를 충분히 파악하지 못하게 하는 단점이 있습니다. "증기기관이 등장했기 때문에 산업혁명이 일어났다." 같은 서술이 그런 예입니다. 증기기관이 산업혁명의 한 요소인 것은 맞지만, 그렇다고 해서 이를 단순히 증기기관 하나로 설명할 수는 없는 것이죠. 증기기관과 연관하여 당대의 여러 사회·문화 현상이나 기술 축적과 연계 등을 같이 살펴야 하는데 이게 빠져 있는 것입니다. 그러다 보니 때로는 "초 치니 풍 나온다." 같은 식의 한심할 정도로 단순한 설명으로 귀결되기도 합니다.

아리스토텔레스가 말하는 원인cause이라는 개념은 그렇게 직선적인 것이 아닙니다. 현실에 어떤 결과가 나타나게 된 연원을 '질료인material cause

· 작용인efficient cause · 형상인formal cause · 목적인final cause'으로 나누어 복합적으로 분석합니다.

방금 말한 산업혁명, 나아가 그 이후의 산업문명과 같은 큰 덩어리를 살필 때 단순히 "이게 원인이다."라고 말하는 것은 어폐가 있습니다. 따라서 아리스토텔레스의 지혜를 한번 빌려 보고자 합니다. 4대 원인론을 간단하고 거칠게 설명하면, 요강이 있다고 할 때 목적인은 요강이 무엇을 위해 존재하는지, 그 목적을 말합니다. 요강의 목적이야 확실하죠. 밤에 자다가 화장실 가기 귀찮을 때를 대비하려는 것입니다. 목적인은 형상인과 연결됩니다. 요강이라는 물건이 가지는 분명한 목적이 있기 때문에 술을 담기 위해 만든 고려청자 같은 것과는 그 형상이 전혀 다릅니다. 형상이 목적과 부합해야 하는 물건이라면 잠에 취해 비틀거리다가 부딪쳐 깨뜨리는 일이 있어서는 안 되니 유리나 흙보다는 놋쇠가 더 좋은 재료가 될 것입니다. 이것이 질료인이 됩니다.

그렇다면 '그러한 목적'으로 '그러한 질료'를 '그러한 형상'으로 빚어낸 장인이 있겠지요. 바로 그 사람이 작용인이 됩니다. 비록 정밀하게 들어맞는 것은 아니더라도, 저는 산업혁명과 산업문명의 작동을 바라볼 때도 아리스토텔레스의 4대 원인을 적용하면 포괄적인 문명 전환의 측면을 이해하는 데 유용한 틀을 얻을 수 있다고 생각합니다.

첫 번째로 질료인, 에너지와 소재입니다. 콘크리트나 철강 같은 것들은 전통 시대에 아예 존재하지 않았거나 매우 희소한 재료였습니다. 이게 오늘날에 와서는 너무나 흔한 물건이 되어 버렸죠. 플라스틱이나 각종 화학 물질은 말할 것도 없습니다. 또한 에너지원 분야에서 그전까지 인류는 고작해야 가축이나 수력에 기대거나 나무 같은 땔감 등에 머물렀습니다. 하지만 석탄과 석유라는, 부피에 비해 엄청난 양의 에너지원을 생성하는 원료를 찾아냈을 뿐만 아니라 이제는 원자력을 넘어 '재생 에너지'로 가고 있습니다. 이렇게 산업문명을 지탱하는 물질적 원료를 자연에서 사회를 거쳐 개인에게까지 전달하는 과정으로 보는 것이 그 자체로 중요한 포인트가 됩니다.

두 번째, 형상인입니다. 이는 단지 최종 생산물의 모습과 형상만을 뜻하는 것이 아니라, 그것들을 생산해 내는 인간 및 사회의 조직과 제 도까지를 포함합니다. 즉 질료인 소재 및 에너지를 어떻게 결합해서 어 떤 물건을 어떤 방식으로 만들어 내는지를 추적하면서, 생산 조직이 품 고 있는 기술적 측면과 사회적 측면을 넓고 깊게 볼 필요가 있습니다. 상품의 형상과 그것을 생산하는 생산 조직 더 나아가 사회 조직 전체의 형상은 서로 긴밀하게 연결되어 있습니다. 어떤 모습의 사회 조직과 생 산 조직이 어떤 모습의 상품을 생산하는지의 관점으로 보는 것입니다.

세 번째, 목적인입니다. 질료인과 형상인이 결합되어 결국 달성하고 자 하는 목표가 무엇인가 하는 문제입니다. 이는 개인적 차원에서의 필 요와 욕망으로부터 시작하여 크고 작은 사회 단위의 집단적 필요 및 욕 망까지를 뜻합니다. 산업문명에 대한 분석에서 흔히 간과하기 쉬운 부 분이기도 합니다. 개인이나 집단이나 그 필요와 욕망은 결코 정해져 있 지도 않고 고정되어 있지도 않습니다. 산업문명의 변화에 따라 가장 역 동적으로, 또 가장 빠르게 변하는 것이 바로 이것이기도 합니다. 50년 전에 스마트폰에 대한 욕망이 어디에 있었나요? 500년 전에 만성 실업 사태와 일자리 부족이라는 문제가 어디에 있었나요? 미래의 인류는 무 엇을 꿈꾸고 무엇을 원하게 될까요?

네 번째, 작용인입니다. 이전까지 산업 생산을 조직하는 주체는 자 본이 될 때가 많았고, 지금도 최소한 원칙상으로는 그러합니다. 하지만 산업문명의 역사를 다시 뜯어보면 자본이라는 주체가 산업을 조직하는 역할에 실패할 때도 많았고, 여러 지점에서 부족한 한계를 노정하기도 했습니다. 그럴 때에는 국가 및 공공 부문이 역할을 하기도 하며(특히 전쟁이나 혁명 등의 상황), 그 밖의 사회 조직들이(노동조합이나 협동조합) 그러한 역할을 하기도 했습니다. 이 문제는 세 번째의 목적인의 문제와 다시 연결됩니다. 궁극적으로 산업문명이 작동하는 목적은 개인과 집단의 필요와 욕구의 충족인가요? 아니면 자본의 무한한 축적인가요? 아니면 무서운 군비 확장을 통한 세계 정복인가요?

이러한 근본적인 질문을 담고 있는 '산업문명의 4대 원인'의 이야기를 이 책에서 다 풀어낼 수는 없습니다만 이제부터 시작될 이야기를 생각하고 그 의미를 음미할 때에 분명한 길잡이가 될 수는 있을 것이라고 믿습니다.

2

면화가
바꾼 역사

산업혁명의 시작은 러닝셔츠(?)

속옷부터 티셔츠나 바지까지 지금 우리가 입고 있는 다양한 옷에 들어
가는 원료가 바로 면화입니다. 예전에 왜 흔히 '난닝구'라고 부르던 속
옷이 있지요. 입다가 찢어지거나 낡으면 부모님들이 걸레로 쓰기도 했
던 기억이 한 번쯤 있을 겁니다. 이 난닝구는 러닝셔츠를 뜻하는 한국
식 일본어입니다. 지금은 어른 세대를 빼면 쓰지 않는 말이지만 한때는
메리야스의 대명사처럼 쓰이기도 했지요. 메리야스 또한 포르투갈어
meias를 차용해 만든 일본어입니다.

　지금이야 이렇게 흔하고 흔하지만 원래 '면'이라는 것은 모든 인류가
다 사용할 수 있었던 품목은 아닙니다. 살면서 한 번도 접해 보지 못한
사람들도 많았죠. 따지고 보면 우리나라도 마찬가지였습니다. 고려 말
기의 학자였던 문익점 선생이 중국에서 붓두껍에 목화씨를 숨겨 온 이
후에 목화가 보급되었죠. 그 덕분에 삼베로만 옷을 만들어 겨울에 벌벌
떨던 고려 시대 사람들이 따뜻한 솜옷을 입게 되었다는 이야기는 널리

알려져 있습니다.

이와 비슷한 일은 영국에도 있었습니다. 원래 영국은 모직물의 나라였습니다. 영국의 자연환경과 지형은 양이 떼 지어 살기 아주 좋은 곳이었기 때문입니다. 아닌 게 아니라 양으로 한몫 잡은 적도 있지요. 15세기경, 벨기에 서부와 네덜란드 서부에 걸쳐 있는 플랑드르 지역에 모직물 산업이 크게 일어난 적이 있습니다. 다만 네덜란드는 늪지대가 많고 대부분 바닷가 지역이라 양을 기를 수 있는 환경이 아니었습니다. 양털을 구할 수 있는 가장 가까운 곳을 알아보니 바로 영국이었죠. 그 덕에 영국 양털값이 천정부지로 치솟게 됩니다. 1권에서 설명했던 인클로저 운동이 촉발되는 계기가 되는 사건이었죠.

그러다 17세기 들어 영국에 동인도 회사가 생기면서 인도인들과 무역이 늘어납니다. 그렇게 인도에 갔더니 세상에! 무려 면이라는 것이 있는 겁니다. 비단은 분명 아닌데 비단만큼 가볍고, 하늘하늘하고, 피부에 자극이 없는, 한마디로 기가 막힌 옷감입니다. 심지어 염색한 면은 색감도 기가 막혔습니다. 인도가 면직물 산업이 워낙 오래되고 발달한 곳인 만큼 면으로 옷만 잘 만드는 게 아니라 염색 기술도 하늘을 찔렀습니다. 우리가 흔히 청바지 색을 통칭해 '인디고 블루'라고 하는데요, 그 염료가 인도 자생 식물인 인디고페라 틴토리아를 발효시켜 순수한 청색을 얻게 된 것이라 지금까지도 그렇게 불리고 있습니다.

이 진기한 물건이 처음 유럽에 도착했을 때에는 영국인들도 다른 유럽인들도 반응이 좀 썰렁했다고 합니다. 하지만 금세 그들 모두가 면직물에 반해 버립니다. '세상에 뭐 이런 게 다 있나.' 싶었겠지요. 몸에도 좋고 색감도 훌륭한 면직물은 난리가 날 정도로 무섭게 팔리기 시작했고, 인도에서 들여오는 무역을 독점했던 영국의 동인도회사는 큰돈을 벌었습니다. 면화옷은 신세계나 다름없었고, 자연스레 면화 가격은 천정부지로 치솟았습니다.

하지만 한쪽이 잘되면 또 어딘가에는 망하는 사람들이 생겨날 수밖에 없는 것이 시장에서 다반사로 일어나는 일이죠. 면화옷 붐으로 다 죽게 생긴 사람들이 있었으니, 모직물 업자들이었습니다. 이 사태를 두고 볼 수만 없었던 모직물 업자들이 떼로 몰려들어 시위를 벌이는데요, 주장은 간단했습니다. "면화 수입을 금지해 달라." 요즘 같은 규제 완화 시대에는 참으로 무지막지한 '떼법'이라고 느끼시겠지만, 예전에는 사회 분위기가 또 그렇지 않았는지 결국 면화 수입이 금지됩니다.

하지만 선악과를 맛보면 그 이전으로 돌아갈 수는 없습니다. 이미 유럽 전체에 면화가 퍼져 나간 마당에 면직물에 맛 들인 사람들은 이제 모직물로 만든 옷만 입고 살아갈 수 없었고 업자들 또한 이 천금 같은 기회를 포기할 수 없었습니다. 그들은 생각했습니다. '수입이 금지되면 우리가 만들면 될 것 아닌가!'

일단 영국은 면직물의 원료인 목화를 기를 수 있는 곳은 아닙니다. 목화는 기본적으로 따뜻한 곳에서 자라는데 위도가 높은 영국은 이런 조건에 맞지 않죠. 그래서 이들은 목화를 재배할 장소로 미국 남부를 선점했습니다. 1권에서 설탕과 대서양 삼각무역을 설명하면서 사탕수수 플랜테이션을 이야기했습니다. 서인도 제도에서 미국 남부로, 사탕수수에서 목화로 장소와 품목이 바뀌었지만 기본 구조는 비슷합니다. 목화 플랜테이션이 만들어졌고, 노예를 혹사한 방식도 그대로였습니다. 사탕수수를 재배하기 위해 노예를 잡아 왔던 그 과정을 그대로 거쳐, 아프리카에서 흑인들을 잡아 옵니다. 그들을 백인들이 거느리면서 목화를 재배하게 만들었죠. 가혹한 노동이었고, 사람들이 죽어 나갔지만 아랑곳하지 않았습니다. 돈은 노예의 목숨보다 훨씬 더 중요한 가치였거든요. 그렇게 재배된 목화가 배에 실립니다. 여기까지가 영국 밖에서 벌어지는 일입니다.

이제 목화를 실은 배가 영국 리버풀 항구에 도착합니다. 당시 영국에서는 면직물의 수입만 금지했지, 원료인 목화를 수입하는 것은 금지하지 않았습니다. 이때 일어나는 과정은 다음과 같습니다. 목화가 면직물이 되고 옷이 되려면 우선 방적spinning 과정을 거쳐야 합니다. 목화에서 씨를 빼고 얻은 솜덩어리를 물레에 빙빙 돌려 실을 뽑아내는 과정을 말하는데요, 뭉쳐 있는 솜덩어리를 최대한 균일하고 길게 실로 뽑는 것이 관건이었습니다. 실이 너무 굵으면 목화를 낭비하는 꼴이 되고, 실이 너무 가늘면 끊어지는 문제가 생기겠지요. 그러니 최대한 많은 실을 생산하려면 적정한 굵기의 실을 탄탄하고 고르게 뽑아내는 기술이 있어야 했습니다. 그래서 이 일을 수공업으로 행했던 방적공들은 상당한 숙련 과정을 거쳐야 했다고 합니다.

그렇게 실을 뽑으면 이번에는 베틀에다 넣어 날실과 씨실을 엮어 천을 짜는데 이 과정을 제직weaving이라고 합니다. 제직 기술의 핵심은 날실과 씨실의 밀도를 가능한 한 균일하고 빽빽하게 엮어 쉽게 찢어지지 않는, 최대한 튼튼한 천을 만드는 데 있습니다. 18세기 말까지도 이 제직 기술은 충분히 발달하지 않았습니다. 이상적인 강도의 실을 만들기도 힘들었지만 만든 실을 탄탄하게 엮는 기술도 발달하지 않았기 때문에 천을 만들어도 버텨 내지 못하고 찢어지기 일쑤였지요. 그래서 상대적으로 강도가 높은 모직물과 면을 섞어 섬유 조직을 만드는 방법을 고안했는데 이걸 혼방이라고 부르죠. 이런 과정을 거쳐 만든 천을 염색하면 비로소 우리가 입는 옷의 원단이 완성되는 방식입니다.

결국 리버풀에 솜이 도착하면 방적·제직·염색의 단계를 거쳐야 하는데, 한 군데가 막히면 병목이 되어 다른 곳이 굴러가지 않기 때문에 이 모든 것이 실은 하나의 과정이라고 해도 무방합니다. 아무리 방적 기술이 발달해 좋은 실이 산더미처럼 쌓여 있어도 제직과 염색 기술이 발전하지 않으면 소용이 없습니다. 면직물 자체의 수입은 금지된 상태였으니 말이죠. 이때 면직물이라는 상품이 자본주의와 산업혁명의 가교 역할을 하게 됩니다. 즉 면직물은 일종의 기획 상품 같은 것이었죠. 그 자체가 꼭 필요해서였다기보다는 처음부터 돈을 벌기 위해 들여온 상품이었다는 뜻입니다. 따라서 목화에서 시작하여 하늘하늘 보기 좋은 면직물이 만들어지는 과정 전체가 하나의 덩어리가 되어 하나의 사업, 즉 '비즈니스'가 되는 셈입니다. 이 비즈니스가 성공하려면 하나의 목화가 천으로 만들어지는 과정에 아무 병목이 발생하지 않고 최소 비용으로 최대한의 생산성을 낼 수 있는 기술 혁신으로 연결되어야 합니다.

이때부터 방직 기술을 발전시키기 위해 수많은 발명가들과 자본가들이 달라붙기 시작했습니다. 이때 영국 문화가 참 재미있는데요, 당시 「더 젠틀맨스 매거진The Gentleman's Magazine」이라는 월간지에는 '금주의 발명'이라는 코너가 있었습니다. 이게 영국의 문화가 유럽과 크게 다른 점이었는데요, 기술자들의 발명을 사회적으로 굉장히 높이 평가했을 뿐 아니라 발명을 실행으로 옮겨 산업과 연결시키는 데에도 굉장한 열성을 가지고 있었습니다. 돈을 가진 자본가들 대부분은 이 금주의 발명 코너에 늘 촉각을 곤두세우고 있었습니다. 괜찮은 발명품이라는 생각이 들면 발명가에게 연락해 같이 공장을 만들곤 했었는데요, 이게 현재의 '벤처 문화' 혹은 '벤처 투자'의 시초 격이라고 할 수 있습니다. 그래서 18세기 산업혁명 초기를 보면 독특한 기술을 발명한 기술자와 그 기술에 매료되어 돈을 투자하겠다고 나선 사람이 짝이 되어 합자회사나 합명회사를 만드는 일이 많았고, 그 이름도 이를테면 '앤더슨 앤 스미스' 같은 식이었습니다.

상황이 이렇다 보니 18세기 전반기에 걸쳐 영국의 방직과 염색 기술은 경쟁적으로 발전합니다. 그러다 이 기술은 결국 높은 숙련도를 가진 방적공이나 제직공이 없어도 기계 스스로 실을 토해 내고, 기계 스스로 천을 토해 내는 단계에까지 이르게 됩니다. 이때부터는 훈련된 기술자가 실을 잣거나 천을 짜지 않습니다. 게다가 이 놀라운 기계를 돌리는 데에는 사람의 힘이나 도움이 크게 필요하지도 않습니다. 새로운 기술과 증기기관이라는 동력이 결합하면서 기계는 이제 스스로 돌아가고 스스로 생산하는 명실상부한 생산의 주체가 되었습니다. 이때부터 전과는 비교할 수 없을 만큼 좋은 질을 가진 면화옷을, 전과는 비교할 수 없을 만큼 싼 가격으로, 전과는 비교할 수 없을 만큼 많은 양을 공급할 수 있게 되었습니다. 그 대신 인간은 이제 그저 기계를 보조하는 역할로 전락하고 말았죠.

문제가 하나 더 있었습니다. 이렇게 싸고 질 좋은 면화옷을 생산할 수 있게 되었으니 모두가 해피엔딩을 맞았을까요? 인도인들에게는 그렇지 않았을 것입니다. 영국에서 생산된 면직물이 거꾸로 인도로 되돌아와 인도를 초토화시킵니다. 인도는 유서 깊은 면직물 생산의 전통을 가진 곳이며, 지금까지도 그 명맥을 유지하는 곳이 남아 있을 정도죠. 이렇게 면직물 생산에서 세계 최고의 경쟁력을 가진 유서 깊은 곳에 수많은 양의 질 좋은 면직물이 물밀듯이 들어와 인도를 덮쳤습니다. 인도 안에서의 면직물 가격은 10분의 1 이상 떨어졌고, 관련 산업은 더 이상 유지되지 못했습니다. 인도만 덮친 것이 아닙니다. 유럽 곳곳으로 수출되었고, 이윽고 일본을 비롯한 전 세계로 퍼져 갔습니다.

　세계 곳곳에서 방직기를 가동했고, 면직물을 생산하는 산업 자본가들이 여러 나라에 등장하면서, 산업혁명의 물결 또한 전 세계로 뻗어 나가게 되었습니다.

　지금은 당연한 듯 입다가 낡으면 대충 걸레로 쓰는 물건이지만 그 면면을 살펴보면 몇천 년에 걸친 인류의 생산 및 소비 활동의 조직을 뿌리째 바꾼 마중물이 되었다고 할 수 있습니다.

3

왜
영국이었을까?

여기서 생각해 봐야 할 지점이 있습니다. 면화가 산업혁명의 계기가 된 것도 맞고, 영국이 18세기 당시 유럽 전체로 보나 세계 전체로 보나 활발한 경제 활동을 펼쳤던 것도 맞습니다. 그런데 따지고 보면 프랑스도 산업적인 생산력이나 무역 등에서 영국에 결코 뒤떨어지지 않는 경쟁자였습니다. 특히 과학이나 철학 같은 순수 학문이나 예술 분야에서는 프랑스가 우위에 있으면 있었지 영국보다 못하지 않았죠. 하지만 프랑스 산업혁명은 19세기가 되어서야 본격적으로 시작되었으니 영국에 비해 그 시기가 매우 늦은 편이었습니다.

그렇다면 왜 산업혁명이 영국에서 가장 먼저 일어날 수 있었을까요? 이걸 파악하려면 영국의 특징을 이해하는 게 중요합니다. 이 특징은 산업 혁신과 급속한 경제 성장이 어떤 사회에서 가능한가 하는 지점과도 연결됩니다.

우선 앞에서 말한 대로 발명에 대한 관심이 굉장히 높았다는 점이 프랑스와 큰 차이였습니다. 양쪽 다 왕립 과학 아카데미라는 게 있었습니다. 왕실에서 직접 뛰어난 학자들과 철학자들을 모아 학문과 과학의 발달을 장려하는 기구를 운영한 건데요. 프랑스의 경우에는 이게 철학이나 순수과학으로 가는 경향이 있었고, 영국은 기술 발명과 관련한 논의와 보다 더 긴밀하게 연결되었다는 특징이 있습니다. 앞서 말씀드린 「더 젠틀맨스 매거진gentleman's Magazine」과 같은 매체의 '금주의 발명' 코너는 사실 몇 년 유지되다가 폐지되어 버리는데요, 그 이유는 인기가 없어서가 아니라, 매주 쏟아지는 기술이 너무 많아서 도저히 다 다룰 수 없을 정도였기 때문이라고 합니다. 얼마나 많은 사람이 기술 발명에 관심을 가졌는지 잘 알 수 있는 예입니다.[7]

또 하나, 영국은 투자나 투자 수익의 개념이 다른 나라와는 달랐습니다. 중상주의를 주요 정책으로 삼은 다른 많은 나라들 역시 상업이 발달했고 화폐의 중요성도 점점 커졌습니다. 물론 이건 다른 국가도 마찬가지이기는 했습니다. 다만 산업 생산에 투자하고, 신규 기술에 투자해서 대박을 노린다는 사고방식이 나올 정도의 나라는 영국밖에 없었습니다. 기존에 발달했던 상업 사회의 경향은 어딘가에 돈을 투자해서 불리는 정도였다면, 영국의 투자 영역은 신규 기술 창출이나 생산성 증가처럼 다양한 방향으로 펼쳐져 있었습니다.

이와 긴밀하게 연결된 18세기 영국 사회의 중요한 특징이 있습니다. 많이 간과되는 사실이기도 합니다만, 바로 당시의 영국은 '소비문화'의 원형이 나타나서 그것이 생산을 이끌기 시작한 사회였습니다. 과거 전

---

7 좁은 의미에서의 발명 기술뿐 아니라, 수학·과학·철학 등 학술 분야 전반에 걸쳐 축적된 지식이 큰 동력으로 작용했습니다. Joel Mokyr, The Gifts of Athena: Historcal Origins of the Knowledge Economy, Princeton University Press, 2004.

통 사회에서 대중들은 생산이 소비를 규정하는 삶을 살 수밖에 없었고, 소비를 위해 생산을 하는 일은 드물었습니다. 귀족들이야 온갖 사치를 하고 기이한 물품들을 원한다고 해도, 대부분의 사람들은 그저 당대에 생산되는 물품의 종류와 수량에 자신들의 필요와 욕구를 맞추어 살아갈 수밖에 없었습니다. 또 그것이 미덕으로 여겨지기도 했고요.

물론 산업혁명 이전에도 제조라는 건 있었습니다. 원래는 그 제조를 수공업자들이 담당했죠. 그릇을 만드는 사람, 신발을 만드는 사람 등등 우리가 필요로 하는 여러 물건을 만드는 수공업자들은 항상 있었습니다. 이때 수공업자들이 만드는 물건의 소비자는 주로 귀족과 지배계급이었고, 일반 평민들은 장원에서 자기들끼리 뚝딱뚝딱 만들어 자급자족으로 수요를 해결하는 경우가 많았습니다. 수공업자의 존재 이유는 귀족이나 부자 같은 상류계급의 욕구를 충족시키기 위함이었습니다. 그래서 옛날 수공업자들을 보면 그 기술 수준은 매우 높았지만 생산 규모 자체가 크다고는 할 수 없었습니다. 수요가 적었기 때문이죠. 게다가 정교하게 만들어진 귀중품을 낮은 신분의 사람이 갖는 건 금지되거나, 지니는 것 자체만으로 경멸과 조롱과 공격의 대상이 되는 경우가 많았습니다. 오늘날처럼 누구나 돈만 있으면 살 수 있는 그런 사회학적 상황이 아니었다는 거죠. 수공업자들은 전통과 관습에 의해 결정된 사회의 필요를 충족하기 위한 한 부분에 가까웠습니다. 수공업자 길드와 상인 길드가 따로 있었던 만큼 그들을 장사하는 사람이라고 할 수도 없었고요. 수공업자가 상인을 겸해서 가게를 열고, 자신들이 만든 물건을 직접 팔기 시작하는 건 훨씬 나중의 일이었습니다.

18세기의 영국은 달랐습니다. 런던은 유행의 중심지였고, 온 나라의 유산계급은 물론 그 하인들까지 그곳의 유행에 따라 민감하게 소비 행태를 바꾸는, 그야말로 '소비혁명'과 '과시적 소비'의 원형이라 할 만한 모습을 보이고 있었습니다. 원래 런던이 중세 초기부터 귀족들이 거주하고 싶어 하는 도시는 아니었습니다. 영국의 귀족들과 향신gentry, 즉 유력한 토지 소유자들은 지방에 있는 자신의 저택과 토지에서 생활하는 것을 훨씬 더 선호했습니다. 그런데 18세기에 정치적·사회적 변화로 런던의 중요성이 커지면서 지방의 귀족들 및 향신들도 1년에 몇 달씩은 런던에 거주하기 위해 '타운하우스'를 두게 되었습니다. 이렇게 런던에 모여든 전국의 귀족들과 향신들은 자신의 지위를 드러내고자 경쟁하게 되었고, 유행에 민감한 의류와 생활품을 중심으로 과시적 소비를 하는 행태가 일어나기 시작합니다. 도자기로 유명한 조사이아 웨지우드Josiah Wedgewood나 양복 단추로 유명한 매슈 볼턴Matthew Boulton 등의 인물들이 모두 이러한 분위기에서 부를 쌓은 이들입니다. 귀족들이 자신의 땅으로 돌아갈 때에는 그 하인들까지도 런던의 최신 유행에 맞는 의복과 생활 양식을 갖추고 있었으니 자연스럽게 런던의 유행이 전국으로 확산되도록 하는 역할을 한 셈입니다.

앞서 말했듯 영국에서 방적기와 제직기가 나오면서 면화옷값은 엄청나게 떨어졌고, 질은 계속 좋아졌죠. 이때 영국 면직물 산업이 노렸던 새로운 수요층은 바로 평민들이었습니다. 값을 계속 떨어뜨리니까 평민들도 입을 수 있게 되었고, 일상품이 되면서 평민의 사치를 단죄하던 전통이나 관습에서도 벗어나게 되었습니다. 면직물 산업의 목표는 오로지 가격, 오로지 질, 오로지 생산성이었습니다. 산업혁명을 통해 높은 생산성을 바탕으로 싼값에 질 좋은 물건을 만들어 내기만 하면 시장은 얼마든지 확장이 가능하다는 것을 증명했습니다.

이것은 곧 전통 사회에서 수공업이 가졌던 패러다임과의 단절을 의미합니다. 생산성과 효율성만 높이면 대박이 터진다는 생각, 큰 이윤이 나오고 큰 시장이 열리고 사람들이 달려들어서 날개 돋친 듯 물건이 팔린다는 사고방식이 자리를 잡았습니다. 이때부터를 우리는 너무도 당연히 산업 자본주의라고 부르죠. 자본주의적 상상력과 제조업이 결합했다는 점에서 산업혁명이 만들어 낸 진정한 생산물은 메리야스가 아니라 더 많은 수요, 더 큰 시장인지도 모릅니다.

참고로 이런 사고방식이 20세기로 넘어오면 자동차로 연결됩니다. 헨리 포드Henry Ford가 이른바 '포드주의적 방식'으로 만든 모델 T를 세상에 내놓기 전까지 자동차는 귀족들이나 부자들만 탈 수 있던 사치품이자 전유물이었습니다. 20세기 들어와서 자동차 산업의 혁신으로 인해 가격이 내려가고 성능도 좋아지면서 누구든지 안 사고는 못 배기는 물건으로 바뀌었죠. 그러니까 포드가 생산했던 것은 자동차가 아니라 사실 '자동차에 대한 욕망'이었습니다. 마찬가지 이유에서, 방적기와 제직기가 만들어 낸 것은 면화옷이 아니라 그에 대한 욕망, 더 크게 보면 이후 지금까지 인류 문명을 지배하고 있는 '소비에 대한 욕망'이었다고 보아야 합니다.

4

기술 변화의
특징

소재의 혁신과 증기기관의 혁신

1차 산업혁명, 2차 산업혁명, 3차 산업혁명 모두에서 공통적으로 나타나는 현상이 하나 있는데요, 서로 관계가 없어 보이는 별개의 영역에서 기술 혁신이 벌어지다가, 그게 마치 다리가 이어지듯 연결되면서 혁신의 불길이 비약적으로 이는 때가 온다는 것입니다.

구체적으로 18세기 영국에서 면화 산업을 둘러싸고 벌어졌던 기술 혁신을 살펴보겠습니다. 처음엔 존 윌킨슨John Wilkinson에서부터 시작하는데요, 한마디로 쇠에 꽂혔던 사람이라고 할 수 있습니다. 전통 사회 제조업 분야에서 생산 활동에 쓰이는 재료들은 보통 나무 아니면 천이었습니다. 철은 생산하기도 힘들었고 주형에 부어서 형태를 만드는 것도 만만치 않았습니다. 튼튼하고 좋다는 거야 알았지만 소재로 쓰기에는 어려워 보편화되지 못했죠. 그러다 윌킨슨이 제철 기술 부문에서 아주 중요한 혁신을 이루었고, 더 나아가 여러 정교한 기계 부품이나 부속물을 철로 대체하는 데까지 성공합니다.

이 사람 덕분에 쇠로 된 기계 부품이 등장하게 됐고, 다리나 교량에서도 구조물 대부분을 쇠로 만드는 철교 건설도 본격화되었습니다. 이렇게 제철 부문에서 기술 혁신이 나왔는데, 이걸 제임스 와트James Watt가 받아 안습니다. 제임스 와트는 당시 유능한 기술자였을 뿐만 아니라 과학자로도 상당히 명망이 높던 사람이었는데요, 이 사람이 제철 기술을 활용해 증기기관을 크게 혁신한 겁니다.

참고로 영국에서 산업혁명이 일어난 원인으로 석탄을 꼽는 학자도 있습니다. 영국은 석탄 매장량이 많거든요. 그러다 보니 자연스럽게 이를 연료로 한 증기기관이 널리 쓰이면서 산업 발전을 이끌었다는 논리죠. 아무래도 나무를 베어다 연료로 쓰면 돈도 많이 들고, 품도 많이 들뿐 아니라 한계도 명확합니다. 산이 금방 민둥산이 될 테니까요. 석탄은 이런 문제에서 자유로웠고, 게다가 나무에 비해 열효율도 좋았습니다. 나무를 산업용 땔감으로 쓴다면 아마 그 분량을 감당할 수 없었겠지만 석탄을 썼기 때문에 훨씬 더 적은 분량으로 훨씬 더 폭발적인 에너지를 낼 수 있었습니다. 엄청난 에너지원을 쓰는 증기기관을 운영하기 위해서는 나무가 아니라 석탄이 꼭 필요했습니다. 인류가 본격적으로 화석 연료에 중독되는 계기였죠. 그때 이후로 인류는 에너지 먹는 괴물로 변모하기 시작합니다.

이런 이유로 석탄에 대한 수요가 늘어나기 시작했는데 석탄은 파면 팔수록 땅속으로 깊이 내려가야 했죠. 이때 광부들을 위한 공기를 공급하는 한편 갱을 파면서 나오는 지하수를 밖으로 퍼내야 했는데 사람 힘으로는 한계가 있어서 증기기관을 사용하기 시작했습니다.

초기 증기기관만 해도 그다지 효율적이지 못했습니다. 제련이 잘되어 있지 않아 품질이 낮은 철로 증기기관을 만들어 봤자 이게 얼마나 튼튼하겠어요. 자칫하면 수리하는 비용이 더 들 뿐이죠. 그런데 제임스 와트가 윌킨슨이 이루어 놓았던 제철 기술의 혁신을 이용해 전과는 차원이 다른 증기기관을 새롭게 만든 것입니다. 1776년에 제임스 와트의 강력한 증기기관 2대가 첫선을 보였는데요, 이때를 산업혁명이 시작된 해라고 말하는 사람도 있습니다. 물론 산업혁명은 단시간에 벌어진 것이 아니라서 딱 하나의 숫자를 댈 수는 없지만, 1776년이 산업혁명의 어떤 상징적인 연도임은 분명합니다.

이렇게 나온 강력한 증기기관은 돌아서 다시 존 윌킨슨에게 도움을 줍니다. 철광석에서 철을 얻어 내려면 높은 온도로 불을 때야 하는데요, 그러려면 공기를 집어넣는 풀무가 필요합니다. 옛날에는 이걸 손이나 발로 밟아서 불에다 공기를 집어넣었는데 대규모 제조업에서 이게 무슨 비효율적인 노동입니까. 그러다 보니 강하고 세고 대규모로 움직일 수 있는 풀무가 필요했는데, 이제 여기에 강력한 증기기관을 사용할 수 있게 된 것이죠.

이렇게 존 윌킨슨의 소재 혁신으로 인해 제임스 와트가 강력한 증기기관을 만들 수 있었고, 이게 다시 존 윌킨슨으로 하여금 강력한 풀무를 만들 수 있게 하는 계기가 되었습니다. 그러면서 더 많은 철이 나오기 시작했고, 철이라는 소재의 값은 계속 떨어졌고, 소재의 값이 떨어지니까 증기기관도 더 싼값에 더 많이 만들 수 있게 되었습니다.

방직 기술 혁신

한편 그 무렵 기술 혁신은 방직 산업도 비약적으로 발전시키는데요, 처음에는 베틀이 날실과 씨실 사이를 왔다 갔다 하면서 끼우는 방식으로 천을 만들었습니다. 당연히 수동이었고요. 나중에 이것도 발전하면서 플라잉 셔틀flying shuttle이라는 게 나왔습니다. 베틀에서, 날실의 틈으로 왔다 갔다 하면서 씨실을 푸는 기구인 북shuttle을 자동으로 움직이게 만드는 혁신이었고, 이로 인해 천을 짜는 속도가 비약적으로 늘었습니다. 이렇게 빠른 속도로 천이 생산되자 실을 뽑는 속도가 천을 만드는 속도를 따라잡지 못하면서 병목현상이 일어났습니다. 면화를 만들려면 목화를 실로 만드는 방적 기술과 이 실을 천으로 만드는 제직 기술이 함께 발전해야 하는데, 그게 안 된 겁니다.

이후 제임스 하그리브스James Hargreaves라는 발명가가 제니 방적기를 발명하면서 이 병목을 어느 정도 해결합니다. 방적기란 물레를 돌려서 실을 뽑아내는 기계인데요, 제니 방적기는 8개의 물레를 연결해 한꺼번에 돌리는 방식이었습니다. 예전에는 한 사람이 하나의 물레를 돌려 1줄의 실만 뽑아냈다면 이때부터는 한 사람이 방적기 하나만 돌려도 8줄의 실을 뽑아낼 수 있게 되었으니 생산량이 8배 증가한 셈입니다. 이 두 가지, 즉 플라잉 셔틀과 제니 방적기가 나온 시점부터 자동화의 초기 단계가 시작되었다고 할 수 있습니다. 물레를 하나하나 돌리던 노동자들도 기계로 대체되기 시작했죠.

여기에 또 다른 혁신이 일어납니다. 리처드 아크라이트Richard Arkwright라는 사람이 수력을 활용해 제니 방적기를 돌리는 수력 방적기를 만들어냈습니다. 이 기술은 나중에 수력과 제임스 와트의 증기기관을 결합하는 데까지 이어지게 됩니다. 그러니까 이제는 석탄으로 불만 때면 철컥철컥 움직이면서 실을 뽑아내는 거대한 방적기가 모습을 드러내게 된 겁니다. 이렇게 기술 혁신이 이어지면서 1800년에는 로버트 오언Robert Owen이라는 사업가가 영국 뉴래나크 지방에 영국에서 제일 큰 방적 공장을 운영하기에 이릅니다. 당시 노동자 숫자가 1,500명가량이었다고 하니 그 규모가 어마어마했음은 말할 것도 없겠죠.

지금까지 말씀드린 기술 혁신이 벌어진 순서와 과정을 다시 한번 되짚어 보겠습니다.

하나의 분야에서 혁신이 벌어짐 → 그걸 본 혁신가들이 자기 쪽에서 활용하면서 또 새로운 혁신을 이룸 → 새로운 혁신으로 인해 비용이 떨어짐 → 비용이 떨어지면서 혁신을 활용하고자 하는 기업가들이 전면적으로 나섬 → 혁신의 보편화

즉 1800년대에 생긴 거대한 방적 공장은 물론이고, 작아 보이는 여러 결과나 산물도 이면을 살펴보면 단 한 명의 혁신가나 단 하나의 발명에 의해 이루어진 것이 아니라, 그전에 있었던 많은 기술의 결합과 축적으로 생겨났다고 봐야 합니다. 이 점이 산업혁명의 기적을 말할 때 흔히 간과되는 부분입니다. 사실 증기를 이용한 기관은 오래전부터 존재했던 것입니다. 물을 끓여 거기서 나오는 수증기의 압력을 이용하면 물체를 움직일 수 있다는 건 고대 그리스나 고대 중국에서도 이미 알고 있었습니다. 심지어 기원전 1세기경 고대 그리스의 기계학자이자 실험가였던 헤론Heron은 증기의 힘을 이용해 저절로 돌아가는 장난감을 만들기도 했습니다.

방적기도 그렇습니다. 영국에서 처음 만들어진 것이 아닙니다. 이미 16세기 독일 남부에서 여러 개를 이어 동시에 돌릴 수 있는 방적기가 발명된 바 있습니다. 제가 와트나 하그레이브스의 혁신을 폄하하려는 건 아니지만, 이들이 세상에 없던 기계를 새롭게 만든 것은 분명 아니었습니다. 다만 우리가 착목해야 할 것은 바로 "혁신이 일어나는 사회

적 과정은 과연 무엇인가?" 하는 질문입니다.

16세기 독일에서 만든 방적기는 왜 널리 퍼지지 못했을까요? 방적공 길드에서 떼로 몰려와 기계를 박살 내고 그걸 만든 사람을 사적으로 처형해 버렸기 때문입니다. 길드는 많이 생산해서 떼돈 벌자는 조직이 아니었으니 이 사람들이 봤을 때 방적기는 자신들을 위협하는 물건에 지나지 않았습니다. 옛날에 나온 증기기관도 장난감처럼 쓰는 것 외에는 별다른 용도가 없었습니다. 이밖에도 리본 제조기나 핀 제조기 같은 발명품들도 길드의 등쌀 때문에 16~17세기에 모두 사용이 금지되는 일들이 벌어집니다.

물론 고대에도 전쟁에서만큼은 예외적으로 기술 혁신이 쓰이긴 했습니다. 우리가 과학자로만 알고 있는 아르키메데스Archimedes나 레오나르도 다빈치Leonardo da Vinci 같은 이들이 다른 한편에서는 군사 기술자이기도 했습니다. 다빈치가 남긴 스케치에는 오늘날의 장갑차나 기관총을 연상하게 하는 무기들이 남아 있습니다. 군사 부문이야말로 기술 혁신을 촉발하는 가장 강력한 엔진이라는 건 변함없는 사실입니다. 하지만 일반적인 경제생활에서는 얘기가 좀 다릅니다. 웬만하면 전통과 관습에 의해 지배되는 생산 활동 양식을 잘 바꾸려고 하지 않았죠. 앞서 말씀드린 '소비와 수요' 문제와도 사실상 비슷한 맥락입니다. 게다가 전통 사회에서는 우주가 어떻게 작동하고 어떻게 힘이 작동하고 세상이 어떻게 작동하는가에 대해 너무나 많은 미신과 금기가 있었기 때문에 이런저런 기술이나 힘을 다른 데 적용한다는 사고 자체가 쉽지 않았죠.

18세기 영국의 혁신가들은 의식 세계가 달랐습니다. 증기기관의 힘을 어디에만 적용해야 한다는 금기사항이 없었습니다. 이들은 기술 혁신을 통해 생산성과 효율성을 무한히 올려 무한히 싼값에 무한히 많은 물건을 생산하겠다는 목표 하나만 바라보고 달려왔습니다. 이것이 바로 전통 사회에는 없었던 의식으로서의 혁신입니다. 산업혁명으로 인해 인간이 사회를 바라보고 자연을 바라보는 태도에도 중요한 변화를 맞는데요, 사용을 위한 생산이 아니라 이윤을 위한 생산이 경제 활동의 지배적 사고방식이 되었습니다. 이게 산업 자본주의의 패러다임입니다. 이 태도 변화로 인간 사회도 그야말로 전투적인 생산 조직으로 재편되었습니다. 비유하자면 인간 사회 전체가 하나의 거대한 공장으로 바뀌었다고 해도 과언이 아닙니다. 같은 맥락에서 자연도 더 이상 숭배나 두려움이나 경외의 대상이 아닙니다. 지배하고 파괴하고 변형하고, 더 많은 생산물을 얻기 위한 재료에 불과하다고 여기게 됐습니다.

이러한 '혁신적인 패러다임'의 배후에는 앞에서 말한 자본주의적 영리 사업체의 출현과 소비 욕구의 팽창이라는, 18세기 영국의 독특한 상황이 있다는 것을 기억해야 합니다. 이렇게 하여 자본 축적의 욕망, 욕망의 팽창, 기술 혁신의 생산적 파괴, 기존 지식과 기술의 결합과 실행화 등이 톱니바퀴처럼 맞물리게 되었습니다. 결국 산업혁명이란, 기술 혁신을 주도했던 사람들의 천재성이나, 겉으로 보이는 방직기나 증기 기관 같은 기계 장치만 보아서는 흐름의 본질을 이해할 수 없습니다. 기계 장치가 상징하고 대표하는 더 크고 거대한 인류 문명적인 태도를 보아야 합니다. 산업혁명이 만들고 바꾼, 정말로 위대한 것들이 바로 여기에 있습니다.

5

자본의 출현과
영속기업

이제 산업혁명으로 촉발된 자본과 노동의 출현에 대해 말씀드릴 때가 된 것 같습니다. 사실 이 이야기만 들으면 좀 의아할 수 있죠. 자본이라는 개념과 표현은 산업혁명 이전에도 있었고, 노동이라는 것도 인류가 지구상에 나타난 이후부터 존재했으니까요. 하지만 '경제 범주'로서의 자본과 노동은 산업혁명에 이르러서야 비로소 생겨났다고 보는 게 맞습니다. 그 이후부터 대략 250년 동안 인간 사회, 산업사회의 경제는 자본과 노동 두 가지 범주로 구성되는 것을 너무도 당연하게 여겨왔습니다. 최근 21세기에 들어와서야 산업사회를 구성한 자본과 노동 두 범주 모두 의미를 잃었거나, 최소한 그 의미가 근본적으로 변하고 있는게 아닌가 하는 질문이 나오고 있는 실정입니다.

그런 점에서 최근까지 우리의 패러다임을 지배해 왔던 경제와 사회 조직을 파악하려면 자본과 노동이 어떻게 출현하게 됐고, 어떤 과정을 거쳐 변해 왔는지를 알아보아야 합니다. 이 두 가지 모두 불과 300년도 채 되지 않은 산업혁명의 산물이라는 점을 똑똑히 기억할 필요가 있습니다.

돈으로서의 자본과 자본재로서의 자본

우선 조금 대답하기 애매한 질문 하나를 드려 보겠습니다. 자본이라고 하면 돈을 이야기는 걸까요? 아니면 기계나 사무실 같은 실물을 이야기하는 걸까요? 그것도 아니면 이렇게 나누는 게 의미가 없는 걸까요? 경제학에서 표준적으로 내놓는 답은 돈으로서의 자본과 이런저런 물품으로서의 자본이 동일하다는 것입니다. 즉 근대 경제학은 돈으로서의 자본과 자본재로서의 자본을 동일한 것으로 본다는 것을 기본 전제로 삼습니다. 이는 마르크스 경제학이든 고전파 및 신고전파 경제학이든 모두 마찬가지입니다.

이걸 역사적으로 따져 보면 심각한 문제가 있습니다. 역사적 연혁을 살펴보면 이 두 개의 자본이 전혀 다르다는 게 드러나기 때문인데요, 페르낭 브로델Fernand Braudel이라는 프랑스 역사가가 쓴『물질문명과 자본주의』라는 책, 특히 2권을 보면 자본이라는 말이 어떻게 쓰이고 어떤 식으로 변화했는지 자세히 나와 있습니다.[8] 자본이라는 표현은 중세 때 이탈리아 북부 도시에서 쓰이기 시작했지만, 오늘날처럼 어떤 사업체의 '자본'이라는 의미로 쓰이기 시작한 것은 대략 16세기 정도부터인 듯하며, 프랑스나 영국에서 같은 뜻으로 쓰이던 다른 말들을 밀어내고 지금의 위치를 차지하게 된 것은 18세기 말 정도라고 보입니다.

한편 자본가라는 말은 대략 17세기 중반부터 나타났으며, 18세기 중반 쯤에는 '큰 재산을 지닌 상류 계급'이라는 뜻으로 쓰였다고 합니다. 자본가라는 말이 처음 등장했을 때만 해도 이 단어는 일종의 경멸을

---

8 Fernand Braudel, Civilization and Capitalism, 15-18th Century vol. Ⅱ: The Wheels of Commerce, University of California Press, 1992.

담은 별칭이었습니다. 돈에 눈먼 자들 같은 의미로 쓰였으니, 절대 좋은 뜻은 아니었죠. 이후 18세기로 가게 되면 그제야 자본이라는 단어가 '자본가들이 굴리는 돈'이라는 뜻으로 쓰이게 되고요.

사람들은 흔히 자본이라는 개념과 자본주의라는 말이 동시에 쓰였다고 오해하지만 자본주의라는 말은 그로부터 한참이 지난 후인 20세기에 들어서야 등장합니다. "칼 마르크스가 19세기에 『자본론』도 쓰고 그랬는데 무슨 말이냐?" 하는 분도 있을 텐데요, 마르크스는 자본주의라는 단어를 쓴 적이 없다고 합니다.[9] 루이 블랑Louis Blanc이라는 프랑스 사회주의자가 19세기에 쓴 문헌에 잠깐 언급이 되었을 뿐이고, 어떤 확립된 개념은 전혀 아니었습니다. 자본주의라는 단어가 정확한 힘과 의미를 가지고 나타난 건 1902년에 출간된 베르너 좀바르트의 저서 『근대 자본주의Der Moderne Kapitalismus』에서였습니다. 자본주의 발생 초기, 즉 18세기 이후 19세기 초까지만 해도 자본이란 명백하게 돈만을 의미했다는 겁니다. 물론 그때도 자재나 장비 같은 자본재에 해당하는 것들이 있었습니다. 또 그것을 구입하는 데에 들어가는 혹은 그것을 팔았을 때에 해당하는 화폐 액수에 대한 개념도 있었습니다. 하지만 이를 부르는 용어들은 따로 있었습니다.[10]

게다가 구체적인 생산 과정에 대한 기여라는 점에서는 더욱 애매한 점이 많았습니다. 농사를 생각해 보죠. 17세기 영국에서 농업 자본주의가 발생합니다. 이때 중요한 생산 요소는 빌린 땅과 피고용인이었고, 또한 이 피고용인에게 지급해야 할 임금이었습니다. 물론 씨앗도 있어

---

9 그가 초기에 즐겨 썼던 용어는 '시민사회 Bürgerliche gesellschaft', 즉 '부르주아 사회'였습니다.

10 애덤 스미스나 데이비드 리카도의 저서에서는 보통 '자재stock'나 '밑천funds' 같은 용어들이 사용되었습니다.

야 하고 농기구나 수레도 필요하긴 한데, 이런 농기구라는 게 당시 기술 수준으로 봤을 때 생산에 기여하는 바가 오늘날과 비교하면 하잘것 없었습니다. 그러니까 이걸 토지 및 노동과 동등한 독립적 생산 요소라고 말하기는 힘들었죠. 그래서 17세기 경제학자들은 "농작물을 팔았을 때 차지 농업가들이 이윤을 챙겨 갈 수 있는 근거는 무엇인가?" 하는 주제로 논쟁을 벌이기도 했습니다. 따지고 보면 지주가 가져가는 소득은 토지에서 나오는 거라고 얘기할 수 있겠죠. 노동자들이 받아 가는 임금은 그들이 흘린 땀과 노력의 대가로 볼 수 있고요. 그런데 차지 농업가가 큰돈을 챙겨 갈 수 있는 근거는 무엇인가요? 애덤 스미스Adam Smith 이전의 경제학자들이 기껏 생각해 낸 답은 이렇습니다.

"차지 농업가들이 무슨 기여를 한 건 아니지만 농사가 이루어지도록 전체적인 관리를 했으니 '감독관으로서의 임금superintendent's wage'을 이익으로 가져가는 것이다."

어느 정도는 논리를 갖추고 있지만 그들이 가져가는 액수를 생각해 보면 모든 사람이 납득할 만한 대답이라고 할 수는 없을 것 같습니다. 계급으로 보면 지주·자본가·노동자 3요소를 꼽는다 하더라도, 생산의 측면에서 보면 본원적인 것은 토지와 노동력이라고 생각할 수밖에 없습니다. 그러니 토지를 소유하지도 않고, 노동자라고도 할 수 없는 차지 농업가가 얻는 이윤의 근거가 정확히 무엇인지는 '자재'니 '밑천'이니 하는 상당히 애매한 표현 외에 정확한 정의를 담은 말을 찾기 힘들었을 겁니다.

기계, 자본이라는 유령이 입고 나온 육신

산업혁명이 시작되면서 이 자본의 실체가 무엇인가 하는 질문에 대한 답이 명확해졌습니다. 기계가 토지나 노동보다 훨씬 더 중요한 생산 요소가 되었기 때문입니다. 기계는 내구성이 강하죠. 농작물 생산에 필요한 손수레나 농기구 같은 건 툭하면 부러지고 마모되는 데 비해 방직기나 증기기관 그리고 이를 품고 있는 공장 같은 건 1~2년 안에 소모되는 성질의 것이 아닙니다. 5년, 10년이 지나더라도 계속 돌아가면서 높은 수익을 낼 수 있습니다. 그야말로 '떡하니 버티고 있는 실체abiding entity', 즉 물질적 존재로서의 자본이 출현한 것입니다. 이렇게 자본을 구성하는 물질 재화인 자본재capital goods는 그래서 사실상 산업혁명의 결과로 나타난 범주에 속하는 것이라고 할 수 있습니다. 이때부터 그동안 애매하게 혼재되어 쓰이던 돈으로서의 자본과 자본재로서의 자본이 마치 하나인 것처럼 여겨지게 되었습니다.

시간이 흘러 19세기 산업혁명 이후부터 이 '자본'이라는 범주를 둘러싸고 회계와 경제 시스템 전체에 무수한 혼란이 발생하기도 했습니다. 우선 이렇게 새로운 자본의 개념이 등장하면서 회사 조직이 바뀌게 되었는데요, 1권에서 보았듯이 로마 시대나 중세 시대의 '회사'란 보통 돈 있는 사람들이 보따리 장사든 무역이든 기간을 정해 놓고 자금을 모아 3년이나 5년 정도 운영한 다음 그 기간이 끝나면 각자 투자한 돈과 이익을 챙기고 해산하는 식이었습니다. 망하면 망하는 대로 청산하고, 잘되어서 이익이 나면 각자 수익을 분배하고 끝냈다는 겁니다. 그런데 눈앞에 버티고 있는 거대한 기계, 실체로서의 자본이 나타난 다음부터 회사의 성격이 달라집니다. 기계가 여전히 철컥철컥 돌아가는데, 가기는 어딜 가겠으며 청산은 무슨 청산입니까. 이 기계가 내구성을 가지니까 해산하고 싶어도 못 합니다. 물론 공장 전체를 다른 이에게 매각하고 끝낼 수도 있고 또 그런 경우도 많았습니다. 그런데 주인이 바뀌어도 그

'자본'은 여전히 연속성을 유지하는 실체로서 남게 됩니다.

이때부터는 이 자본이 회사의 실체라는 생각, 기계가 완전히 못 쓰게 되지 않는 이상 회사는 계속되는 것이라는 생각이 나타났습니다. 설령 기계가 마모된다 하더라도 매년 얼마씩 수선 충당금을 비축한 다음 새로운 기계로 대체하면 되죠. 이렇게 성격이 변화하면서 회사라는 것은 일정한 기간이 지나면 사라지는 게 아니라 그 자체로 독자적인 생명력을 가지고 있으며, 인간과 다른 불멸의 존재라는 인식이 생겼습니다. 회사를 바라보는 관점이 바뀐 것은 물론이고, 회계 관행도 바뀌게 되었습니다. 19세기 중반부터는 예전처럼 3년, 5년 시한을 두지 않고, 주인이 바뀌고 설령 그 기계 자체가 마모되어 끝난다고 해도 사업 자체는 영원하다는 관념이 자리 잡게 됩니다. 그리하여 '영속 기업going concern'이라는 개념이 오늘날 기업 회계에서 가장 기초적인 전제가 되면서 회계 방식도 근본적으로 바뀌게 되었습니다.

이렇게 그 실체가 애매하던 자본이라는 말은 산업혁명 이후 기계라는 실체를 육신으로 입고서 본격적인 생명을 갖게 되었습니다. 이런 모습으로 바뀌게 된 다음부터 자본을 중심으로 사회가 재편되었을 뿐만 아니라, 자본을 통해 형성된 회사는 현재까지도 사회를 움직이는 가장 강력한 힘이자 가장 대표적인 조직이 되었습니다. 그 모든 과정의 결정적 계기는 실체로서의 자본, 즉 기계가 나타난 데 있다고 할 수 있습니다.[11]

---

[11] Sidney Pollard, Capital Accounting in the Industrial Revolution in Contemporary Studies in the Evolution of Accounting Thought ed. by M. Chatfield, Dickenson Publisher: 1968.

6

노동계급의
출현

노동의 의미와 산업혁명 이전의 노동 행태

산업혁명으로 인해 물질적 실체를 지닌 새로운 자본이 나타나게 된 것은 동전의 앞면이라고 할 수 있습니다. 그 반대쪽인 뒷면에 노동이 있습니다. 노동이라는 이 단어가 많은 혼동을 낳는 개념인 것은 분명합니다. 어떨 때 보면 노동자 아닌 사람이 없죠. 심지어 감옥에 계시다 나온 전직 대통령이 자기도 월급 받으니까 노동자라고 주장하기도 했고요. 예술 활동을 하는 사람들은 스스로 창작 노동자라고 칭하고, 상당히 고액 연봉을 받는 사람들부터 파트타임으로 일하면서 월급 100만 원 정도 받는 사람까지 저마다 다 노동자라고 합니다. 이렇게 노동이라는 개념이 너무 넓게 쓰이는 상황에서 노동의 역사와 노동의 출현이라고만 얘기하면 많은 혼동이 벌어질 수 있습니다. 따라서 이 책에서는 산업혁명과 함께 나타난 노동의 의미에 대해서만 다루겠습니다.

이렇게 범위를 한정하면 노동자란 자본의 일부로서 기계화된 동작을 수행하는 사람을 뜻하고, 노동이란 그 기계화된 동작을 의미합니다. 이것을 '추상노동abstract labour'이라는 개념으로 명시하여 제시한 사람이 칼 마르크스입니다. 칼 마르크스의 『자본론』에 나오는 추상노동이라는 표현이야말로 산업혁명 이후에 나타난 노동이라는 개념의 성격을 가장 정확하게 묘사한 말이 아닐까 생각합니다.

산업혁명으로 새롭게 나타난 이 '추상노동'이라는 것이 얼마나 특이한 것인지 설명을 좀 더 덧붙이겠습니다. 에드워드 톰슨Edward Thompson이라는 영국의 역사학자가 있습니다. 이 사람이 17, 18세기 영국 수공업자들의 생산 활동에 대해 연구했는데요,[12] 한마디로 오늘날 노동 기율이라고 부르는 시간적인 정확성이나 근면함, 성실함은 전혀 찾아볼 수 없었다고 합니다. 옛날에 중간고사나 기말고사 볼 때 다들 벼락치기 한 번쯤 해 보셨죠? 산업혁명 이전의 수공업자도 비슷했다는 겁니다. 일거리를 받아도 일단 팽팽 놀고 대충 퍼져 있습니다. 그러다 마감 날이 다가오면 그제야 몰아쳐서 일을 하기 시작합니다. 요즘 말로 '삘'이 꽂히면 잠도 안 자고 밥도 대충 먹으면서 일감을 처리하는 겁니다. 그게 끝나면 또 술 퍼먹고 다시 퍼지는 식이었다고 합니다. 매일 죽을상을 하고서 6시 반에 일어나 정시에 출근하고 또 11시 전에는 칼같이 잠을 자야 하루가 끝나는 오늘날의 노동자들과는 전혀 달랐습니다. 몇천 년 아니 몇만 년에 걸쳐 쌓인 인간의 일 리듬이 산업혁명 이전과 이후로 어쩌면 이렇게 확 달라졌을까요?

옛날에는 생산의 주역이 인간과 자연 두 가지 요소였다는 점에 주목해야 합니다. 생산 활동의 리듬이라는 게 자연의 리듬을 타는지, 아니

---

12 E. P. Thompson, Time, Work-Discipline, and Industrial Capitalism, Past & Present, 38, 1967.

면 인간의 리듬을 타는지, 혹은 기계의 리듬을 타는지에 따라 그 성격이 완전히 바뀌기 때문입니다. 제가 좋아하는 철학자 중 한 명인 앙리 르페브르Henri Lefebvre가 말년에 낸 『리듬 분석』이라는 책이 있는데요.[13] 생체와 자연과 도시와 사회의 시간을 리듬으로 이해하는, 아주 독특하고 번쩍이는 아이디어를 담고 있습니다.

이런 측면에서 생각해 보죠. 산업혁명 이전의 생산 활동은 인간의 육체와 자연 요소가 직접 맞붙으면서 그야말로 몸싸움을 벌이는 과정입니다. 농업은 말할 것도 없죠. 농민의 몸뚱이와 흙과 땅과 햇빛과 물이 마구 뒤섞여 태어나는 게 농작물입니다. 어업도 마찬가지입니다. 하늘의 리듬, 기후의 리듬, 바다의 리듬, 강물의 리듬이 생산 활동을 하는 사람의 흐름과 혼연일체가 되어야만 합니다. 목축업도 똑같습니다. 그런데 기계와 함께 일해야 하는 근대적 노동자들은 자연과 맞부딪치는 게 아니라 오직 기계의 리듬 그리고 그 기계를 운영하는 기업 조직의 리듬을 따라갑니다. 그러니 한없이 퍼졌다가, 바짝 긴장해서 달려들어 일을 처리하는 생활은 이제 불가능해졌습니다. 어쩌면 코로나 사태 이후 전 세계적으로 나타나고 있는 이른바 '대규모 사직Great Resignation'이라는 상황은 이러한 인체 리듬의 유연성에 한계가 온 것을 의미하는지도 모릅니다.[14]

13 Henri Lefebvre, Rhythmanalysis: Space, Time and Everyday Life, Continuum, 2004.
14 이에 대한 설명은 제 유튜브 채널인 [홍기빈 클럽]에서 다룬 바 있습니다.

산업혁명 이후의 노동

산업혁명이 일어난 다음부터 자본이라는 것이 기계의 모습을 띠기 시작했고, 기계가 생산 활동의 주역으로 자리를 잡으면서 생산 활동의 성격도 완전히 달라질 수밖에 없었습니다. 칼 마르크스는 이를 추상노동이라고 표현했는데요, 추상노동이란 활동의 구체적 내용은 모조리 사장되고, 생산 활동과 직접 관련 있는 기계적 동작만을 시간으로 측량한 것을 말합니다. 무슨 뜻인지 아리송하시죠?

이해를 돕기 위해 근대적 노동이 나타나는 데 있어 굉장히 중요한 계기가 됐던 사건을 하나 소개하겠습니다. 중세 말기 르네상스 때 총이라는 물건이 새롭게 등장했습니다. 당시에 나온 총은 단점이 많았습니다. 명중률이 워낙 떨어져서 활과 같은 무기에 비할 바가 못 되었습니다. 문제는 이게 다가 아니었는데요, 한번 총을 쏘려면 다음과 같은 과정을 거쳐야 했습니다.

> 화약 주머니에서 화약을 한 숟갈 뜨기 → 총의 약실을 열고 화약 가루를 털어 넣기 → 탄환을 총구 안에 넣기 → 약실에 심지를 늘어뜨리기 → 심지에 불을 붙이기 → 방아쇠 당기기

이 동작에 걸리는 시간이 상당했고, 그다음에야 비로소 그것도 명중률이 형편없는 한 발을 고작 쏠 수 있었던 겁니다. 그러니 총이라는 것 자체가 처음에는 전쟁에서 큰 구실을 못 했어요. 비록 16세기가 되면 심지에 불이 붙은 상태에서 방아쇠만으로도 격발이 가능한 화승총musket이 나오기는 하지만, 그래도 복잡한 장전 과정이 크게 줄어든 것은 아니었습니다. 그러다 17세기 초에 모리스 드나소Maurice de Nassau라는 네덜

란드 공화국 총독이 그야말로 혁명을 일으켰습니다. 총의 성능을 획기적으로 올렸냐고요? 아닙니다. 총병 부대의 훈련 방식을 완전히 바꾸는 것으로 활용도를 엄청나게 높였습니다.

우선 사수가 한 명 한 명 따로따로 총을 쏘는 것이 아니라 20~30명이 일렬로 쭉 서서 일제히 사격하는 방식이었습니다. 이러면 탄막barrage을 형성하면서 총알이 떼거리로 날아가니까 개별적인 명중률은 그다지 중요하지 않습니다. 누가 맞아도 맞을 테니까요. 그래서 30명의 일제 사격이 가능하도록 총병들이 동일한 시간에 동일한 속도와 동일한 작업 완성도를 가질 수 있게 기계적으로 계속 훈련시켰습니다. 이렇게 하여 '30명 일제 사격'이라는 전술이 완성되죠. 총을 쏘고 나면 3미터쯤 되는 긴 창을 든 창병이 적 기마병을 막아 총병을 보호했습니다. 이 사이에 총병들이 장전해서 다시 일제 사격을 가하는 전법이었는데요, 이 총병들 또한 1조, 2조, 3조 하는 식으로 순차적으로 준비를 해서 순서대로 발사했습니다. 이 방식이 처음 등장했을 때는 가히 천하무적이었다고 합니다. 이를 처음으로 개발한 스페인 군대는 이러한 총병·창병 대형을 '테르시오tercio'라고 불렀습니다. 이 전법을 나중에 네델란드의 모리스 등이 더욱 체계화했는데 이것을 17세기 30년 전쟁기에서 가장 중요한 군사혁명Military Revolution으로 꼽기도 합니다.[15]

물론 전쟁 얘기를 하려는 것은 아닙니다. 여기서 추상적 동작이 무엇인지 알 수 있다는 걸 말씀드리고자 하는 것입니다. 옛날에 칼과 창

---

[15] Geoffrey Parker, The Military Revolution: Military Innovation and the Rise of the West 1500-1800, Cambridge University Press, 1996. 임진왜란 당시 조선군이 부닥쳐야 했던 일본군의 조총부대도 이러한 전술을 구사해 신립의 기병부대를 완전히 무너뜨렸습니다.

으로 하는 전쟁에서 용감하게 싸운다는 건, 그걸 휘두르는 사람의 훈련 정도나 용기 같은 심리 상태나 개인 능력에 따른 결과였습니다. 그런데 30명의 총병들이 행하는 일사불란한 몸동작을 생각해 보세요. 인체와 마음과 자연의 리듬과는 무관하게 하나의 추상적 리듬으로 몸이 길들여진 상태입니다. 그래서 군대의 제식훈련, 즉 숫자를 붙인 순서대로 동작 하나하나를 정확하게 수행하는 규율 훈련 과정이 결정적으로 중요해졌습니다. 이는 하늘이 무너지고 당장 적군의 말발굽이 내 머리를 덮친다고 해도 기계처럼 정해진 동작을 수행할 수 있게 하는 각고의 훈련과 엄청난 규율을 필요로 합니다. 참고로, 병자호란 때 남한산성을 지키던 상당수의 조총 사수부대가 청나라의 기병에 무참하게 패배한 것은 이러한 규율이 무너졌기 때문이라고 합니다.

산업혁명 이후 공장에서 행해졌던 노동자들의 몸동작, 마르크스가 추상노동이라고 불렀던 몸동작의 원형을 여기에서 찾을 수 있습니다. 기계에 씨실과 날실을 올려 작동시키고, 천이 만들어지면 그걸 빼고 다시 씨실과 날실을 올리고 기계를 작동시키는 동작에는 감정 논리가 들어갈 틈이 없습니다. 오로지 기계의 리듬에 맞춘 규율과 시간만이 있을 뿐이죠.

이렇게 기계가 생산의 주역이 되면서 인간과 자연은 조역에 머물게 됐습니다. 과거에는 인간 스스로가 자신이 할 일을 정하는 노동의 주체였는데, 현대에 이르러서는 시간의 노예가 되어야 했습니다. '정확히 몇 시에 출근해서 정확히 몇 시간 일하고 정확히 몇 분 쉰다.' 그렇게 정해진 시간 안에서 한 부품의 노동력으로 계산되는 방식, 기계의 일부분으로서 추상적 작업을 행하는 활동 양식으로 변하게 되었습니다.

다시 한번 말씀드리지만 여기서 제가 말하는 노동이란 생산 활동 일반을 의미하는 것이 아닙니다. 산업혁명 이후에 나타난 새로운 형태의 노동을 말하는 것입니다. 이런 방식은 누구도 좋아하지 않는 활동, 누구도 원하지 않는 노동입니다. "나의 꿈은 방적기를 돌리는 거야.", "하루 12시간씩 프레스를 밟는 거야."라고 말하는 사람이 세상천지 어디 있겠습니까. 이런 형태의 노동을 영어로는 labor, 프랑스어로 travail라고 하는데요, 두 단어 모두 누구도 하고 싶어 하지 않는 수고와 노고라는 뜻이 숨어 있습니다. 특히 travail는 묶은 몸에다 막대기 세 개를 찔러 넣고서 주리를 트는 고통을 말합니다. 즐거운 일이 아니라는 거죠. 사람이 스스로 삶의 일부분으로서 땀을 흘리며 하는 활동을 일컫는 work 와는 다른 개념입니다. labor라는 단어를 뜯어보면, 임금이란 아무도 원하지 않는 일을 하는 것에 대한 정신적·육체적 피해를 보상받는 것이라고 할 수 있습니다. 이렇게 생겨난 노동자들의 삶과 처우가 어땠는지에 대해서는 다음 장에서 조금 더 구체적으로 알아보겠습니다.

7

부는 늘지만,
사람은 짐승이 되어 간다

산업혁명 당시의 노동자들

산업혁명으로 인해 생겨난 노동 형태를 수행하는 노동자들이 어떤 상태였냐 하는 것은 경제학자들 사이에서 오랜 논쟁거리였습니다. 20세기 초까지만 해도 사람들은 산업혁명을 직접 경험한 이들로부터 이런 저런 끔찍한 이야기를 들을 수 있었습니다. 당시의 모습이 무슨 전설 속 이야기처럼 내려오고, 찰스 디킨스Charles Dickens의 『어려운 시절Hard Times』 같은 문학 작품으로 나타나고, 거기다 마르크스나 토머스 칼라일 Thomas Carlyle 같은 사람들이 이 문제를 계속 이야기하면서 산업혁명 초기의 영국 노동자들이 끔찍한 빈곤 상태에 있었다는 게 통념이었습니다.

그러다 20세기 초에 들어서 당시에 관한 데이터가 축적되기 시작했습니다. 클래펌John Harold Clapham 같은 경제사가로부터 시작해 몇몇 학자들이 당시 임금 수준이 실제로 어땠는지, 인구는 어느 정도였으며, 생활비는 또 어느 정도 수준이었는지 등등의 데이터를 체계적으로 모아 연구했더니 기존의 통념을 뒤집는 결과가 나왔습니다. 1940~1950년

경부터 산업혁명으로 인해 실질임금이 하락하기는커녕 중장기적으로 크게 올라갔다는 것입니다.

무서운 전설처럼 전해지던 끔찍한 참상과 빈곤이 실제로 있었느냐 하는 문제는 결국 '이념'과 연결됩니다. 산업혁명의 비극과 참상과 생지옥을 강조하면 자본주의와 산업혁명에 대한 비판적인 이데올로기와 이어집니다. 반면에 경제사학자들의 연구대로 이들이 실제로 가난했던 게 아니라 오히려 더 잘살게 되었다고 한다면 "역시 경제 성장이 최고다. 성장주의 시장 경제가 일으킨 기적이다"하는 주장과 맞닿으면서 보수적 시장근본주의를 뒷받침하는 근거가 될 수도 있지요.

이 두 가지 극단의 사상을 놓고 20세기 중반까지 많은 논쟁이 있었습니다.[16]

---

[16] 산업혁명에 대한 연구만큼이나, 산업혁명을 둘러싼 논쟁의 역사도 많은 사연을 담고 있는 큰 주제입니다. 통상적으로 볼 때, 20세기 초반까지 이를 연구한 사람들은 대부분 산업혁명이 가져온 사회적 혼란과 노동계급의 참상 같은 비판적인 측면을 강조하는 사회사의 전통에 있었습니다. 엥겔스의 고전『영국 노동계급의 상황』을 시작으로 아널드 토인비, 해먼드Hammond 부부, 윌리엄 커닝엄William Cunningham, 웹Webb 부부 등의 연구가 이러한 전통에 있습니다. 이 전통의 가장 유명한 고전으로는 Paul Mantoux, The Industrial Revolution in the Eighteenth Century: An Outline of the Beginnings of the Modern Factory System in England, Jonathan Cape, 1924., 폴 망투Paul Mantoux,『산업혁명사』, 김종철 정윤형 역, 창비, 1987.이 있으며, 같은 전통에 서 있는 에릭 홉스봄Eric Hobsbawm의 저서 Eric Hobsbawm, Industry and Empire: The Birth of the Industrial Revolution, The New Press, 1999., 에릭 홉스봄,『산업과 제국』, 전철환 장수한 역, 한벗, 1984.도 함께 권하고 싶습니다. 이러한 입장이 주로 사회주의자들과 좌파 쪽의 시각이라면, 좀 더 좁은 의미의 경제 성장론의 입장에서 산업혁명의 혁신적, 적극적 성격을 강조하는 전통도 있습니다. 1925년에 출간된 존 해럴드 클래펌의 저서를 필두로 산업혁명이 사회 전체의 후생과 진보를 촉진했을 뿐만 아니라 노동계급의 삶의 상태 또한 중장기적으로 풍족하게 만들었다는 낙관적인 시각도 있습니다. 이는 주로 주류 경제학 중 계량경제사의 전통으로 이어져 지금의 경제사 분야에서는 더 지배적입니다. 이러한 시각을 정리한 대표적인 저서로는 Phyllis Deane, The First Industrial Revolution, Cambridge University Press, 1979., 필리스 딘,『영국의 산업혁명』, 나경수 이정우 역, 대우학술총서 번역 11.을 권합니다. 나중에 더 이야기하겠지만, 양쪽 어디에도 속하지 않으면서 물질적 진보를 인정하는 한편 노동자들과

제가 여기서 짚고자 하는 것은 실제로 그런 빈곤이 있었느냐 없었느냐 이런 것이 아닙니다. 여러 번 강조했다시피 이전 사회는 자급자족의 경제 체제였으니 실질임금은 올랐을 수 있습니다. 실질임금의 상승과 노동계급의 피로를 단순 상쇄 할 수는 없겠지만, 소득이 올랐다는 사실만 놓고 본다면 산업혁명이 생지옥을 낳았다는 노동자들의 말은 허구가 될 수 있을까요? 이에 답하기 전에, 산업혁명이 중장기적으로 노동자들을 풍요하게 만들었다는 주장은 어떨까요? 이 역시 사실이라고 판단할 수 있을까요? 그렇다면 결국 경제 성장이 최고의 가치인 것일까요?

이런 이야기 틀의 근본에 도전했던 칼 폴라니 같은 학자들이 있습니다. 노동자들의 고통을 단순히 경제 보상으로 덮어 버리면 본질을 볼 수 없다는 얘기인데요, 19세기 초 영국 노동자들이 당했던 인간적 고통의 깊이는 밥을 배불리 먹게 되었다거나, 생활비가 늘었다는 식의 좁은 의미의 경제성만으로 파악하고 이해해서는 안 된다는 주장입니다.[17]

산업혁명 당시 노동자들의 상황

우선 당시 노동자들의 현실이 어땠는지를 좀 더 알아보겠습니다. 산업혁명 초기에 공장에서 기계를 돌리기 위한 투입물에 불과했던 공장 노동자들은 주당 몇 실링 받는 대가로 하루 열몇 시간씩 기계적인 동작,

---

사회의 고통을 정신적 · 문화적 측면에서 찾는 독특한 입장은 칼 폴라니가 『거대한 전환』에서 개진하고 있습니다.

17 지금부터의 논의는 칼 폴라니의 『거대한 전환』의 7~10장에 나타난 내용을 바탕에 두고 있습니다.

즉 추상노동을 해야 하는 존재였습니다. 이런 일을 누가 하고 싶겠어요. 그러다 보니 초기엔 사람을 구하기가 힘들었다고 합니다. 처음에는 공장 주변 지역에 있는 농촌의 유휴 인력들, 그러니까 일 년에 몇 달은 일하지만, 농번기가 지나 일거리가 없으면 노는 사람들을 데려왔는데요, 대부분 "나도 농촌에 있을 적엔 도랑 치기나 풀 뽑기나 안 해 본 일이 없는데, 이런 끔찍한 노동은 처음"이라고 입을 모았습니다. 하루에 열몇 시간씩 일하는 거야 크게 어려운 일은 아니지만 새참 먹는 시간도 없고, 계속 기계를 만지는 단순한 동작만 하는데 조금만 속도가 느려지면 혹독한 취급을 받았으니 도무지 견디지 못하겠더란 거죠. 그래서 어찌어찌 인력을 구해도 몇 달만 지나면 사람 잡는 곳이라며 다 빠져나가 버리고 말았습니다. 게다가 이게 소문이 퍼져 나중에는 인근 농촌에서는 거의 사람을 구할 수 없었다고 합니다.

영국 초기 자본주의 사회에서 가장 유명한 자본가이자 공장주였던 로버트 오언의 전기를 보면 일꾼을 구하려고 영국 전역을 한 바퀴 돌면서 주급 얼마씩 줄 테니 우리 공장에 취직하라는 식으로 사람을 모았다고 합니다. 이렇게 구해도 몇 달 지나면 뻗거나 그만두기 일쑤였고요. 참고로 초기 노동자들에게 있어 떼려야 뗄 수 없는 단어가 알코올 의존증이었습니다. 기계적 노동을 열몇 시간씩 하고 들어와서는 술에 절어 살아가게 됐던 거죠.

인력난을 해결하기 위해 고안한 방법은 놀랍게도 아동에게 노동을 시키는 것이었습니다. 아동은 일단 술을 안 마시죠. 게다가 그 당시 영국의 법체계가 그야말로 어처구니없었는데, 빈민 아이들에게 직업 훈련을 시킨다는 명목으로 노동을 강요할 수 있었습니다. 도제 계약 indentures of apprenticeship 이라는 형태를 통해 7년 동안 아무 공장에나 우르르

보내 강제로 일하게 만들도록 되어 있었는데,[18] 공장주들이 이걸 악용한 겁니다. 그들은 술 먹고 뻗어 버리는 어른들보다 일을 시키기도 편하고 말도 잘 듣는 아이들을 더 선호하기도 했습니다. 7살이나 8살 정도 되면 공장에 취직하는 건 예삿일이었습니다. 도저히 믿기 힘든데, 엥겔스의 『영국 노동계급의 상황』에 인용된 영국 의회 보고서에 의하면 4살짜리도 있었다고 하죠.

어른이든 아동이든 이 노동 자체가 오랫동안 할 수 있는 성격의 일은 분명 아니었습니다. 당시 임금이라는 게 보험을 들거나 적금을 들 수 있을 정도도 아니었고, 네다섯 달 이상 버티기 어려울 정도로 노동 강도도 셌습니다. 설령 노동자들이 계속 일하고 싶어도 공장 경기가 안 좋아지면 잘리는 경우도 많았습니다. 임금은 적은 데다가 노동은 힘들고 고용 환경은 불안했습니다. 실직을 당하면 그냥 무일푼 상태에 놓일 수밖에 없었죠.

잘린 뒤에는 어떻게 사나요? 다시 취직될 때까지 무작정 기다리는 미결수와 다름없었던 이들은 먹고살려면 강도짓을 하거나 성매매를 해야 하는 상황이었고, 사회에서도 잠재적 범죄자 취급을 받았습니다. 18세기 말 19세기 초까지만 해도 이 사람들을 '포퍼Pauper'라고 불렀는데요, 마크 트웨인Mark Twain의 소설 『왕자와 거지The Prince and the Pauper』에 나오는 거지가 바로 포퍼입니다. 나라나 사회가 먹여 살려 주지 않으면 안 되는 무일푼·빈털터리라는 뜻이었는데, 알코올 의존증·범죄·성매매 등등과 동의어로 쓰이기도 했습니다. 이 사람들과 관련해 당시 엽기

---

18 이렇게 일하는 사람들을 'roundsmen'이라고 합니다. 저는 '돌림머슴'이라고 옮겼습니다.

적인 곳이 하나 있었는데요, 집도 없고 정상적인 숙소에 들 만큼 돈도 없는 경우 3~4시간 정도 때우고 나가는 간이 시설이었습니다. 의자에 앉아서 잘 수 있게 되어 있는데 넘어지지 않도록 앞에 밧줄을 치고 거기에 기대어 잠을 청해야만 했습니다. 시간이 지나 주인이 밧줄을 풀어 버리면, 그때 잠에서 깨어 나가는 식이었다고 하죠.

돌이켜 보면 어처구니없는 일입니다. 산업사회가 돌아가기 위해서는 기계를 작동시켜야만 하고, 그래서 근대적 의미에서 노동계급이 필수적인 존재라는 사실은 아무도 부인하지 못합니다. 하지만 막상 이 사람들이 처음 나타났던 18세기 말, 19세기 초 영국에서는 이들을 하나의 사회적 집단으로 인정하지 않았습니다. 노동자들은 철저한 외면 속에서 그저 서너 달 끔찍한 공장에서 기계처럼 혹사당하다가 나와서는 범죄와 성매매로 살아가다가 알코올 의존증으로 30살, 35살에 일찍 죽어 버리고 말았습니다. 이런 생활에 무슨 희망이 있고, 무슨 의미가 있었겠습니까?

엥겔스의 『영국 노동계급의 상황』에 인용된 영국 의회 보고서의 한 부분을 보죠. 의원들이 노동자들 상태가 어떤지 보려고 이들이 사는 집에 가 봤습니다. 노동자들 거주 지구는 보통 건물 4동이 우물 정# 자 모양으로 되어 가운데가 비어 있는데, 여기에 똥과 오물 더미가 한가득 쌓여 있었습니다. 의원들이 코를 쥐고 건물 안으로 들어가니 가구 같은 것은 전혀 없고, 사람이 사는 곳이라는 증거는 희미하게 타고 있는 벽난로 뿐이었습니다. 거기에 15명 정도의 남녀가 얽혀 잠이 들어 있는데 절반은 완전히 벗은 상태였다고 합니다. 더한 얘기도 많아요. 끝도 없습니다.

이들을 가리킨 용어로 '포퍼'보다 더 흉측한 말이 있었으니, 시스몽디Sismondi라는 스위스 경제학자가 쓴 용어인 프롤레타리아트proletariat입니다. 이 말은 프롤레타리우스proletárius라는 라틴어에서 비롯되었는데, 고대 로마에서는 전쟁을 대비해 징발할 수 있는 물자와 인원의 목록 현황을 파악하기 위한 목적으로 인구 조사를 시행했습니다. 어느 집에는 말을 몇 마리 기른다, 누구네는 무기가 얼마나 있다, 비축해 둔 식량은 어느 정도다, 이런 걸 기록하는데 아주 가난한 집에 가면 아무것도 없습니다. 전쟁 물자로서 징발할 수 있는 건 그 집에 있는 아이들 밖에 없는 거죠. 자식들을 라틴어로 '프롤레스proles'라고 합니다. 그래서 가진 거라고는 홍부처럼 자식밖에 없는 사람을 '프롤레타리우스'라고 했고, 나중에 로마가 공화국에서 제국이 되고 식민지를 많이 가진 다음 이들이 너무 많아져서 복수형으로 '프롤레타리proletarii'라고 불렀습니다. 이 사람들은 그야말로 사회가 먹여 살려 줘야 했습니다. 사회가 책임지지 않으면 반란을 일으킬 수도 있고, 로마 귀족들 싸움에 이리 붙고 저리 붙어서 사회 불안을 일으킬 수 있었으니까요. 그리고 계속 아이를 낳아야 자식들이 커서 일꾼이 되고 병사가 되어 정복 전쟁을 하러 나갈 수도 있습니다. 그래서 로마 제국에선 커다란 목욕탕도 만들고 전차 경기장도 지으면서 유흥과 구경거리를 제공했습니다. 굶주림 때문에 소요나 폭동이 일어나지 않도록 빵도 나누어 주었는데요, 여기서 그 유명한 '빵과 서커스'라는 말이 나오게 되었습니다.

　전쟁을 하려면 군사가 필요하듯 기계를 돌리려면 노동자가 필요하죠. 자기 땅을 가지고 있는 농민들이나 귀족들이 이런 끔찍한 공장 일을 할 리 없습니다. 누구도 하기 싫어하는 이 일을 하려면 누군가는 새끼를 쳐야만 하고, 그런 의미로 프롤레타리아트라는 말을 가져다 쓴 것입니다. 여기에 무슨 집단 정체성이 있나요? 과격하게 바꾸자면 '새끼나 끝없이 까는 족속들'이라는 말로 치환할 수 있는 이 용어 속에는 어떠한 정체성도 없습니다.

나중에 여러 학자들이 시스몽디의 저작을 인용하면서 부르주아지와 대비했는데, 이를 계기로 부르주아와 프롤레타리아가 자본가와 노동자를 뜻하는 말로 자리를 잡게 됩니다. 하지만 프롤레타리아는 개념상 '노동자'보다는 '무산 계급'으로 옮기는 것이 맞습니다. 산업혁명이 진행되면 진행될수록 이 사람들의 숫자는 끝도 없이 불어났습니다. 자본이 축적되고 자본주의가 발달하고 공장 기계가 많아지니까 공장 기계를 굴릴 사람이 더 많이 필요해졌고, 당연히 프롤레타리아의 숫자도 늘어나게 되었습니다. 영국의 전통적인 법대로 하면 이들은 나라에서 먹여 살려야 하는 존재였지만, 한두 사람이 아닌데 어떻게 먹여 살리나요? 1834년이 되면 구빈법 자체를 완전히 뜯어고쳐 버리고 수용 시설에 들어온 빈민들 말고는 굶어 죽는다고 해도 더 이상 나라에서 책임지지 않았습니다.

기독교 공동체로부터도 버림받았고, 공장주는 몇 푼 주고 혹사시키는 것 말고는 이들의 삶에 아무런 관심도 없습니다. 공장에서 나온 다음에는 항상 경찰이 감시의 눈으로 바라봅니다. 도저히 인간이 살 수 없는 곳에서 살아야 했고, 아이들이 태어나 봤자 짐승만도 못한 삶이 기다리고 있습니다. 4~5살이 되면 욕부터 배우고, 7~8살이 되면 공장에서 끔찍한 노동을 합니다. 10살이 넘으면 범죄와 성매매로 몰리고, 20살이 넘으면 맞아 죽거나 굶어 죽거나 성병으로 죽거나 병들어 죽습니다.

인간은 빵만으로 살 수 없다

이제 이번 장의 초두에 했던 얘기로 다시 돌아오겠습니다. 설령 실질임금이 올랐다고 합시다. 하지만 이런 삶의 환경에 처한 이들은 스스로를 짐승과 다를 바 없는 존재로 여깁니다. 몇 푼 생겼다고 해 봐야 술과 도박으로 날려 버립니다. 매일 먹는 빵이 한두 개 늘어났다고 해서 노동자들의 삶이 개선되었다고 할 수 있을까요? 실질임금 몇 푼이 올랐는지 내렸는지 고작 이런 잣대로 이 시대, 이 상황에 처했던 수많은 사람들의 고통과 절망과 한숨을 평가하는 것이 과연 옳은 일일까요?

우리는 당시 노동자들이 인간으로서 겪었던 정신적 고통과 문화적 홀대를 감안해야만 합니다. 그래야 인간이 인간으로서의 존엄을 빼앗기고 짐승이 되어 버린 고통을 조금이나마 이해할 수 있기 때문입니다. 영국의 당시 노동자들은 대부분 농촌 출신이었습니다. 농촌에서 받은 임금이 기계를 돌리면서 받는 임금보다 훨씬 적었을 수도 있겠죠. 하지만 영국 농촌은 유구한 전통 속에서 안정적인 생활의 틀을 유지하고 있었습니다. 오랜 문화와 사회적 유대 안에서, 유복하다고까지 할 수는 없을지 몰라도 최소한 인간다운 삶을 살았다고는 할 수 있습니다. 그들은 농촌 공동체 안에서 농민이라는 정체성을 가졌고, 농촌 공동체의 문화적 · 정신적 가치를 공유하는 성원으로서 사람대접을 받으면서 살아왔습니다.

그렇게 살아오던 사람들이 산업혁명 이후 노동자로 내몰리면서 경제적 궁핍에 처했습니다. 동시에 사회적 존경과 위신과 인정과 삶에 대한 이유와 정신적 동기 부여 같은 것을 잃어버렸고, 문화적 차원에서 볼 때에도 점점 아래로 떨어지고 말았습니다. '내가 과연 인간인가?'라는 의문을 가질 수밖에 없는 고통이, 혹은 그런 의문조차 가질 수 없었던 삶의 양식이 19세기 초 영국 노동자들이 겪은 본질적인 고통이라는 것이 칼 폴라니의 이야기입니다.

칼 폴라니의 『거대한 전환』 13장에는 비슷한 예가 하나 더 있습니다. 폴라니가 파악한 인류학자들의 보고에 따르면 19세기 서양 제국주의 팽창기에 식민주의자들이 아프리카 연안을 넘어 내륙까지 들어가 침략하는 일이 벌어졌는데, 이때 정글 안에 살고 있던 부족들이 무수히 파괴되었습니다. 부족은 사라졌지만, 가까스로 살아남아 더 깊은 정글 속으로 들어간 원주민도 있었습니다. 그들은 거기서 아무것도 하지 않은 채 시름시름 앓다가 죽어 갔다고 합니다. 그곳에 먹을 게 없었냐고요? 아닙니다. '시냇물에는 물고기가 바글바글하고, 나무에는 열매가 주렁주렁 매달려' 있었습니다. 조금만 노력하면 물고기도 잡아먹을 수 있고, 손만 까딱하면 나무 열매도 먹을 수 있는데 왜 그랬을까요?

노동을 해야 할 동기가 없었기 때문입니다. 한번 생각해 보십시오. 우리가 아침마다 졸리고 피곤한데 왜 출근을 할까요? 월급을 받기 위해서가 이유의 전부인가요? 그럴 리는 없습니다. 거기엔 가족에 대한 사랑도 있을 것이고, 동료와 나 자신에 대한 책임도 있을 것이고, 사회적으로 주어진 명예 같은 것도 있을 것입니다. 그렇게 우리는 살아갑니다. 그런데 그 원주민들은 백인들의 침략에 의해 문화적 공동체를 하루아침에 잃은 것입니다. 함께할 친구도 가족도 없이 숲속에 혼자 버려져 있는데, 살아서 뭐 할 것이며 물고기나 열매를 먹어서 뭐 하겠습니까. 그러니 그저 멍하니 있다가 죽어 버리는 겁니다. 인류학에서는 이런 인간성 상실을 '문화진공cultural vacuum'이라고 불렀습니다. 칼 폴라니는 영국 노동자를 정글 속에 들어간 아프리카 원주민에 비유했는데요, 살아야 할 이유를 제공하는 문화적 공동체와 사회가 사라진 상태에서 하루하루 끼니를 잇고 연명하기 위해 공장에 가서 짐짝이 되고, 기계 부품이 되고, 그러다 잘려 범죄자가 되고, 그냥 몸이 지치고 마음이 망가져

비참하게 죽어 가는 인생이 고립된 채 죽어 간 원주민과 크게 다르지 않다고 봤습니다.

이 사람들의 비극이 과연 경제적 고통에 국한된다고 말할 수 있을까요? 이 사람들에게는 사회의 떳떳한 일원이라는 자긍심도 없었고, 문화적 혹은 정신적인 유대 또한 없었습니다. 정확하게는 그것을 가능하게 해 주는 지위와 신분이 없었던 것이죠. 이들에게 필요한 것은 안정적으로 사회에 귀속되는 것인데, 이것은 노동자들 스스로 자신들을 '노동자 계급'이라고 각성하면서 가능해졌다는 것이 폴라니의 이야기입니다. 나중에 폴라니의 영향을 받은 톰슨도 『영국 노동계급의 형성』이라는 책에서 이 내용을 주요 테마로 등장시킵니다.

사실 영국뿐만 아니라 우리나라 일제 강점기를 놓고서도 사학계에서 비슷한 논쟁이 벌어지기도 했습니다. 일제의 지배가 과연 우리나라 근대화에 도움이 되었는가, 아닌가 하는 문제였는데요, 두 가지 관점이 있습니다. 하나는 일제가 조선 근대화에 기여하고 경제 성장에 중요한 초석을 놓았다고 하는 식민지 근대화론이고, 다른 하나는 일제를 위한 경제 행위였지 조선을 돕기 위한 것이 아니라는 식민지 수탈론입니다. 이 논쟁에서도 빠져 있는 얘기가 하나 있지요. 가져다준 게 더 많은지, 수탈을 한 게 더 많은지 이런 물질적 차원에서의 계산이 아니라, 정신적 가치나 정체성 같은 좀 더 근원적인 문제로 접근하는 시각입니다. 즉 일본 사람들이 경의선이나 경원선을 놓았다고 해서 이게 조선인들의 정체성과 삶에 긍정적인 영향을 끼쳤는가 하는 큰 관점에서 이야기할 필요가 있다는 것입니다.

그래서 산업혁명 초기 노동자 상태를 이야기할 때 이들이 일주일에 빵을 몇 개 더 먹었느냐 하는 것보다 이들이 어떤 인간적 상황에 있었느냐 하는 것이 훨씬 더 중요한 문제라고 할 수 있습니다. 이런 근원적인 차원에서 노동자들의 상태를 이해해야, 근대 산업사회를 형성하고 조직하는 아주 강력한 힘의 하나였던 노동 운동과 사회주의 운동의 등장 이유를 정확히 관찰할 수 있고, 이후 사회 전반에 걸쳐 이어지는 일련의 흐름과 맥락을 파악할 수 있습니다.

8

노동자 계급과
사회주의 운동의 등장

노동자를 둘러싼 문제가 해결되는 과정에서 노동계급이란 정체성이 나타나고, 노동 운동과 사회주의 운동이라는 흐름이 나타나게 되었습니다. 사실 노동 운동이나 사회주의 운동이라고 하면 이념적으로 받아들이는 경우가 많지요. 요즘은 좀 덜한 것 같지만 '빨갱이'란 단어가 한동안 우리 사회에서 정치적 프로파간다 도구로 오용되기도 했고요.

이 책 초두에서 산업문명은 기술·사회 세력·제도 세 가닥 끈으로 이루어져 있다고 했습니다. 이를 조금 더 세밀하게 살펴보면 기술과 제도라는 두 가닥 끝에 인간과 사회의 생각과 행동이라는 끈이 섞이면서 함께 엮여 나가는 밧줄이라고 할 수 있습니다. 그리고 생시몽을 통해 산업문명의 핵심적인 문제는 '가장 숫자가 많고 가장 불리한 위치에 있는 이들'의 자유와 행복을 어떻게 보장할 것인가라는 명제에 대해서도 이야기했습니다.

여기에 우리가 19세기와 20세기의 노동 운동과 사회주의 운동의 역사를 반드시 살펴봐야 하는 이유가 있습니다. 이념적인 문제 때문이 아니라, 기계와 산업의 발전 앞에 인간의 운명이 얼마나 취약하고 깨어지기 쉬운지, 이를 지켜 내기 위한 운동이 산업문명 전체의 향방에 얼마나 결정적인 요소인지 알아야 하기 때문입니다. 사회주의 운동의 역사를 이해하지 못하면 19세기와 20세기 산업사회 경제 체제가 어떻게 성립하는지 알아 나갈 수 없습니다.

게다가 사회주의 운동은 경제학의 중요한 연구 분야이기도 합니다. 도서관에서 경제학 관련 파트를 찾아보십시오.[19] 사회주의 운동 · 아나키즘 운동 · 공산주의 운동을 다룬 책이 잔뜩 있을 겁니다. 만약 이것이 그저 이념으로만 존재했다면 정치학이나 정치철학 쪽 분야에 있어야 마땅하겠죠. 사회주의 운동이 산업사회 시스템이 움직이는 원리를 설명하는 아주 중요한 요소라는 방증입니다.

노동 운동의 두 가지 방향

우선 노동 운동과 사회주의 운동이 나타나게 된 과정에 대해서는 앞에서 소개했던 톰슨의 『영국 노동계급의 형성』이라는 책을 읽어 보길 권합니다.[20] 문화적 진공 상태에 빠져 있던 영국 노동자들이 자신들의 존재 가치를 어떻게 재발견하게 되었는지, 어떻게 스스로 정체성을 회복하게 되었는지, 어떤 주관적 · 내면적인 과정을 거쳐 집단적 주체로 성장하게 되었는지 등에 초점을 맞춰 서술한 책입니다. 존 웨슬리John Wesley 같은 사람이 시작했던 초기 감리교 설립 추진이나 복음주의 부흥 운동

---

19 듀이 십진분류법에서는 330번대에, 북미식 분류법에서는 H 특히 HX에 몰려 있습니다.

20 에드워드 파머 톰슨, 『영국 노동계급의 형성』, 나종일 외 역, 창비, 2000.

이 영국 노동자 계급 사이에서 왜 그토록 큰 반응을 얻었고 왜 사람들이 여기서 정신적 구원을 기대했는지에 관한 문제부터, 18세기 말~19세기 초에 존재했던 집단 구성원으로서의 노동자란 무엇이고 또 이 사람들이 어떤 생각을 했고, 어떤 집단적 정체성을 가졌는지에 관해 굉장히 세밀하고 자세하게 묘사하고 있습니다.

영국『노동계급의 형성』이라는 이 기념비적인 저작에서 톰슨이 보여준 바는 칼 폴라니가 한 얘기와 궤를 같이합니다. 온갖 궁핍과 고통에 둘러싸여 살아가던 노동자 계급이 스스로 자신들이 인간이라는 걸 깨닫고, 더 나아가 영국이라는 산업사회 공동체 전체에서 아주 소중한 존재라는 사실까지 집단적으로 자각해 나갑니다. 인간인지 짐승인지 헷갈려하던 사람들이 정체성을 확립해 나감으로써 비로소 노동계급이 형성되었습니다.

"우리는 쓰레기도 아니고, 짐승도 아니고, 범죄자도 아니다. 우리는 산업사회를 구성하고 있는 떳떳한 노동계급이다!"

이를 증명하듯 각국 노동 운동에 참여한 노동자들은 일단 술을 끊는 것부터 시작했습니다. 당시 노동 운동의 하위 범주에는 금연 운동도 있었지만 특히 금주 운동이 중요했습니다. 매일매일 술에 절어 있는 사람이 자기 자신은 고사하고 어떻게 남들을 구원하겠어요. 내가 가치 있는 인간이고 인간으로서 긍지를 가질 이유가 충분히 있다는 걸 자각하면서 술을 끊었고, 그다음에 범죄나 인간답지 못한 행동과 철저히 담을 쌓았습니다. 일종의 도덕적·내면적 각성이 일어난 것입니다.

19세기 초 영국에 노동자 계급이 형성된 이후 크게 두 가지 흐름이 있었는데요, 첫 번째는 차티스트Chartist 운동입니다. 당시까지만 해도 영국에서 참정권과 선거권이라는 것이 큰 재산과 토지를 가진 부유하고 힘 있는 사람들에게만 주어진 특권이었습니다. 산업혁명과 노동계급이 본격적으로 나타나기 전부터 존재했던 급진파들은 이런 사실에 강한 반감을 품고 있었는데요, 이들을 중심으로 참정권이 더 포괄적으로 더 많은 사람들에게 주어져야 한다는 운동이 있었고 이런 흐름이 19세기까지 이어졌습니다. 이때 영국 노동자 계급의 상당수가 부르주아들의 운동에 함께 참여해서 노동자 계급도 선거권을 달라는 운동을 벌였습니다. 이후 1832년에 선거법을 크게 개정하고, 개혁의회에 부르주아들이 대거 진출하면서 지주들의 영향력을 줄여 버리기도 했는데요, 다만 부르주아들만 '재미'를 봤고, 노동자들은 여전히 참정권을 얻지 못했습니다. 이렇게 되니까 영국 부르주아들의 입장이 참 애매해졌죠. 귀족들과 한참 싸워서 참정권을 얻어 내야 했던 초기에만 해도 노동자들의 참여를 독려하면서 "우리는 한편이다!" 외치더니 의회에 들어가 정치적 영향력을 쥐게 되니까 생각이 달라진 겁니다. 노동자들에게까지 참정권이 보장되면 오히려 자기들한테 불리한 형국이 펼쳐질 것이 뻔하니 어찌 보면 당연한 선택이었다고 할 수도 있겠습니다만, 노동자들 입장에서는 정말 믿을 놈 하나 없는 상황이 되고 만 것이지요. 민주주의의 확장이 오히려 양날의 검이 되어 버린 아이러니한 일이 벌어지고 말았습니다.

각성한 노동자들 사이에서는 정치 참여를 보장받는 것이 매우 중요했는데, 그것은 곧 자신들이 사회적으로 가치 있는 집단이고, 함께 살아가야만 하는 사회 성원이라는 걸 공식적으로 인정받는다는 의미였기 때문입니다. 게다가 참정권을 보장받으면 의회에서 여러 법령을 통해 노동자들의 인간적 삶을 회복할 수 있는 조치를 취할 수 있을 것이라고 생각하기도 했습니다. 이렇게 노동자들이 참정권과 선거권을 획득해 정치적 민주주의의 중심축으로 나아가고자 했던 것을 차티스트 운동이라고 합니다.

또 하나의 흐름은 로버트 오언이라는 이름과 관련 있는 오언주의 운동Owenite Movement입니다. 로버트 오언은 당시 영국에서 가장 큰 공장을 운영하던 자본가이자 경영자였습니다. 이 사람은 좀 이상하다면 이상하고 신기하다면 신기하다고 할 수 있는데, 경쟁과 시장 원리로 산업을 조직하는 것에 강력하게 반대하는 인물이었습니다. 산업사회 전체를 인간에게 도덕적 품위와 자유를 보장하는 방식으로 조직하는 데에 최대 걸림돌은 바로 경쟁과 시장 자본주의라고 생각했습니다. 로버트 오언이 주장한 대안 원리는 바로 협동이었습니다.[21] 로버트 오언은 중간에 자기 뜻을 관철시키고자 미국에 가서 공동체를 만드는 실험을 하기도 했는데요, 이걸 위해 자기 사재를 있는 대로 털었다고 합니다.[22]

로버트 오언의 이런 가르침은 일반 노동자들 사이에서 큰 반향을 일으켰습니다. 노동자를 하나의 상품으로 다루는 자본주의 시장 경제가 아니라, 인간으로 바라보고 인간과 인간의 신뢰에 기초해 서로 협동하는 원리로 산업사회를 재구성할 수 있을 것이라는, 거의 종교에 가까운 신념을 가진 집단이 나타나게 되었죠. 오언주의를 접한 사람들은 노동자들의 삶을 회복하기 위한 각종 제도와 장치를 마련하고 다양한 시도를 행했는데요, 가장 전형적인 예가 협동조합입니다. 오언이 직접 만든 건 아니지만 그의 강력한 영향을 받은 노동자들에 의해 1820년대부터 본격적으로 시작되었습니다. 소비는 물론 생산의 영역에서도 사람과

---

21 이 '협동co-operation'이라는 말을 사회경제 용어로 만들었던 것이 오언주의 운동의 성과이기도 했습니다.
22 조지. 콜, 『로버트 오언 평전』, 홍기빈 역, 칼폴라니 연구소, 2018.

자연을 상품으로 만들어 거래하는 시장 자본주의 원리가 아니라, 소비자와 생산자가 서로를 인간으로서 인정하고 있다는 믿음, 또 서로의 욕구와 능력을 인정하면서 상호 신뢰와 협동의 원리로 경제 활동을 구성할 수 있다는 믿음이 그 운동의 기초였습니다.

사실 이때 노동자들의 상황을 보면 시장 경제에서 소외되고 밀려난, 험한 말로 하면 떨거지들이라고 해도 과언이 아니죠. 실업자가 되어 생산자로서 능력을 발휘하지도 못했고, 돈이 없어 소비 욕구도 실현하지 못하고 있었으니까요. 그런 노동자들이 서로 믿고 뭉쳐서 서로가 서로를 위해 생산하고 소비하고 협동하면, 자본을 통하지 않고서도 생산자로서의 능력과 소비자로서의 욕구를 충족시킬 수 있지 않겠냐는 의도에서 생산자 협동조합과 소비자 협동조합을 만들기 시작한 것입니다. 이 외에도 노동자들 스스로 문화적 교양을 올리기 위한 교육 장치나 독서 클럽 같은 것도 만들고, 노동자들이 실업을 당했을 때 서로의 삶을 보호할 수 있도록 상호공제회 같은 것도 조직했습니다. 그 과정에서 자연스럽게 노동조합이 만들어졌습니다. 영국식 영어로 트레이드 유니온 trade union이라고 부르는 일종의 직종 조합인데요, 같은 직종에서 일하는 사람들끼리 지역 단위로 뭉쳐 노동조합을 결성하는 수준까지 나아간 것입니다.

오언주의의 영향을 받은 노동 운동의 갈래는 정치적 민주주의나 참정권보다는 노동자들의 자발적인 협동에 의한 삶의 개선에 중점을 두었습니다. 다시 말해 스스로의 발전을 위해 스스로 애쓰고, 스스로의 삶을 스스로가 돕는 방향이라고 할 수 있는데요, 그래서 이들은 노동자들이 집단을 이루어 자본과 시장에 의지하지 않고서도 인간적인 삶을 회복할 수 있도록 여러 가지 문화 운동·협동조합 운동·생활 운동 등

아주 포괄적인 의미에서 노동 운동을 벌이는 쪽으로 나아갔습니다.

두 가지 흐름이 하나로 모이다

차티스트 운동이나 오언주의 운동 모두 노동자들의 권익과 삶을 개선하자는 운동이라는 점에서는 공통점이 있었지만, 양쪽 운동에 참여했던 사람들이 꼭 좋은 관계는 아니었습니다. 상당 부분 이론이나 사상 등에서 평행선을 달리며 진행되었다고 합니다. 물론 노동자들 개개인으로 보자면 차티스트에도 관여하면서 동시에 협동조합이나 노동조합에도 관여하는 사람도 있었지만, 집단 노선 자체는 각각 독립된 채로 활동을 이어갔습니다.

그러다 1820년이 지나 1830년대로 들어와서 굉장히 중요한 사건이 일어나는데요, 전국 단위의 노동조합이라는 것을 건설하겠다는 움직임이 나타난 것입니다. 여기에는 로버트 오언도 주도적으로 참여했는데요, 이렇게 전국 단위의 노동조합이 만들어지면 임금이나 노동 조건을 놓고 자본가들과 협상을 벌일 때 힘을 모을 수 있으니 훨씬 더 센 파급력을 발휘할 수 있을 거라고 생각했습니다. 필요한 경우에는 파업을 벌일 계획도 세웠는데, 이때도 노동자들의 파업 비용이나 생활비 같은 것을 전국적 규모의 노동자들이 함께 뭉쳐서 돈을 추렴한다면 파업 노동자들에게 힘을 실어 줄 수 있는 것은 물론 전체 노동자의 역량과 힘을 기를 수 있을 거라는 야심 찬 청사진도 펼치고 있었습니다.

1832년, 드디어 지역 단위의 노동조합, 직종 단위의 노동조합, 이렇게 두 개 차원으로 조직된 지부들이 전국적 단위로 하나 되어 뭉치는, '아마도' 세계 최초의 전국노동조합총연맹이 발족하기에 이릅니다. 이때 자본가들과 정부가 얼마나 놀랐겠습니까. 이들의 대대적인 반격과 봉쇄로 이 시도는 결국 실패했고, 이후 오언주의는 노동 운동에서 영향력을 잃게 되었습니다. 1830년대 중반부터 1840년대까지는 많은 노동자들이 차티스트 운동과 참정권 운동으로 몰려갔는데요, 여기서는 또 지배계급과 부르주아의 간담이 서늘해졌죠. 저 많은 노동자들이 투표에 참여하면 자신들이 다 날아갈 거라고 생각했겠지요. 결국 힘 있는 자들이 행동에 나섰고, 이때 차티스트 운동이 지독한 탄압을 당하면서 1840년대가 되면 거의 소멸되다시피 합니다. 영국에서는 힘을 잃은 각각의 노동 운동이, 1848년 혁명을 지나면서 하나로 결합하게 되는데요, 이렇게 노동 운동 혹은 사회주의 운동과 정치적 민주주의 운동이 결합되는 것은 영국만의 일이 아니었습니다.

1848년 혁명에 대해 잠깐 설명하겠습니다. 1815년에 나폴레옹 전쟁의 전후 처리와 프랑스 시민혁명의 영향력을 없애고 절대 왕정을 유지하기 위해 유럽의 여러 왕과 귀족이 힘을 합쳐 예전 봉건 체제를 다시 세웠는데요, 이를 빈 체제Wien System라고 부르기도 하고, 오스트리아의 정치가인 메테르니히Metternich가 주도했기 때문에 메테르니히 체제라고 부르기도 합니다. 이 체제가 1848년, 프랑스를 시작으로 유럽 각국을 뒤흔든 혁명이 일어나면서 부르주아들의 대반격으로 무너지게 되지요. 이때 산업화나 산업혁명이 많이 진행되었던 프랑스나 독일 라인강 지방에서는 노동계급도 혁혁한 역할을 했습니다. 이 혁명이 진행되는 과정을 보면 정치적 민주주의와 공화주의를 취했을 뿐 아니라 많은 곳에서 노동자들이 자신들의 권리를 관철하고 실현하는 과정도 일부 나타났습니다. 프랑스 2월 혁명 직후에 들어선 공화정에는 루이 블랑Louis Blance과 같은 사회주의자들도 참여하였고, 이런 사람들의 영향으로 공화국 차원에서 '국영 작업장Ateliers Nationaux'이라는 것이 만들어지기도 했습니다. 노동자들이 실업을 당하면 누구나 와서 일을 하고 일정한 임금을 받아 가는, 일종의 국영 실업 구제 시설이라고 할 수 있는 곳이었죠. 이런 새로운 시도들에도 불구하고 1848년 혁명은 노동 운동 및 사회주의 운동이 부르주아 진영에 사실상 이용만 당하고 배신을 겪는 결과로 끝나고 맙니다.

이를 계기로 노동 운동과 사회주의 운동 진영에서도 새로운 전략을 모색하기 시작합니다. 노동자들 스스로 능동적인 주체가 되어, 부르주아 및 자유주의자의 전유물처럼 여겨졌던 민주주의 운동을 사회주의 운동과 결합하려는 노력을 펼친 것입니다. 1850년대로 들어가면 독일에서 그 대표적인 인물이라고 할 수 있는 사람이 등장하는데요, 바로 페르디난트 라살Ferdinand Lassalle이라는 정치가입니다. 그는 노동자들이 진행했던 민주주의 운동과 사회주의 운동을 하나의 과제로 결합하는 이론적 토대를 만들어 이 분야의 효시가 됩니다. 라살의 이야기는 이렇습니다.

"노동자 계급은 자본주의 체제에서 불리한 위치에 있을 수밖에 없다. 그렇다면 노동자 계급이 자신들의 존재를 확인하고, 개선할 수 있는 유일한 방법은 정치적 민주주의를 확대해 국가 권력을 쟁취하는 것이다. 그러면 노동자들은 여러 가지 은행 융자나 협동조합 지원 정책 같은 것을 통해 자본의 힘을 빌리지 않고도 생산자가 될 수 있고, 나아가 노동계급이 자본으로부터 독립할 수 있다"

라살은 사회주의적인 목표를 정치적 민주주의의 방법으로 달성하겠다는 기치를 내걸면서 역사상 최초의 노동자 정당, 사회민주주의 정당이라고 할 만한 단체를 만들어 내기도 했습니다. 이후 산업사회에서 노동자들의 지위와 성격이 크게 변화하기 시작합니다. 이들의 활동은 작업장에서 이루어지는 현장 노동 운동인 동시에 사회민주주의를 바탕으로 한 정치적 운동이기도 했습니다. 산업 현장 조직과 정치적 활동 조직의 힘이 결합하면서 사회를 움직이는 큰 세력을 이루게 됐고, 이는 서서히 하나의 권력으로 성장하게 됩니다.

자본은 산업혁명을 거치면서 기계라는 걸 앞세워 사회를 조직할 수 있는 힘을 키웠습니다. 그 과정에서 수많은 노동자들이 고통에 몸부림쳤습니다. 하지만 다수를 이루는 노동자들이 정치적 권력과 사회적·경제적 권력을 쥐면서 자본과 맞설 수 있게 되었습니다. 이 밑바탕에는 사회적 생산 능력을 무기로 전환시키고자 했던 의식과 자각 그리고 이를 실천으로 옮긴 행동의 변화가 있었습니다.

P A R T   3

산업혁명 이후,
19세기 자본주의

1

경제학의 출현 1
– 맬서스와 희소성

이번 파트에서는 산업혁명이 일어난 이후, 19세기 영국과 유럽의 자본주의가 어떤 과정을 거쳐 어떻게 변했는지에 관해 이야기해 볼까 하는데요, 먼저 아주 중요한 두 가지 경제학 이론에 대해서 알아야 합니다.

노파심에서 말씀드리면 〈어나더 경제사〉는 역사 속에서의 경제를 다루고 있지, 경제학이나 경제사상이 어떻게 발전했는가에 관해 이야기하는 책은 아닙니다. 게다가 저는 경제학에 나오는 지루한 숫자를 늘어놓거나 교과서에 있는 얘기를 그대로 할 생각도 없습니다. 다만 산업문명은 하나의 굵은 밧줄이며 이를 구성하는 것은 기술과 사회 세력과제도의 변화라는 점에는 초점을 두고자 합니다. 이런 맥락에서 보자면, 19세기 초에 출현한 경제학 혹은 '고전파 정치경제학'은 오늘날까지도 산업문명의 운명을 만들어 나가는 결정적인 계기가 되었습니다. 인류가 사회와 경제와 자연을 생각하는 방식은 이 19세기 초 영국인들이 만들었던 생각의 틀에서 벗어난 적이 없기 때문입니다. 오늘날의 우리 또한 그렇습니다.

경제와 사회를 바라보는 새로운 사고방식

산업혁명이 일어나고 기계가 쓰이기 시작하면서부터 경제와 사회를 바라보는 완전히 새로운 사고방식이 나타나기 시작했는데요, 이 사고방식은 산업혁명 이후 약 250년 동안 거의 전 인류 문명의 경제에 관한 생각을 결정적으로 규정하는 사고의 틀이 되었다고 할 수 있습니다. 그 개념 중 하나가 희소성입니다. 대다수 경제학 교과서를 보면 맨 앞에 거의 천편일률적으로 이런 문장이 나옵니다.

"인간의 욕망은 무한하며 주어진 수단은 희소하다. 그래서 인간은 항상 선택의 상황에 서게 되는데 이때 선택을 잘하는 게 경제다."

이걸 희소성 공리라고 부릅니다. 즉 인간의 욕망은 끝이 없는데 그걸 실현해 줄 수 있는 수단은 항상 부족하다는 것이죠. 이 논리에 따르면 희소성이라는 것은 경제학에서 매우 중시되는 조건 중 하나입니다. 희소성은 자원이나 물품에 대한 수요가 공급보다 많을 때를 이르는 말로, 생산 가능 곡선(생산 가능한 자원의 양과 생산 가능한 물품의 양 사이의 관계)과 예산 제약선(소비자가 가지고 있는 자원을 사용하여 얻을 수 있는 물품의 양)을 통해 표현할 수 있습니다. 이 개념들은 다시 희소 자원이나 물품을 어떻게 쓸 수 있는지를 지시하는데요, 경제에서의 모든 선택은 이 희소성의 전제 안에서만 이루어지게 되어 있다는 게 경제학의 일반적인 가르침입니다.

이런 개념이 본격적으로 등장한 것은 19세기 초 이후였습니다. 이게 실은 굉장히 특이한 사건입니다. 19세기 이전만 해도 다른 어떤 시대, 어떤 문명에서도 이런 사고방식이 전면에 떠올라 모든 사람들의 의식을 지배한 적이 없었거든요. 서양 문명에서도 최소 중세 말 르네상스 때까지만 해도 아리스토텔레스 철학에서 나오는 충만함plenitude이라는 개념이 더 지배적인 우주관이었습니다.

그러면 희소성 공리는 왜, 어떤 형태로 나타나게 되었을까요? 이 이야기의 주인공은 토머스 맬서스Thomas Malthus라는 경제학자입니다. 맬서스, 들어 본 기억이 나시나요? 맞습니다. 중고등학교 때 인구법칙이라는 걸 배우면서 수도 없이 들었던 이름입니다. "식량의 양은 산술급수적으로 늘어나고, 인구는 기하급수적으로 늘게 되어 있으므로 식량이 부족한 상황이 지배적이고, 이렇게 되면 인구의 증가가 멈출 수밖에 없다. 그런 비참한 일이 벌어지기 전에 산아를 제한하자." 뭐 이런 내용이었는데요, 지금은 출산율이 낮아서 고민이라는데 제가 어릴 적인 1970년대에만 해도 '딸 아들 구별 말고 둘만 낳아 잘 기르자' 같은 구호가 있을 정도로 출산 제한 정책을 펴기도 했습니다. 그때만 해도 후진국이라는 시대착오적인 용어를 썼었는데, 이런 나라들이 빈곤에서 벗어나지 못하는 가장 큰 이유는 높은 출산율 때문이라는 주장도 있었죠. 여기에도 어김없이 맬서스가 등장합니다. 이 경험이 착시 효과를 일으킨 때문인지 대부분 그를 인구학의 선구자쯤으로 알고 있습니다만, 사실 맬서스는 인구학이 아니라 근대 경제학에 공헌한 인물입니다.

맬서스와 희소성

그의 희소성 개념의 배경이 되는 것은 빈민 문제였습니다. 앞서 산업혁명을 이야기하면서, 공장에서 일자리에 대한 수요가 높아지면 몇 달

일하다가, 경기가 한풀 꺾이고 일자리가 줄어들면 빈둥거리거나 범죄와 성매매를 오가며 살아가는 새로운 종류의 사람들이 나타났다는 설명을 했었죠. 포퍼Pauper라고 불리던 이들은 나라에서 책임져야 하는 빈털터리의 가난한 사람들이었습니다. 18세기 말 영국 사회에 이런 빈민들이 한도 끝도 없이 늘어나면서 그 원인이 무엇인지, 이 문제를 어떻게 해결할 건지 등에 대한 논의가 쏟아졌습니다. 그러던 와중에 아주 강력한 논리가 하나 나왔는데, 이게 과학적이고 진리에 가까워서라기보다 누구도 부인하기 힘들 정도로 아주 명쾌했기 때문에 일반 대중이 공감할 수밖에 없었습니다. 바로 인구가 너무 많아서 그렇다는 거예요.

이 이야기를 처음으로 한 사람은 찰스 타운센드Charles Townshend라는 인물이었습니다. 그가 1795년에 전설 같은 이야기를 예로 들면서 당시의 영국 사회가 어떤 상황에 처했는지를 설명한 적이 있는데 내용은 대략 이렇습니다.

중상주의 시절 스페인 배들이 대서양을 왔다 갔다 할 적에, 선원들이 배에서 말린 대구만 계속 먹다 보니 이게 너무 질리는 겁니다. 육즙 가득한 염소 고기가 너무 먹고 싶어서 어떤 무인도를 하나 골라 거기다 염소 무리를 풀어놨어요. 그러면 오다가다 중간에 먹으면 되니까요. 하필 이걸 영국 해적들이 발견합니다. 이 해적들이 그냥 염소를 자기들이 잡아먹거나 하면 될 텐데 심술을 피우겠다고 거기에 개들을 풀어놨다고 합니다. 그러면 이제 어떻게 됐을까요? 개들이 염소를 다 잡아먹었을까요? 시간이 지나니까 염소의 숫자와 개의 숫자가 일정한 균형을 이루었다는 거예요. 개가 어느 정도 염소를 잡아먹고 나면 개의 숫자가 줄어들고, 개의 숫자가 줄어들면 염소가 늘어나는데, 그게 왔다 갔다

하면서 일정한 숫자가 늘 유지됐다는 것이죠.[23]

당시 타운센드는 사회에 빈민이 많은 것도 무인도 비유와 비슷한 논리로 설명하려고 했습니다. 그가 이런 논리를 바탕으로 제시한 빈민 문제에 대한 해법은 국가에서 뭔가를 하려고 하지 말고 그냥 내버려 두면 된다는 주장이었습니다. 그러면 빈민들이 늘어나다가도 어차피 식량의 양이 제한되어 있으니 일정한 숫자에 도달하면 알아서 굶어 죽게 될 것이고 그러면 자동적으로 조절이 될 거라는 얘기였죠. 소름이 오싹 끼치지 않나요?

이런 주장이 나오는 와중에 드디어 토머스 맬서스가 등장합니다. 참고로 맬서스의 아버지는 인류 문명이 무한히 진보할 수 있고, 인간의 능력 또한 무한하다고 믿는 아주 낙관적인 사람이었는데요, 아들 맬서스는 아버지의 터무니없는 낙관주의에 반감을 갖고 정반대의 견해를 발전시켰습니다. 아버지 맬서스와 비슷한 견해를 가진 사람으로 윌리엄 고드윈William Godwin 이라는 영국의 작가이자 평론가가 있었는데 그의 딸인 메리 셸리Mary Shelley 또한 아버지의 생각과 달리 인류 문명의 오만함에 대한 경고를 담은 소설인 『프랑켄슈타인Frankenstein』을 썼으니 가족이라도 생각이 다른 건 동서고금을 막론하고 어쩔 수 없는 노릇인가 봅니다.

---

23 이 전설 같은 이야기의 현실적 근거는 대단히 불확실합니다. 이 이야기의 전거는 대니얼 디포의 『로빈슨 크루소』와도 연관이 되지만, 이런 일이 정말로 있었는지를 분명히 밝혀 줄 수 있는 문헌적 근거는 없다고 합니다. 또한 이론적으로도 성립하기 어렵다고 합니다. 20세기 초 수학자 알프레드 로트카Alfred Lotka는 소와 풀의 관계를 놓고 타운센드와 동일한 결론에 도달할 것이라는 추론으로 모델링을 시작했지만, 결과는 양쪽의 숫자가 일정한 균형점으로 도달하는 것이 아니라 끊임없는 오르내림oscillation이었다고 합니다. Steve Keen, The New Economics: A Manifesto, Polity Press, 2021.

타운센드로부터 영향을 받은 맬서스가 그 논리를 받아서 발전시킨 주장은 인구와 식량 생산의 관계에 기반하고 있습니다. 이를테면 땅에 옥수수 씨앗을 뿌리면 옥수수가 자라죠. 씨앗의 양을 늘리면 처음엔 수확량도 늘어납니다. 하지만 일정한 토지 안에서 그 토지가 길러 낼 수 있는 적정량을 넘어가면 그때부터는 아무리 많은 씨앗을 뿌린다 한들 더 많은 옥수수가 나오는 것은 아닙니다. 결국 일정 토지라는 조건하에서 수확량은 한정될 수밖에 없습니다. 이 일정 토지의 개념을 확장해서 지구 전체를 놓고 봐도 마찬가지일 테니 결국 자연에서는 이른바 수확 체감의 법칙이 필연적으로 작동하게 되어 있다는 겁니다. 게다가 땅에는 비옥도라는 게 있죠. 인구가 늘어나면 늘어날수록 비옥도가 떨어지는 땅도 경작해야 하는데 이게 옥전옥답만큼 수확량이 좋을 리가 없습니다. 이런 두 가지 이유로 인해 시간이 지나면 지날수록 식량 생산량은 떨어지게 됩니다.

반면에 인간이 늘어나는 데는 수확체감이 없지요. 전 세대에서 아이를 세 명씩 낳았으니 이번 세대는 두 명만 낳기로 모두가 합의할 수 있는 게 아니잖아요. 그래서 인구라는 건 기하급수적으로 끝도 없이 늘어날 가능성이 있습니다. 거기다 맬서스는 지독한 자연주의자였습니다. 심지어 본인이 목사님이었으면서 인간의 성욕은 억제할 수 있는 게 아니라고 믿었습니다. 특히 하층 계급들은 틈만 나면, 시간만 나면, 젓가락 들 힘만 있으면 애를 '퍼지른다'고 생각했죠. 제가 너무 심한 표현을 쓰는 게 아니냐는 생각이 든다면 맬서스의 『인구론』을 직접 읽어 보십시오. 저는 굉장히 순화해서 표현하고 있는 겁니다.

맬서스는 인구 증가가 언젠가는 일정 선에서 멈출 수밖에 없다고 봤습니다. 시간이 가면 갈수록 식량 생산량은 떨어질 테니 그것으로 먹여 살릴 수 있는 숫자 이상의 인구를 유지하는 건 자연적으로 불가능하다는 거죠. 여기서 맬서스가 꺼내 든 정책이 세 가지가 있는데 하나는 모든 빈민에 대한 구호를 멈추라는 겁니다. 나랏돈으로 빈민들 일부를 먹여 살리는 건 다른 빈민들의 입으로 들어갈 식량을 빼앗는 것에 불과한 무의미한 짓이라고 봤습니다. 식량의 양은 제한되어 있으니 어떤 빈민을 먹여 살리는 행위는 다른 빈민들을 굶어 죽게 만드는 쓸데없는 짓이란 거죠.

두 번째 제안이 굉장히 놀라운데요, 죽도록 내버려 둬서 가급적 수를 줄이라는 겁니다. 웅덩이를 많이 파서 모기들이 창궐하게 해 전염병이 퍼지도록 하고, 전쟁이 벌어지면 가능한 한 많은 사람을 내보내 죽도록 하라는 악의적이고 선동적인 발언을 일삼습니다. 이게 1798년에 나온 『인구론』 초판에 있는 내용인데 하도 욕을 먹고 지탄이 커지자 결국 이 내용을 삭제했다고 합니다. 오늘날 사람들이 많이 보는 인구론은 3판입니다.

세 번째 제안은 그래도 좀 덜(?) 충격적인데요, 금욕 생활입니다. 실제로 맬서스 목사님께서는 누군가가 결혼하면 신혼집마다 쫓아다니면서 '쓸데없는 짓' 하지 말고 그냥 자는 게 얼마나 중요한 일인지 강조했다는 웃지 못할 이야기가 있습니다.

맬서스가 이런 해프닝 같은 발언과 행동만 한 건 아닙니다. 그를 통해 경제학에서 굉장히 중요한 핵심적인 개념이랄까, 신화 같은 게 나왔으니까요. 맬서스가 퍼뜨린, 지구의 모든 것은 희소하다는 이 생각이 산업혁명 이후 인류 문명을 지배하고, 영성의 기초를 이루는 가장 중요한 명제로 자리 잡았다고 할 수 있습니다. 이후 산업문명은 희소성과 전쟁을 치러 왔다고 해도 과언이 아닙니다. 결국 지난 250년 동안 인류는 부족한 자원을 극복하기 위해 생산하고 생산하고 또 생산해야 했고, 더 많은 생산을 위해서 효율성을 최대한 높여야 한다는 것을 지상 명령으로 삼아 왔습니다. 그 밑바탕에 18세기 말에 등장한 맬서스의 경제학이 있습니다. 21세기를 맞은 오늘날까지도 우리는 이 명제를 극복하지 못한 것이 아닌가 하는 생각이 듭니다.

2

경제학의 출현 2
- 리카도와 자본 축적의 신화

맬서스의 주장을 받아 안아 더욱 정식화한 이가 있었으니, 바로 데이비드 리카도David Ricardo입니다. 옛날에는 스페인이나 포르투갈에 유대인이 많이 살았습니다. 그런데 16세기 말~17세기 초에 스페인과 포르투갈에서 모든 국민에게 가톨릭으로 개종하라는 명령을 내려요. 이때 유대인들이 프랑스나 네덜란드로 많이 갔습니다. 어찌어찌하다 영국으로 흘러들어 온 사람들도 있었는데, 리카도의 조상들도 그런 경우였습니다.

리카도는 어린 시절부터 주식시장에 뛰어들어 증권업자로 이름을 날렸고 큰돈을 모았습니다. 경제학 역사에 보면 실제로 주식에 투자해서 큰돈을 번 경제학자는 리카도와 존 메이너드 케인스John Maynard Keynes 정도밖에 없다고 하죠. 어빙 피셔Irving Fisher 같은 사람은 주식하다가 완전 쫄딱 망한 걸로 유명하고, 마르크스도 주식깨나 했다고 하는데 큰돈 벌었다는 증거는 없고, 그 대신 스스로 돈을 많이 벌었다며 떠벌리고 다녔다는 얘기만 남아 있고 그렇습니다.

케인스가 주식시장에서 성공했던 비결은 투자자들의 비합리성을 관찰하여 이를 투자로 연결하는 심리학적 메커니즘을 잘 활용했다는 분석이 있습니다. 리카도의 경우는 케인스와 철학적 전제와 방법론이 사뭇 다릅니다.

모든 것을 생산할 수 있는 시대의 도래

산업혁명 초기 시절에 새로운 가능성에 주목하기 시작하는데, 생산 요소만 투입하면 모든 것을 만들 수 있다는 생각입니다. 이를테면 옛날에는 테이블이나 의자 같은 걸 만들려면 목수 길드가 따로 있어서 길드와 협상해야 가능했는데, 산업혁명이 일어나고 공장이 생겨난 다음에는 그까짓 거 그냥 기계에다 자본이랑 노동만 때려 박으면 뭐든지 생산할 수 있게 된 겁니다. 이게 이어져 21세기인 오늘날엔 기계와 자본만 투입하면 매력만점의 미남미녀도 생산할 수 있게 되었죠.

이런 특징을 표현하는 말이 '생산된 생산 수단Produced Means of Production' 입니다. 그러니까 전통 시대에는 어떤 특정한 물건을 생산하려면 특정한 물건을 생산하는 집단이나 기관의 힘을 필요로 했지만, 산업 시대에는 자본과 노동만 있으면 됩니다. 방적기니, 제직기니 하는 게 거창하고 그럴듯해 보여도 결국은 인간이 만든 것이니 자본과 노동만 투입하면 되는 일입니다. 자본도 마찬가지입니다. 이것 역시 인간의 노동으로 만든 노동 생산물입니다. 전혀 신비로울 게 없다는 얘기죠. 노동자를 많이 고용해서 생산하면 그만입니다. 여기서 경제학사에 아주 유명한 이론이 나왔으니, '노동 가치설'입니다. 모든 상품은 거기에 들어간 노동 시간 그리고 생산 수단을 생산하는 데에 들어가는 노동 시간, 그 전체 시간에 해당되는 이자까지 고려하여 가치를 계산할 수 있다는 이론입니다.

물론 리카도 이전에도 비슷한 얘기는 있었습니다만, 리카도 전의 사람들은 이렇게까지 이 이론을 극단으로 밀고 가지 못했습니다. 자본이나 기계가 없어서 모든 게 노동으로만 생산되던 옛날에나 적용할 수 있을 법한 애덤 스미스의 노동 가치론 정도가 있었죠. 이들은 아직 노동·자본·기계가 노동 생산물이라는 데에는 생각이 미치지 못했습니다. 즉 실질적인 노동 시간 외에도 생산에 필요한 요소들 역시 노동 시간으로 환원할 수 있다는 사실을 깨닫지 못했던 것이죠.

리카도는 주식시장에서 증권을 만지는 사람이었고, 그걸 거래하는 사람이었으니 요즘 말로 하면 가치투자를 했던 것 같습니다. 가치투자를 하려면 거래하는 생산물이나 이걸 생산해 내는 기업을 어떻게 평가해야 할 것인가에 대해 자기 나름의 내재가치를 찾아내야 하죠. 리카도는 어떤 물건을 생산하는 데 필요한 노동량을 노동 시간으로 다 통일해서 따져 보면 그 기업의 본원적 가치를 알 수 있다고 생각했던 것 같습니다. 즉 모든 경제적 재화는 그 재화를 만드는 데 필요한 본원적인 노동량으로 환원해서 가치를 나타낼 수 있다는 생각이 리카도가 확립한 아주 공격적인 형태의 노동 가치론이었습니다.

리카도의 노동 가치론은 이후에 존 스튜어트 밀John Stuart Mill이나 칼 마르크스 같은 사람의 손으로 넘어가면서 변형되기도 하는데요, 19세기 말이 지나면서 마르크스주의 경제학 정도를 제외한 대부분의 경제 이론에서는 이를 받아들이고 있지 않습니다. 그건 오늘날까지도 마찬가지고요. 다만 "모든 것은 생산 가능하다. 적절한 생산 요소만 투입하면 무엇이든 다 만들어 낼 수 있다."라는 산업혁명 시기의 생산만능주의 사고방식만큼은 산업사회의 인류에게 아주 큰 영향을 주었습니다.

자본 축적의 신화

리카도는 노동 가치론에 기초하면 맬서스의 전망에서 벗어나 미래가 암울해지는 것을 막을 수 있다고 생각했습니다. 맬서스 논리에 따르면 수확체감의 법칙 때문에 시간이 지날수록 식량이 점점 줄어들면서 사람들은 죽어 가고, 생산도 소비도 인구의 증가도 다 정체되어 버리는 상황이 도래할 수밖에 없죠. 리카도는 이를 타개하기 위해서는 생산을 더 늘려야 한다고 보았습니다. 즉 생산 요소를 때려 박아 자본을 축적하면 문제를 해결할 수 있다고 생각한 것이죠.

리카도와 맬서스는 친한 친구 사이이면서도, 또 한편으로는 편지를 통해 서로 논쟁을 벌이는 앙숙 관계이기도 했습니다. 그래서 리카도는 맬서스가 제기했던 인구법칙과 그것이 예언하는 암울한 미래에 대해 어떤 해법이 있을 것인가를 계속 고민했죠. 그는 결국 자본 축적에서 그 해답을 찾습니다.

리카도는 우선 맬서스의 인구법칙과 식량의 수확체감 법칙을 기반으로 경제가 어떻게 될 것인지 시나리오를 만들었는데요, 처음에 인류는 아주 비옥한 땅을 경작했습니다. 거기서 나온 식량으로 토지를 가진 지주, 토지를 빌린 농업 자본가, 농업 자본가에 고용된 노동자가 다 먹고살았습니다. 이때는 생산량도 충분하고, 노동자들도 살기 좋았겠죠. 하지만 맬서스 말대로 인간은 밤마다 아이를 만드는 속성이 있으니 인구가 불어납니다. 나중에는 식량이 부족해지겠죠. 결국 식량 생산을 더 늘리기 위해 비옥하지 않은 땅도 개간해야 하는데, 그렇게 되면 맨 처음 비옥한 땅을 가지고 있던 지주는 자기들 땅에 프리미엄을 붙입니다. 즉 지대가 늘어나게 되는 것이지요. 비옥하지 않은 땅에서 재배하는 만큼 예전처럼 많은 식량을 생산할 수 없게 되므로 이는 다시 식량 생산량 하락 요인이 됩니다. 이때 다시 이득을 보는 것은 상대적으로 비옥한 땅의 지주입니다. 이들은 자기 땅을 경작하게 해 주는 대가로 점차 더 높은 지대를 요구합니다. 따라서 점점 더 열등지 경작 면적이 늘어나면서 지대의 양 또한 늘어나는 현상으로 이어집니다. 이렇게 되면 총 생산량 중 많은 부분이 지주들에게 돌아가게 됩니다. 상대적으로 자본가나 노동자는 그 몫이 줄어들 수밖에 없겠죠.

참고로 리카도나 맬서스는 노동자의 임금은 무조건 노동자가 최소 한도로 생활할 수 있는 수준에서 결정되어야 한다고 보았는데, 이 논리가 참 무시무시합니다. 만약 노동자들의 평균 임금이 높고 식량도 충분하면 밤에 '엉뚱한 짓'을 해서 인구가 불어나고, 그러면 노동 공급이 늘어납니다. 노동 공급이 계속 늘어나면 임금이 떨어지고, 임금이 떨어져서 먹을 게 충분하지 않으면 이제 밤에 불을 끄고도 힘이 없어서 그냥 잡니다. 그러면 다시 노동 공급이 서서히 줄어들겠죠. 이렇게 되면 다시 임금이 올라갈 테고요. 이 과정을 반복하다 보면 딱 자신의 생계 수준에서 임금이 결정된다는 이론인데요, 따지고 보면 정말 기가 질리는 논리죠. 나중에 1850년대에 독일의 사회주의자 라살은 이 이론을 조롱하며 임금철칙Iron Law of Wages이라는 이름을 붙이기도 했습니다.

리카도나 맬서스는 이런 믿음이 있었기 때문에 시간이 지나면 지날수록 사회적 생산물의 더 많은 부분을 지주들이 가져가고, 노동자들의 임금은 생계 수준으로 결정되고, 자본가들이 가져가는 이윤도 계속 줄어들 것이라고 보았습니다. 이윤이 줄어들면 자본가들이 투자할 생각도 없고, 투자할 돈도 없어지겠죠. 그러면 결국 경제는 어느 순간 성장을 멈추고, 자본 축적도 발생하지 않는 정지 상태에 도달합니다. 언젠가 그날이 올 것이고 그날이 오면 인류 문명이 정체상태stationary state를 맞다가 더 나아가 종말로까지 이어질 거라고 생각했습니다.

리카도가 전망한 자본주의의 미래는 이렇게나 암울했습니다. 그에 따르면 이날이 오는 건 어찌해도 피할 길이 없습니다만, 늦추는 방법이 있습니다. 열등지의 경작을 최대한 막는 것입니다. 그러기 위해서는 농업 생산성을 끌어올려야 하며, 이를 위해서는 생산물 전체에서 자본으로 들어가는 양을 최대한 늘려 자본 축적을 극대화해야 합니다. 이를테면 똑같은 땅에서 농사를 짓더라도, 쟁기나 가래를 이용하는 것보다 트랙터를 이용하면 땅도 깊이 팔 수 있고 거기다 비료도 뿌리고 뭐도 뿌리면 좁은 땅에서도 훨씬 많은 농산물을 얻을 수 있잖아요. 이런 식으로 쟁기에서 트랙터로, 트랙터에서 스마트 농법으로, 자본 축적을 통한 생산성의 향상만이 경제가 정지해 버리는 상황을 최대한 늦출 수 있는 길이라고 생각했습니다. 이런 방법을 통해 지주들에게 가는 양을 줄이고, 사회적 생산물을 자본가들에게 최대한 많이 가게 해서 자본 축적으로 인해 경제를 계속 성장하게 만들면 맬서스가 얘기한 희소성과 인구 법칙을 완전히 막을 수는 없지만 가능한 한 연기시킬 수는 있다고 봤습니다.

사회적 생산물이 이윤의 형태로 자본가들에게 가게 하기 위해서는 지주의 지대를 줄이는 것 말고도 하나의 방법이 더 있는데요, 노동자들의 임금이 낮아야 합니다. 노동자들의 임금은 생계 수준에서 고정된다고 보았던 리카도는, 그 절대 수준을 낮추기 위해서 가장 중요한 임금재인 농산물의 가격을 떨어뜨려야만 한다고 주장했습니다. 노동자들의 임금은 생계 수준에서 결정되니, 농산물 자체의 가격이 내려가면 노동자의 임금 자체도 내려가겠죠. 노동자의 임금이 내려가면 결국 자본가들이 더 큰 이익을 챙길 수 있고, 이게 자본 축적으로 연결되면서 결국 생산성 향상으로까지 이어진다고 본 것이죠.

이 긴 추론을 통해 리카도가 꺼냈던 아주 중요한 최후의 정책적 제안은 곡물법 철폐였습니다. 영국이 유럽 전체로 보면 비옥한 땅이라고 볼 수 없습니다. 지금의 폴란드나 우크라이나 같은 곡창지대로부터 굉장히 싼 곡물들이 얼마든지 밀려올 수 있습니다. 그렇게 되면 영국 지주들은 망하고 말겠죠. 그래서 영국 지주들은 17세기 이후로 곡물법을 비롯한 여러 가지 법안을 통해 외국의 싼 곡물이 수입되는 걸 막고 자신들의 곡물이 높은 값을 유지하도록 조치를 취해 왔는데 리카도는 여기에 반대했습니다. 곡물값이 높으면 열등지를 경작할 수밖에 없고 생산에 아무런 기여도 하지 않는 지주들의 지대 소득만 늘어나니 자본 축적도 안 되고, 영국 경제도 타격받을 것이라고 보았습니다. 따라서 곡물법을 철폐해서 외국의 싼 곡물이 밀려들어 올 수 있도록 자유무역을 주장한 것입니다.

여기에서 리카도 경제 이론의 옳고 그름을 이야기할 생각은 없습니다. 다만 리카도나 맬서스가 생각했던 이 이론들이 경제학 일반에서 힘을 잃게 된 이후에도 무수히 많은 사람들에게 영향을 준 것만큼은 분명한 사실입니다. 칼 마르크스는 말할 것도 없고 특히 맬서스로부터 큰 영향을 받았던 찰스 다윈Charles Darwin도 있습니다. 다윈의 자연선택이라는 사고방식 뒤에 맬서스가 있었던 건 부인할 수 없습니다. 20세기가 지나고 21세기가 된 오늘날까지 고전파 경제학에서 신고전파 경제학으로, 또 무슨 경제학으로 학파는 계속 바뀌었지만 '경제라는 건 기본적으로 자연에 존재하는 희소성에, 생산 요소를 있는 대로 때려 박아 효율성으로 뚫고 나가는 것'이고, 또 '자본 축적과 성장을 추구하는 행위가 곧 경제'라는 19세기에 완성된 사고방식은 여전히 유효합니다.

이들이 만든 이 이론은 단순히 강의실과 책에 머물고 있는 글자가 아닙니다. 현실 세계의 정치인들, 관료들, 언론인들, 심지어 이 책을 읽고 있는 우리들의 사고방식까지 규제하는 강력한 물질적 힘이자 틀로써 남아 존재하고 있습니다.

3

모든 것을
상품으로

19세기 초 영국 사회

산업혁명이 벌어지고 맬서스와 리카도가 등장하면서 영국 사회는 이제 새로운 전기를 맞았습니다. 18세기 중후반까지만 해도 영국은 정치적·사회적으로 일정한 틀을 가지고 있었지만 19세기로 넘어오고 산업혁명의 영향이 퍼지면서 사회를 바꿔 나가는 단계까지 확장되었고, 철도와 기차까지 나온 이후엔 더 이상 예전의 질서를 유지하기 힘들게 되었습니다. 또한 이 기간 동안 영국의 국가 구조는 매우 자유주의적이었습니다. 가톨릭의 서슬 퍼런 지배가 유지되었던 스페인 같은 나라와는 비교도 할 수 없었고 프랑스와 견주어도 훨씬 더 '리버럴'했습니다. 볼테르Voltaire 같은 작가는 영국을 이상향으로 삼을 정도였으니까요.

그럼에도 18세기 말 19세기 초까지 영국 의회를 장악하고 있던 건 토지 귀족을 비롯해 그들과 결탁한 대부르주아들이었고, 의회는 그들의 배타적인 특권을 유지하는 도구로 활용될 뿐이었습니다. 이게 막 생겨나고 있던 산업 부르주아나 상공인의 이해관계와 맞지 않았죠. 게다가 선거 제도가 있기는 했지만 선거권도 크게 제한된 상황이어서 뽑히는 인물도 늘 그 나물에 그 밥이었습니다. 의회에서 만들어 낸 법령은 보수적인 지배계층을 온존하는 기능 이상을 하지 못하는 실정이었죠.

산업혁명이라는 역사적 사건으로 인해 여러 종류의 기술 혁신이 일어났고, 이것이 사회적인 변화를 가져왔던 것은 분명합니다. 그렇다면 다음 단계로 국가기구가 나서 사회의 변화와 흐름을 계속 이어나갈 수 있게 해 줘야 하는데, 선도하고 이끌어 주기는커녕 옛날 지배층과 기득권의 아성이자 보루 역할만 하면서 오히려 사회를 가로막고 있었습니다.

당시 영국에서는 이런 상황을 견디다 못한 부르주아들과 신흥 산업자본가들이 의기투합해 의회의 개혁을 요구하면서 1832년 개혁의회 Reform Parliament라는 걸 얻어 내는 것으로 변화의 씨앗을 만들었는데요, 이후부터는 본격적으로 개혁의회가 앞장서서 산업혁명의 힘을 충분히 받아 안을 수 있는 형태로 사회를 개조하기 시작했습니다. 그 방향이란 이른바 시장 사회·시장 경제 사회입니다. 학술적인 용어로 이야기하자면 자기조정 시장이 결정하는 사회로서 애덤 스미스가 『국부론』에서 이야기했던 '보이지 않는 손Invisible hand'과도 일맥상통하는 지점이 있다고 할 수 있습니다.

개혁의회를 이끌었던 경제적 자유주의자들은, 시장 경제라는 것은 스스로 조정하고 규제하고 조절함으로써 가장 이상적인 균형점에 도달하는 능력을 품고 있다고 믿었습니다. 이런 맥락에서 시장 경제를 살리는 가장 좋은 방법은 그냥 내버려 두는 것이었습니다. 개혁의회는 이런 사회적 질서가 공고히 성립되고 유지될 수 있도록 가지가지 법안을 만들어 내기 시작했습니다.

사람과 자연과 화폐를 상품으로

그중 가장 중요한 세 가지가 있는데요, 칼 폴라니의 표현에 의하면 사람과 자연과 화폐를 상품으로 만들어 버리는 법입니다. 경제학에서 보통 요소시장이라고 하면 화폐시장·토지 및 원자재 시장·노동시장 3가지를 이야기하는데요, 1832년 이후의 영국 의회는 모든 경제 행위를 시장 중심으로 조직해 시장이 자기조정 기능을 꾀해야 한다고 보았습니다. 또한 이 원칙을 관철시키기 위해 혁신적이고 파괴적인 조치를 취하거나 법안을 만들어 통과시켰습니다. 사람을 상품으로 만들어 버리는 대표적인 조치는 1834년의 구빈법Poor Laws 철폐, 화폐를 상품으로 만들어 버리는 법안은 1844년의 필 은행법Peel's Bank Act, 자연의 가장 중요한 생산물인 곡식을 상품으로 만들어 버리는 조치는 1846년의 곡물법Corn Laws 철폐를 꼽을 수 있는데요, 이런 식으로 사람·화폐·자연을 포함한 모든 것을 상품으로 만들어 그 가치와 거래량을 시장의 수급에 전적으로 맡기는 형태를 자유방임 자본주의라고 부릅니다. 20세기에 나타난 국가 자본주의와 크게 대비되는 고전적인 19세기 자본주의 형태라고 할 수 있습니다.

이 법들의 구체적인 내용을 좀 살펴보겠습니다. 우선 사람을 상품으로 만들었다는 것은 곧 노동을 상품화했다는 의미인데요, 사람이 돈을 받고 일하는 건 동서고금 어디서나 있었던 일인데 이게 무슨 말인가 의아할 수 있겠죠. 예전부터 노동에 대해 품삯을 주는 관행은 물론 있었지요. 그런데 노동시장에서, 필요로 하는 노동량과 노동을 하려는 수요가 수요와 공급이라는 시장 메커니즘에 의해 결정되는 사회가 된 것은 19세기 영국에 들어와서라는 겁니다. 19세기 이전까지 노동시장의 출현을 가로막는 결정적 장치가 구빈법이었는데요, 영국에는 16세기 말

엘리자베스 1세 여왕 시절부터 일자리가 없는 사람이나, 일자리가 있어도 임금이 너무 낮아 생활이 힘든 사람들은 영세민으로 인정해 중앙정부나 지방정부에서 생활비를 보조해 먹여 살린다는 법적 장치가 있었습니다. 특히 18세기 말 이후에 영국 스피넘랜드라는 지역에서는 물가와 연동해 가족의 숫자에 맞춰 지자체에서 일정 수준 소득을 유지할 수 있게 해 주는 관행까지 나타났고, 이런 형태의 구빈법이 다른 지역으로 많이 확산되기도 했습니다. 이런 법이 존재하면 사람들이 먹고살기 위해 자신을 노동시장에 팔아서 어떤 임금이든 받아들일 수밖에 없는 노동시장이 생길 수 없습니다. 또한 임금이 철저히 수요와 공급에 의해 결정되지도 않습니다.

이를 (노동)시장의 자유로운 질서를 막는 행위라고 생각한 개혁의회는 이 구빈법을 철폐하기에 이릅니다. 이 조치와 법령 제정의 배후에, 앞에서 말한 맬서스 이후의 정치경제학이 큰 역할을 했던 것은 분명합니다. 그렇다고 모든 사람을 완전히 굶겨 죽이겠다는 건 아니었고, 몸이 약하거나 나이가 들어서 일을 못 하는 사람, 노약자나 장애인 등 정말 노동 능력이 없는 이들은 예외로 두었는데 여기에도 조건이 있었습니다. 이들은 우선 '구빈원'이라는 시설 안에 들어가서 살아야 했습니다. 심사하는 과정이 굉장히 굴욕적이었고, 들어가면 가족은 무조건 해체됩니다. 가난한 사람이 가난한 건 가족 단위로 몰려다니기 때문이라는 황당한 얘기까지 해 가면서 말이죠. 그야말로 짐승만도 못한 취급을 받았습니다. 참고로 찰스 디킨스Charles Dickens의 소설 『올리버 트위스트Oliver Twist』에 구빈원의 모습이 상세히 묘사되어 있습니다.

이렇게 구빈법을 철폐해서 구빈원 밖에서는 일체의 빈민구호 없이, 굶어 죽든 말든 알아서 해야 한다는 쪽으로 법이 바뀌면 어떻게 될까요? 이제는 공짜로 먹여 주는 곳이 없으니, 노동자들의 고용과 임금 수준이라는 것이 철저히 노동시장에서의 수요와 공급에 의해 결정되었고, 이제부터 노동자들은 어쩔 수 없이 아무리 싼 임금이라도 받아들여야만 했습니다. 자유방임주의자들의 관점에서는 1834년에 이뤄진 이 구빈법 철폐를 통해 '자유로운' 노동시장이 창출되었다고 할 수 있습니다.

두 번째, 화폐를 상품으로 만드는 필 은행법에 관해서는 국제 금본위제(127쪽)를 이야기하면서 설명하도록 하겠습니다.

세 번째로 곡물법 철폐의 근간이 되는 자유무역 개념은 영국과 프랑스에서 처음 일어났는데요, 쉽게 말하면 곡물에 관한 모든 관세를 폐지하는 것입니다. 17세기 이후로 영국의 지주들은 다른 나라에서 싼 곡물이 들어와 자기들의 땅에서 나는 곡물이 헐값이 되는 걸 굉장히 두려워했습니다. 외국에서 곡물이 들어올 때 일정한 관세를 매겨 자국의 곡물을 보호해야 한다는 것을 금과옥조처럼 지키고 있었죠. 그런데 1846년 기근이 절정에 달했을 때 당시 수상이던 로버트 필의 주도로 결국 곡물법이 폐지됩니다. 1860년에는 영국 정치인인 리처드 코브던Richard Cobden과 프랑스의 미셸 슈발리에Michel Chevalier의 주도로 '최혜국 대우most favored nation'를 포함한 포괄적인 자유무역 조약이 체결되고, 프랑스 쪽에서도 영국 공산품에 대한 관세 폐지 법안이 통과되었습니다. 처음 의회에서 '곡물도 일반 공산품과 다를 바 없는 상품일 뿐이다'라는 코브던의 정열적인 연설을 들은 토리주의자들은 입에 게거품을 물 정도로 충격을 받았고, 격렬히 반대했지만 끝내 법안 통과를 막을 수는 없었습니다. 이때부터 관세라는 인위적인 장치가 사라지면서 자연과 토지에서 발생하는 곡물도 그 가격이 완전히 수요와 공급에 의해서만 결정되었습니다. 그러자 외국의 저렴한 곡물이 그대로 영국 안으로 밀고 들어오면서 영국 국내에서 생산된 곡물은 가격 경쟁력을 잃게 되었습니다. 영국 농촌은 황폐해졌고, 농민들도 다 떠나 버릴 위험에 처했습니다. 자유무역이 가져온 충격은 이루 말할 수가 없을 정도였습니다.

지금까지 말씀드린 이 세 가지 요소, 빈민구호나 공공구조를 철폐해 노동자들의 임금이 철저히 시장에서 결정될 수 있도록 하는 자유 노동시장, 뒤에서 다시 설명할 철저한 금본위제에 기반한 통화제도, 곡물법 철폐와 고관세 철폐를 통한 자유무역이 19세기 고전적인 자유방임주의를 떠받치는 근간이라고 할 수 있습니다.

4

입헌국가의
출현

자기조정 시장 경제라는 이상을 지향하면서 인간과 자연과 화폐를 상
품으로 만들게 된 당시의 국가 시스템은 어땠을까요? 19세기 초 즈음
의 유럽 국가의 성격을 한마디로 정의하자면 입헌국가가 완성된 시기
라고 할 수 있습니다. 입헌국가란, 군주의 자의적인 전횡이나 변덕에
의해 통치되는 것이 아니라 헌법에 정해져 있는 절차와 규정에 의해서
운영되는 국가를 말합니다. 즉 의회에서 합법적인 절차에 의해 예산이
수립되고, 이를 운영하는 것 또한 법적 절차에 따르는 체제가 등장한
것이죠. 이를 입헌국가constitutional state, 혹은 헌정국가라고 부릅니다. 자유
방임 자본주의 체제 등장은 바로 이런 새로운 형태의 국가가 탄생하여
무르익어 가는 시기와 닿아 있습니다.

　입헌국가라는 개념만 놓고 보면 굉장히 합리적이라고 생각할 수 있
지만 그 뒤에 숨은 의미가 있습니다. 정치와 경제를 철저히 분리해 국
가가 경제에는 일절 개입하지 않는다는 겁니다. 다시 말해 국가는 경제
적인 부분을 온전히 시장에 맡긴 채 아무런 역할도 하지 않고, 치안이

나 사법 질서 같은 기본적인 사회 인프라만 돌보는 정도만 관여할 뿐입니다. 앞에서 여러 번 나온 독일의 사회주의자 라살은 이런 자유주의자들의 이상적인 국가관을 가리켜 순경들이 돌아다니며 도둑놈 잡는 역할 정도나 하는 한심한 국가라는 의미로 야경국가라고 야유하기도 했지요.

손발이 묶인 국가

중세나 근대 초기까지만 하더라도 일반인들 간의 물물교환이나 경제적인 거래는 말할 것도 없고 상인들끼리 거래에서도 법적인 개입이나 규제가 많았습니다. 아리스토텔레스 철학에 보면 분배 정의다, 시정적 정의다 해서 사회 구성원 간의 불평등 문제나, 누군가의 잘못으로 인해 발생한 손해 복구 등에 관한 다양한 개념이 나오는데, 이것은 오랜 세월 동안 서양 사람들의 사고방식에 큰 영향을 끼쳤습니다. 그래서 아무리 상거래가 발달한 지역이라도, 법관들이 거래 대금이나 노동 임금 같은 것에 간여하여 공정한 가격just price인지 아닌지 판단하거나 중재하는 경우가 있었습니다.

그런데 17세기 네덜란드에 휘호 흐로티위스Hugo Grotius라는 자연법 사상가가 있었는데요, 이 사람의 영향으로 개인 간 거래에서 분배 정의든 시정적 정의든 객관적 기준을 들이대는 건 무의미한 짓이고, 당사자들 간의 자유의지에 따라 맺어진 계약이 가장 우선한다는 원칙이 서서히 법으로 자리 잡습니다. 이후 18세기, 19세기로 들어오게 되면 제러미 벤담Jeremy Bentham이라는 철학자가 등장하는데요, 철학자이면서 사회를 개혁하기 위해 많은 역할을 했던 법 개혁가이기도 했습니다. 이 사람을 지나면서 자유의지에 의한 계약이 인간과 인간과의 관계와 사회를 규정하는 가장 중요한 원칙이 되기 시작합니다.

이렇게 되면 국가가 됐건, 사회규범이 됐건, 그 밖의 공동체나 기관이 됐건 시장에서 자유롭게 계약을 맺는 이들을 제외한 존재들이 배 놔라 감 놔라 할 여지가 점점 사라지죠. 이때부터 시장에서의 거래와 시장에서의 인간 활동에 대해 국가가 이런저런 사회적·정치적·윤리적 이유를 들어 이러쿵저러쿵해서는 안 된다는 의식이 강해졌습니다. 그래서 이제 사회 전체가 '신분에서 계약으로From Status to Contract'라는, 고대 법학자 헨리 메인Henry Maine 이 말한 논리에 따라 재편되기 시작합니다. 이렇게 자유방임 자본주의 체제가 자리 잡으면서 국가는 이제 경제라는 영역에서 추방당하게 됩니다.

이런 법적인 장치 외에도 군주가 함부로 전쟁을 벌인다든가 화폐를 마구 발행한다든가 해서 시장 질서를 교란하는 걸 막는 굉장히 강력한 장치가 있었으니, 바로 국제 금본위제입니다.

5

국제
금본위제

화폐의 상품화, 1844년 필 은행법

먼저 금본위제라는 것에 대해 알아보겠습니다. 1권에서 보았듯이 19세기까지도 금화나 은화 같은 주화들과 여러 은행에서 발행한 은행권이 모두 화폐로 통용되었습니다만, 그 가치는 계산화폐로서의 '파운드-실링-페니'라는 일률적 체제로 매겨져 있었습니다. 개별 주화나 은행권의 가치를 보장하기 위해서, 그것을 가지고 오면 언제든 그 계산화폐로 보장된 만큼의 금이나 은과 같은 귀금속으로 '바꾸어 준다'는 것이 핵심입니다. 이를 '태환conversion'이라고 합니다.

아무리 국가가 보증하는 화폐라고 해도 사람들이 그 가치를 믿지 않을 수가 있겠죠. 이것이 화폐에 대한 불신으로 이어지는 것을 막고 건전 통화sound currency의 성격을 유지하기 위해서, 1파운드는 몇 온스의 금과 바꿀 수 있다는 일정 비율을 정해 놓고서 언제든 그에 응하는 제도를 금본위제라고 합니다. 이는 은행권의 가치를 안정시키는 중요한 역할을 했는데요. 교환에 응하는 본위 금속이 금이면 금본위제, 은이면 은본위제, 금과 은을 다 쓰면 복본위제라고 부릅니다.

17세기 말까지만 해도 영국은 복본위제였습니다. 그러다 1717년에 영국 조폐청에서 금과 은의 비율을 정할 때 금의 가치를 엄청나게 높게 평가해 문제가 된 적이 있었는데, 그 장본인이 아이작 뉴턴입니다. 보통 사람들이 뉴턴 하면 대단한 과학자라고만 생각하는데, 케임브리지 대학에 있는 문서를 보면 이 사람이 엄청난 연금술 마니아였다고 합니다. 뉴턴의 이런 비과학적인 측면이 한때 스캔들이 된 적도 있었죠. 뉴턴이 금을 너무 사랑했는지 어쨌는지 금의 가치를 지나치게 높게 매기는 바람에 결국 복본위제가 무너져 버리고 말지요. 그래서 18세기부터 영국에는 은 태환 관행은 거의 사라지고, 실질적으로 모든 화폐의 가치 기준이 금으로 통일되는 금본위제가 확립되었습니다.

이후 1790년, 나폴레옹이 이끄는 프랑스와 전쟁을 벌이게 되면서 영국 경제 시스템이 전시 경제 체제로 전환됐는데요, 이때 금을 아껴야 한다는 인식이 팽배했습니다. 그런 마당에 금 태환을 계속해 주면 외국으로 금이 빠져나갈 위험이 있겠죠. 결국 영국 모든 은행에서 금 태환을 중지하는 일이 벌어집니다. 그사이에 파운드화의 외환 가치는 계속 폭락하죠. 이후 1814년, 함부르크 외환시장에서 파운드화가 거래되는 걸 보니까 이전에 비해 그 값이 절반 정도밖에 되지 않았습니다. 이로 인해 물건 수입 가격이 올라가면서 덩달아 국내 물가도 오르게 되었습니다. 결국 영국 전역에 엄청난 인플레이션이 덮쳤는데요, 이게 프랑스와 전쟁을 끝낸 직후 영국의 상황이었습니다.

파운드화의 외환 가치가 떨어지고 인플레이션이 심각해진 원인을 밝히기 위해 영국 경제학자와 은행가, 정치가 등이 모여 대논쟁을 벌였습니다. 이때 큰 힘을 발휘했던 이가 바로 데이비드 리카도인데요, 이 사람이 내놓은 이야기의 핵심은 전쟁 중 금 태환을 멈춘 게 그 원인이라는 거예요. 리카도의 주장을 요약하면 이렇습니다. 은행권이 금과 태환하도록 규칙을 정하면 은행이 은행권을 무한정 발행할 수 없습니다. 가지고 있던 금보다 은행권을 훨씬 많이 발행했다가 태환을 못 해 주는 사태가 벌어지면 망해 버릴 테니까요. 그런데 전쟁 중에 태환을 중지하다 보니 은행이 은행권을 마구 찍어서 돈이 너무 많이 풀리는 바람에 파운드 가치가 떨어지고 물가가 올라갔다는 겁니다.

리카도의 이 주장은 암묵적으로 화폐수량설이라는 이론을 깔고 있습니다. 통화량이 올라가면 물가도 올라간다는 이론인데요, 물론 실제 은행에서 실무를 보던 사람들은 리카도의 이야기가 비현실적이고 말도 안 되는 이론이라고 공격하기도 했습니다. 금융업에 종사하는 이들은 다 공감하겠지만, 보유하고 있는 본원 화폐, 즉 현찰과 일치하는 양으로만 대출을 하고 은행권을 발행한다면 무슨 금융업이 성립하겠으며 또 어떻게 금융이 작동하겠습니까. 하지만 리카도 학파의 의견이 갈수록 점점 더 많은 영향력을 발휘하면서 결국 진짜 화폐는 금이고, 금을 대표하는 게 지폐이므로 지폐의 유통량은 국내에 보유하고 있는 금의 양과 일치시켜야 한다는 극단적인 논리가 영국 지식계를 지배하게 되었습니다.

그렇게 1844년, 정말 무지막지하다고 표현할 수밖에 없는 필 은행법이 통과됩니다. 이 법에 따라 이제 영국 안에서는 영란은행을 제외한 다른 은행은 어떠한 은행권도 발행할 수 없게 되었습니다. 심지어 영란은행도 은행권을 마음대로 발행할 수 없었습니다. 자기들이 보유하고 있는 '실제의 화폐', 즉 금(금화·지금·금괴 포함)의 양에 정확하게 맞추어서 은행권 발행량을 조절해야 했는데요, 이 황금의 양은 영국의 무역수지에 달려 있었습니다. 예컨대 영국의 수출업자들이 수출을 잘해서 금화나 금으로 무역대금을 받으면 이들은 영란은행으로 가서 이걸 내놓고 영란은행권으로 바꾸어 갑니다. 그러니 영란은행이 보유하는 황금의 양은 영국의 무역수지가 흑자냐, 적자냐에 따라 달라지겠죠. 수출이 잘되면 금 보유량이 많아질 테고, 그만큼 은행권도 많이 발행할 수 있습니다. 반대로 수출 성적이 신통치 않으면 금 보유량이 줄어들게 될 테고요. 만약 발행해 놓은 은행권의 양이 보유한 황금보다 많다면 그 즉시 대출을 멈추고, 금리를 올려 밖에 풀려 있는 자금을 회수하는 방향으로 갑니다. 요즘 말로 하자면 긴축경제를 실시하는 셈이죠. 한마디로 영란은행은 통화 발행의 재량권을 완전히 잃게 되는 겁니다. 영란은행은 매주 발행되는 정부 공보지 「런던 가제트London Gazette」에 자기들이 보유한 황금이 얼마나 되는지를 공시해야만 했습니다.

지금까지 설명한 것처럼 이제 대출과 금리와 은행권 발행 액수 같은 모든 과정은 사람이 판단하는 것이 아닙니다. 영국 국제 수지로 정해지는 황금 보유량에 의해 자동적이고 기계적으로 결정됩니다. 리카도를 중심으로 한 경제학자들은 이런 방식으로 국내의 황금량과 은행권을 일치시키기만 하면 수출이 적자든, 흑자든 상관없이 국제 수지는 저절로 균형 상태를 이룬다고 믿었습니다. 이걸 가격 정화 유동 메커니즘price-specieflow-mechanism이라고 하는데요, 19세기 경제학에서는 정설로 통했던 이론입니다.

이 금본위제가 앞에서 사람과 자연의 상품화와 함께 말씀드렸던 '화폐의 상품화'라고 할 수 있습니다. 화폐는 이제 국가나 은행의 재량으로 발행하는 구매력의 증표가 아니라, 오로지 대외무역을 통해서 벌어들이는 금이라는 '상품'만으로 한정됩니다. 그 이외의 어떤 것도 화폐로 인정되지 않습니다. 금본위제와 금 태환이라는 관행이야 18세기부터 있었지만, 이러한 극단적인 '화폐의 상품화'가 벌어진 것이 바로 1844년 필 은행법이 몰고 온 사태입니다.

국제 금본위제

영국 금본위제에 관한 이야기는 드렸으니 국제 금본위제가 유럽의 자유주의 질서, 입헌국가라는 질서를 강제하는 장치로서 어떻게 기능했는가에 대해서 말씀드리겠습니다. 1844년에 필 은행법이 통과된 이후에도 세계는 대부분 금과 은을 함께 본위 화폐로 쓰는 복본위제였습니다. 그런데 독일이 1871년에 프로이센-프랑스 전쟁에서 승리한 후에 금본위제를 채택했는데요, 당시 무역에서 영향력이 막강했던 영국과 독일이 금본위제를 채택함으로써 이후 세계 무역이 사실상 금본위제로 통일되었습니다. 프랑스 등 유럽 국가들과 미국 등이 이에 반발하기는 했지만, 19세기 말이 되면 국제 금본위제가 사실상 확립됩니다. 모든 나라의 통화 질서가 영국의 필 은행법을 기준으로 통일된 셈입니다. 각국 정부는 일정한 비율에 따라 자국 화폐를 언제든 금으로 태환해 주겠다는 약속으로 자국 통화의 가치를 고정합니다. 이렇게 전 세계가 철저한 고정환율제를 시행하게 되면, 국가는 재정 정책이든 금융 정책이든 파운드화의 외환 가치에 영향을 줄 수 있는 큰 규모의 정책을 펼칠 수 없게 손발이 묶입니다.

금융 정책이란 은행이 이자율을 조절하거나 발행 통화량을 조절해서 화폐가 어느 정도의 가격으로 풀리는지를 결정하도록 만드는 것이고, 재정 정책이란 국가가 세수를 걷어 지출하는 것을 말하는데요, 오늘날을 보면 상황에 따라 흑자 재정 정책을 펴기도 하고 적자 재정 정책을 펴기도 합니다. 중앙은행을 통해 은행들에 간접적으로 영향을 줘 금리를 높이기도 하고, 화폐를 많이 발행해 통화량을 늘리기도 하죠. 이렇게 통화의 가치가 외환시장에서 오르락내리락하게 만들면서 환율도 조절하고 금리도 조절합니다. 이를테면 코로나가 한창일 때는 돈을 풀어 경기를 부양시키기 위해 노력하고, 이후에 물가가 너무 상승하면 이를 잡기 위해 기준 금리를 올리는 식입니다. 물론 지금 시행하고 있는 이런 정책이 과연 인플레이션을 비롯해 산적한 경제 문제를 해결할 수 있는가 하는 점에서는 의문의 여지가 있습니다만, 현대 국가는 이런 식으로 경제 영역에 적극적으로 개입합니다. 물론 오늘날에도 세계 국채 시장과 지구적 금융 시스템이 있어서 이러한 재량을 무한히 발휘할 수는 없게 되어 있습니다. 2022년 10월에 있었던 영국 파운드화 위기가 그것을 잘 보여 주지요.

국제 금본위제와 고정환율제의 시스템에선 그보다 훨씬 더 답답한 상황이 됩니다. 예를 들어 튀르키예가 러시아와 전쟁을 벌이려 한다고 가정합시다. 전쟁에는 돈이 많이 드니까 화폐를 많이 찍어야겠지요. 그러면 사람들은 당연히 튀르키예에서 발행한 화폐가 외환시장에 넘쳐나게 될 테니 값이 떨어지겠구나, 더 떨어지기 전에 튀르키예 화폐를 들고 튀르키예 중앙은행으로 달려가 금으로 바꾸는 것이 이익이겠구나 생각하게 됩니다. 이렇게 너도나도 화폐를 들고 가서 금으로 바꿔 달라고 하는데 만약 보유하고 있는 금보다 화폐를 더 많이 발행했다면 어떻게 될까요? 나라가 그냥 망하는 거죠. 국제 금본위제와 고정환율제의 시대에서는 국가가 금융 정책이나 재정 정책을 방만하게 하면 그 나라의 환 가치가 떨어지는 일이 발생하고, 화폐를 가지고 있는 투자자들이나 거래자들이 불안하니까 달려가 금을 요구하는 일이 얼마든지 발생할 수 있습니다.

이때 전쟁을 벌인 국가가 취할 수 있는 옵션은 크게 두 가지였는데요, 하나는 소위 '배 째라' 전략, 즉 아예 안 바꿔 주는 방법입니다. 이 경우 국제적인 신용 하락에 앞서서 실질적인 위협이 가해졌습니다. 그 나라 앞바다에 당시 세계의 해상 패권을 쥐고 있었던 영국 군함이 나타나 함포 사격을 하는 겁니다. 19세기 후반이나 20세기 초에도 나라들끼리 아주 중요한 국제적 자본 거래를 하는 일이 왕왕 있었는데 만약 어떤 나라에서 모라토리엄moratorium을 선언하거나 안 갚겠다고 버티면 영국 군함이 사격이 가능한 거리까지 들어가 버티면서 시위를 했습니다. 실제로 대포를 쏘진 않았지만, 상당한 위협을 주는 일임에는 분명합니다. 이걸 포함 외교gunboat diplomacy라고 불렀는데요, 금본위제를 지탱하는 중요한 장치였다고 합니다.

두 번째 방법은 비율을 조정해 자국 화폐의 가치를 절하하는 방법입니다. 공식적으로 금과 화폐의 환율을 바꿔서, 옛날에는 금을 듬뿍 줬지만 이제는 조금 밖에 안 주는 식으로 환율을 조정하는 것입니다. 실제로도 이런 식으로 공식 환율을 재조정하는 경우가 있었습니다. 다만 이런 일이 벌어질 때마다 그 나라는 크게 위신을 잃고, 그 나라 회사나 경제 행위자의 대외적 신임이나 신용이 크게 내려갔기 때문에 선호하는 정책은 아니었습니다. 이외에도 아예 국제 금본위제 그룹에서 탈퇴하는 방법도 있지만, 이렇게 할 경우 두 가지 위험이 있습니다. 하나는 그 나라의 화폐를 아무도 받으려 하지 않게 되므로 다른 나라와 무역 자체를 할수가 없어집니다. 그러면 자급자족해야 하는데 19세기 말, 20세기의 경제는 이미 세계 여러 나라가 긴밀하고 왕성하게 관계를 맺고 있던 상황이었으니 쉽지 않은 일이었습니다.

이런 문제나 위험이 발생하지 않으려면 애초에 외환 가치가 뚝 떨어질 만한 금융 정책이나 재정 정책을 펼치지 않는 것이 최선이었습니다. 그러니 어떤 나라건 의회에서 얼마의 세금을 걷고, 얼마의 예산을 쓸지를 의결하고 난 뒤에는 군주라 하더라도 함부로 전쟁을 벌이거나 대규모 토목공사를 벌이거나 할 수가 없게 되었죠.

이렇게 엄격한 국제 금본위제 규칙이 글자 그대로 지켜졌던 것은 아닙니다. 당시 관찰자들의 눈으로도 그렇고, 최근의 연구 결과로 봐도 그렇지만 실제 금융 정책은 상당히 탄력적이었습니다. 하지만 그 탄력성에는 분명한 한계가 있었고, 국제 금본위제가 1873년에서 1931년까지 세계 경제를 옭아매는 강력한 '황금 족쇄Golden Fetter'였던 것은 분명한 사실입니다.[24] 그러다 1930년대 대공황과 함께 영국이 탈퇴하면서 무너지게 되었고요. 이후 제2차 세계대전이 끝날 때쯤 미국 달러를 중심으로 다시 금본위제로 복귀했고, 이후 1971년 리처드 닉슨Richard Nixon 대통령이 금 태환을 정지시킬 때까지 20년 넘게 유지되었습니다. 다만 제2차 세계대전 이후의 금본위제는 19세기와는 다르게 국가가 자유로운 금융 정책이나 재정 정책도 쓸 수 있었는데요, 이것은 IMF나 세계은행World Bank 같은 다른 장치들이 있었기 때문입니다.[25]

이렇게 해서 19세기 고전적인 자유방임 자본주의 시대의 국가는 한편으로는 자유계약의 원리에 구속당하고, 다른 한편으로는 국제 금본위제에 구속당하는 입헌국가였습니다.

---

24 이와 관련해서는 다음 장인 「금본위제가 남긴 고통과 중앙은행의 진화」 편에서 자세히 다룹니다.

25 이와 관련해서는 이 책 PART5, 6장 「새로운 세계 경제 질서를 만들다 - 브레턴우즈 체제와 GATT 체제」 편(273쪽)에서 자세히 다룹니다.

6

금본위제가 남긴 고통과
중앙은행의 진화

중앙은행이라고 하면 아주 옛날부터 있던 것으로 착각하는 경우가 많습니다만, 실상은 그렇지 않습니다. 한 나라의 금융과 통화 정책의 주체로서, 은행권을 발행하고 국고의 출납을 다루며 금융 정책을 시행하는 중앙은행은 19세기 말에야 출현한 후 조금씩 진화해 나갔습니다. 영국의 영란은행은 1694년에 만들어졌지만 본격적인 중앙은행 시스템을 갖춘 건 19세기 이후였습니다. 미국은 이보다 더 늦어서 중앙은행 역할을 하는 연방준비위원회, 일명 연준이 등장한 것이 1913년입니다. 즉 지금의 중앙은행 시스템은 생겨난 지 그리 오래되지 않은 비교적 최근 제도라고 할 수 있습니다.[26] 그 출현과 진화의 배경에는 국제 금본위제가 있습니다. 국제 금본위제가 각국 경제에 가한 압박이 중앙은행을 탄생시킨 원인이라고 보는 것이죠.

---

[26] 이에 대해서는 Charles Goodhart, The Evolution of Central Banks, MIT Press, 1988.

금본위제로 인한 사회적 혼란

필 은행법과 같은 엄격한 방식의 금본위제가 시행된 후 어떤 일이 벌어졌을까요? 정말로 국제 수지는 균형을 이루고 모든 기업은 번영하고 물가는 안정되는 좋은 경제 상황이 왔을까요?

당시 상황을 쉽게 이해할 수 있게 영국에서 아주 건실하고 전망 좋은 사업을 운영하던 가상 인물 홍기빈 씨의 예를 들어 보겠습니다. 홍기빈 씨가 월말이 되어 직원들 월급을 줘야 할 시기가 됐습니다. 사업 자체는 탄탄했지만 마침 지난달에 엄청나게 큰 규모의 계약을 따내 공장을 짓느라 너무 많은 돈을 써서 현금이 부족했어요. 사업의 전망은 아주 확고하게 밝았기에 홍기빈 씨는 별 고민 없이 대출을 받으려고 은행에 갔습니다.

기빈 : 이런저런 사정 때문에 지금 당장 현금이 없어 대출을 받으려고 왔습니다.

은행 : 대출은 불가입니다.

기빈 : 지금 사업도 잘되고 조금 있으면 엄청난 금액도 결제될 겁니다. 일시적으로 현금이 부족해서 그러는데 왜 안 됩니까?

은행은 뭐라고 답했을까요?

"이번 달에 우리 영국이 수출을 거의 하지 못하는 바람에 황금 보유량이 줄어들어서 대출이 금지되었습니다!"

홍기빈 씨 입장에선 이런 황당한 소리가 또 어디 있겠습니까. 필 은행법으로 인해, 아무리 사업성이 좋고 전망이 좋아도 영국 전체의 국제수지가 안 좋으면 회사 의지나 상황과는 상관없이 이렇게 대출을 할 수 없는 일이 발생했습니다.

앞서 말씀드린 '가격 정화 유동 메커니즘'이라는 게 경제학자들이 그린 그래프에서는 얼마나 아름다운 그림인지 모르겠으나, 실제 세상에서는 정말 황당한 이야기였습니다. 영국이 수출을 잘하고 있을 때는 문제가 없었지만 상황이 반대가 되면 금융기관들이 현금 보유를 강화한다는 명목하에 대출을 막았는데요, 당시 영국에선 이것 때문에 굉장히 많은 사업가들이 고통을 받았고, 나중엔 금융 공황으로 이어지기도 했습니다. 그 과정은 대략 이렇습니다.

국제 수지 악화 → 금 보유량 감소 → 대출 축소 → 큰 금융기관이 무너지거나 큰 회사가 망하는 일이 발생 → 기업과 은행이 더 위축되어 누구에게도 돈을 빌려주지 않게 됨 → 돈이 돌지 않으면서 규모가 작은 은행이 위험하다는 소문이 남 → 뱅크런, 즉 대량 예금 인출 사태 발생 → 뱅크런으로 은행이 무너짐 → 무너진 은행과 거래 관계를 맺고 있던 다른 금융기관에도 소문이 퍼짐 → 다시 뱅크런 발생 → 은행 연쇄 도산 → 회사의 경우 기존 대출에 대한 즉시 상환 등의 압박이 일어나면서 도산 → 그 회사와 거래 관계에 있는 회사들의 연쇄 도산

이렇게 글로만 봐도 얼마나 큰 사회적 파장이 일어날지 대충 감이 오죠? 그래서 일단 대출이 안 될 거라는 소문이 퍼지거나 이런 일이 한번 발생하기만 하면 사태가 어디까지 확산될지 모른다는 공포가 영국 금융가 전체로 퍼지면서 너도나도 현금을 내놓으라는 식의 아귀다툼이 벌어지곤 했습니다. 이는 결코 가상의 시나리오가 아니었습니다. 방금 말씀드린 패턴과 같은 금융 패닉 사태는 1847년, 1857년, 1866년 등 거의 10년 주기로 계속 반복되었습니다. 이상한 건 이런 사태가 회복되는 패턴도 똑같았다는 겁니다. 패닉이 일어나서 기업들이 줄줄이 망하고

난리가 나니까, 영란은행 총재가 나서서 필 은행법을 일시적으로 중지하고 현금을 원하는 사람들에게 일단 대출을 다 해 주겠다고 하면 거짓말처럼 진정이 되더라는 거예요. 이런 일을 세 번이나 겪고 난 뒤에야 비로소 사람들은 무언가 새로운 제도가 필요하다는 걸 깨닫습니다. 이른바 '최종 대부자lender of last resort'로서의 중앙은행입니다.

중앙은행의 역할

이때 중요한 책이 하나 나오는데요, 19세기부터 있었던 『이코노미스트』라는 유명한 경제지의 2대 편집장이었던 월터 배젓Walter Bagehot이 쓴 『런던 금융가Lombard Street』였습니다. 이 책에는 금융 패닉을 막기 위한 원칙적인 제언이 담겨 있는데요, 그 핵심은 '이자율은 높게 대출은 무한정'이었습니다.

> "위기는 유동성 공포 때문에 벌어지는데, 여기서 모두 다 현금 보유를 강화하겠다는 식으로 가면 전부 함께 망할 수밖에 없다. 그러니 사람들의 불안을 달랠 수 있을 때까지 현금을 무한정 풀어 주되, 대신 이자율을 높게 매겨야 한다."

이것이 최종 대부자의 역할입니다. 즉 금융 패닉이 벌어지는 순간에는 최종적으로 현금을 공급해 주는 어떤 존재가 있어야 합니다. 사실 우리는 2008년에도 이런 현상을 목도한 바가 있죠. 리먼 브러더스가 망한 뒤에 전 세계로 금융 패닉이 퍼져 나갔습니다. 별다른 도리 없이 미국 연준과 유럽 중앙은행이 나서서 악성 채권을 다 사 주겠다, 천문학적 숫자의 공적 자금을 확 풀겠다고 한 다음에야 진정되기 시작했습니다. 이 최종대부자 기능은 오늘날까지 변하지 않는 철칙처럼 내려오고 있습니다.

이때부터 현대 화폐 제도에서 중앙은행은 필수 불가결한 기구로서의 역할을 하게 됩니다. 금본위제 고정환율을 선택한 경우 각국의 통화량은 각국의 황금 보유량에 제약을 받습니다. 이런 제약이 없으면 환 가치가 크게 변해서 고정환율을 지킬 수 없게 되니까요. 다만 이렇게 고정환율을 지키려면 국내 경제 상황과 무관하게 국내 통화량을 조절해야만 하는데, 이랬다간 영국의 금융 패닉 사태처럼 국내 경제에 큰 타격을 입힐 수 있죠. 그걸 막는 장치가 바로 중앙은행입니다. 다시 말해 중앙은행은 고정환율을 유지하면서도 혹시나 올지 모를 금융 공황이나 경기 불황 시에 충격을 완화하고, 국내 통화 시스템이 유연하게 굴러갈 수 있도록 진화한 것입니다.

이런 과정을 거쳐 중앙은행 제도는 19세기 말부터 20세기 초에 걸쳐 거의 모든 주요 산업 국가에 자리 잡았습니다. 일국의 경제라는 건, 재정 체제를 갖춘 국가가 뒷받침하는 중앙은행이 중심에 있고, 중앙은행으로부터 현금을 공급받는 여러 민간 은행들로 구성됩니다. 이렇게 해서 일국 차원에서 단단하게 조직된 '은행 시스템'은 20세기 초에 들어서면서부터 각국에 안정적으로 정착하기 시작합니다.[27]

---

27 다음의 책이 좋은 길잡이가 됩니다. Eric Helleiner et al. ed. Nation-States and Money: The Past, Present and Future of National Currencies. Routledge, 1999.

7

이중 운동과
제국주의

자유방임주의 체제와 사회 보호 운동

지금까지 18세기 전반부터 19세기 초 유럽에 나타났던 경제에 관한 새로운 사고방식과 자유방임주의 체제로 인해 바뀌게 된 것들, 그에 따라 변화된 국가의 역할 등에 대해 알아보았는데요, 한번 생각해 보십시오. 과연 이런 사회가 아무런 문제 없이 잘 굴러갈 수 있었을까요? 자연과 인간과 화폐가 진짜 상품은 아니잖아요. 누구나 인정하겠지만 자연은 판매하기 위해 만들어진 게 아니니 상품이 될 수 없습니다. 사람도 그렇죠. 우리가 노동시장이나 인력시장을 언급하면서 아무렇지 않게 마치 상품처럼 이야기할 때도 있습니다만 인간이 상품이라는 건 말도 안 됩니다. 화폐 역시 마찬가지죠. 앞에서 보았듯이, 화폐란 사회 경제가 굴러가기 위해 국가와 은행의 신용 네트워크가 함께 창출해 낸 사회의 구매력을 제도화한 것인데 이걸 황금이란 상품과 똑같다고 해 버리면 황당한 사태가 벌어질 수밖에 없습니다. 자유방임 자본주의자들은 절대로 상품이 될 수 없는 이 세 가지를 정말 상품으로 만들어 버렸으니, 이런 사회가 안정적으로 유지되면 그게 이상한 일이겠죠.

이를 두고 칼 폴라니가 19세기 산업문명을 분석하는 핵심 개념으로 내놓은 것이 그 유명한 이중 운동double movement입니다. 한쪽에선 자유방임 자본주의 시대를 맞아 세상 만물을 상품으로 만들어 완전히 스스로 돌아가는 자기조정 시장self-regulating market을 만들려는 운동을 했습니다. 그러면 사회가 무너지게 되니, 다른 한쪽에서는 이를 필사적으로 막기 위한 사회의 자기보호self-protection of society라는 것을 실행합니다. 이 두 개의 운동, 자기조정 시장을 만들려는 운동과 인간과 자연과 화폐가 상품이 되어 사회가 파괴되는 것을 막으려는 사회의 자기보호 운동이 마치 물리학에서 작용과 반작용처럼 서로 맞서게 되는데 폴라니는 이를 이중 운동이라 정의하였습니다.

당시 사회의 자기보호 운동도 인간·자연·화폐를 중심으로 다양하게 벌어졌는데요, 우선 노동이 상품화되는 걸 막기 위해 노동 운동과 노동조합이 생겨났고, 의회도 노동자를 보호하기 위해 각종 법안을 만들어 통과시켰습니다. 19세기 후반에 노동자들이 만든 정당이 유럽의 주요 산업국인 영국이나 독일 같은 곳에서 막강한 정치 세력으로 떠오르기도 했고요. 두 번째로 농업 생산물이 보호관세 없이 세계 시장에서 수요와 공급만으로 결정되는 것을 막기 위해 각 나라마다 농산물에 대한 보호관세를 매겨야 한다는 보호무역주의 운동도 크게 일어났습니다. 세 번째가 국제 금본위제의 폭력적인 작동에서 국내 경제를 보호하기 위해 등장한 국가 차원의 중앙은행과 은행 시스템입니다. 이를 통해 탄력적으로 통화를 공급할 수 있게 되었습니다.

이렇게 되면 자유방임 자본주의 체제를 건설한 유럽의 많은 산업국가들은 심각한 사회 모순에 휘말리게 됩니다. 한쪽에서는 자유방임 자본주의 질서를 계속 유지하기 위해 부르주아에게 유리한 입법을 하고, 다른 한쪽에서는 노동자 정당이다, 농민 운동이다 하면서 의회를 장악해 보호무역과 노동 입법 조치를 통과시키는 상반된 일이 벌어진 것이죠.

폴라니의 설명에 의하면 이 모순이 가장 첨예하게 드러나는 지점은 금본위제일 수밖에 없습니다. 기업 세계가 잘 굴러갈 수 있도록 통화를 풍부하게 공급하려면 일단 돈을 많이 찍어야 합니다. 사회 정책에서도 그렇죠. 1870년대 독일에서 시작된 사회 정책 요소들이 다른 나라로도 번져 갔는데요, 보호관세를 통해 농민들의 불만을 달래고, 노동자나 도시 빈민을 지원하는 정책이었던 만큼 이걸 제대로 시행하려면 국가에서 돈을 많이 써야만 합니다. 그런데 국제 금본위제의 세상에서는 나라가 마음대로 돈을 찍을 수가 없죠. 통화량이 많아져서 화폐의 가치가 떨어지면 금 태환 요구가 밀려들어 올 테니까요.

다시 말해 자유방임주의와 사회의 자기 보호 운동 충돌 속에서 사회가 찢어지는 걸 막기 위해선 재정 정책과 금융 정책을 탄력적으로 운영할 수 있는 여지가 있어야 하는데 금본위제가 문제가 됩니다. 배리 아이컨그린Barry Eichengreen은 이걸 황금 족쇄Golden Fetters라고[28] 부르기도 했는데요, 이 족쇄에서 벗어나는 길은 수출을 많이 하는 방법밖에 없었습니다. 무역 차액을 최대한 늘려야 금을 많이 보유할 수 있고, 그래야 화폐를 많이 찍을 수 있으니까요. 이로 인해 고전적인 중상주의 정책이 다시 등장하게 되었는데, 한편으로 이것도 참 아이러니죠. 자유방임주의

---

28 Barry Eichengreen, Golden Fetters: The Gold Standard and the Great Depression, 1919-1939, Oxford University Press, 1996.

를 시작했다가 사회의 자기보호 운동이 벌어지고, 이 모순으로부터 사회를 구하기 위해 다시 보호무역주의 행태가 나타났으니까요. 이렇게 가랑이가 찢어지는 '이중 운동'의 모순에서 유일하고도 절실한 탈출구는 바로 식민지였고, 이것이 결국 19세기 후반 유럽에서 제국주의가 팽배하는 계기가 되었습니다.

자유방임주의의 모순이 돌고 돌아 제국주의로

제국주의라고 하는 것은 경제사적인 의미에서뿐만 아니라 정치사, 외교사 혹은 역사 전체로 봤을 때도 너무나 중요한 현상입니다. 당연히 제국주의를 경제라는 관점 하나만으로 설명할 수 있는 것도 아니고요. 다만 제국주의 현상이 벌어진 여러 요인 중 하나가 경제적 측면임은 틀림없고, 이후 20세기의 정치 · 사회 · 문화 등 문명 전체는 물론이고 특히 경제 흐름에 제국주의가 결정적인 영향을 끼치기도 했습니다.

그런데 생각해 보면 유럽 사람들은 이미 15세기부터 지리상의 발견을 통해 전 세계 곳곳으로 나가 식민지를 건설하고, 다른 민족들을 지배했잖아요. 그때와 19세기 말의 제국주의는 뭐가 다를까요? 산업자본주의 단계가 아니었던 18세기 말까지는 식민지를 중심으로 무역 루트를 확보하여 값비싸고 중요한 물건들을 거래하는 것이 1차 목적이었습니다. 보다 중요한 이유는 영국이나 프랑스 같은 절대주의 왕조 국가들이 세력 다툼 과정에서 자신들의 입지를 강화하기 위한 것으로, 고지 선점 식 진출 성격이 강했습니다. 경제적인 이유보다는 국제 정치학적인 성격이 더 강했다는 것이죠. 영국의 토리 정치가 벤저민 디즈레일리 Benjamin Disraeli는 19세기 중반에 의회에서 연설하면서 "식민지는 영국의 목에 걸린 맷돌"이라는 표현을 쓰기도 했습니다. 그러니까 식민지란 한없이 돈만 들어가고 실제 영국의 경제적인 부분에서는 별 도움이 안 됐다는 거죠. 당시 영국 자유주의 정치가들 또한 웬만하면 식민지를 해방시키고 제국주의적인 정책을 뒤로 돌리자고 주장하기도 했어요.

19세기 후반에 들어가면 얘기가 달라집니다. 이때는 국제적인 차원에서 주요한 산업국들이 서로 무역 차액을 올리고 수출 경쟁력을 높이기 위해 혈안이 된 상태였습니다. 이중 운동으로 벌어진 사회적 충돌과 모순을 해결하기 위해 산업 경쟁력을 강화해야 한다는 절체절명의 과제를 안고 있었던 만큼 산업자본주의가 작동하는 데에 꼭 필요한 원료와 노동력을 싼값으로 공급받는 게 무엇보다 중요했습니다. 그래야 가격 경쟁력이 생길 테니까요. 유럽의 많은 나라들은 산업 경쟁력을 총체적으로 회복하기 위한 든든한 배경으로 식민지가 꼭 필요하다는 깨달음에 이르게 됩니다. 게다가 1873년부터 유럽은 이미 경제공황 단계에 들어와 있었습니다. 당시에 물가 지수라는 개념은 없었지만 현실적으로 물가가 계속해서 떨어지는 장기 디플레이션 상황에 처하면서 도산하는 기업도 많아지고 경제적으로 몹시 불안한 상태였어요. 그들은 "안 되겠다. 식민지를 확보하는 것만이 살길이다! 아프리카로! 아시아로!"를 외치며 세계 곳곳으로 퍼져 땅 따 먹기를 시작했습니다.

유럽의 식민지 건설은 당연히 평화롭고 아름다운 방법으로 이루어지지 않았습니다. 가장 큰 규모로, 또 가장 빠른 속도로 식민지 제국주의의 칼질이 일어난 곳이 아프리카였는데요, 일화를 하나 소개하자면 벨기에의 레오폴드 2세라는 왕이 콩고 땅으로 밀고 들어갔습니다. 아시다시피 벨기에는 네덜란드 아래에 있는 작은 나라잖아요. 작은 고추가 맵다 못해 독약이라고 해야 할까요. 콩고의 여러 지하자원을 착취하고 약탈하는 과정에서 원주민들을 죽이고 팔을 자르는 등 온갖 잔인한 짓을 벌였는데 그때 죽거나 상처 입은 사람들의 숫자가 대략 2,000만 명에 달했다고 합니다. 이때의 잔학상을 다룬 작품으로 조지프 콘래드 Joseph Conrad의 『암흑의 심장Heart of Darkness』이라는 소설이 있습니다. 참고로 베트남 전쟁을 다룬 영화인 〈지옥의 묵시록〉에는 극 중 인물인 미군 커츠 대령이 광기에 사로잡혀 캄보디아 정글에서 잔인한 짓을 벌이는 장면이 나오는데요, 그 모티브가 된 소설이 바로 『암흑의 심장』이라고 합니다.

이렇게 산업 경쟁력을 통해 금본위제의 족쇄로부터 풀려나 자기조정 시장도 유지하면서 국내의 노동자 계급, 농민 세력의 요구도 채우려는 이중 운동의 모순이 전가되고 전가되면서 식민지 쟁탈전으로 이어졌다고 볼 수 있습니다. 이런 제국주의 팽창 현상은 1890년대가 되면 지구 면적의 많은 부분을 식민지로 덮어 버리고 이를 또 나누는 무시무시한 일이 벌어집니다. 이렇게 식민지 분할이 완료되면 다음 순서는 뭐겠어요? 전쟁밖에 남은 게 없죠. 결국 그로부터 20년 정도가 지난 1914년이 되면 제1차 세계대전이 터지게 됩니다. 제국주의가 20~30년에 걸쳐 무시무시한 속도로 팽창할 수 있었던 밑바탕에는 자유방임 자본주의의 모순이 도사리고 있었다고 할 수 있고, 그로 인해 너무나 많은 나라가 착취당하고 수탈당하고 국민들의 목숨을 빼앗겨야만 했습니다.

8

19세기 가장 위대한 발명, 철도의 등장

이번에는 철도 이야기를 해 볼까 합니다. 두말할 필요 없이 철도야말로 산업혁명의 모든 혁신과 사회 변화를 한 몸에 받아 안아 그 힘으로 세상을 획기적으로 바꿔 버린 산업혁명의 총아라고 할 수 있습니다. 19세기에 세계사적으로 중요한 일들이 많이 벌어졌지만 산업 분야에서 큰 변혁을 일으킨 것 중 가장 큰 사건을 꼽으라고 하면 역시 철도의 등장이 아닐까 생각합니다.

최초의 철도는 1825년 영국 스톡턴과 달링턴 사이에 화물용으로 설치되었고, 1830년에는 리버풀과 맨체스터 사이에 여객용 철도가 놓였습니다. 곧 이 철도는 런던까지 이어졌고, 이후 영국 전역이 바야흐로 철도의 시대로 들어가게 되었습니다. 이후 조금 더 시간이 지나면 세계 곳곳에 철도가 놓이기 시작하지요.

유럽인들이 그토록 태엽 시계에 집착한 이유는?

좀 엉뚱하게 들릴 수 있겠습니다만 철도의 성격을 철도보다 더 잘 보여 주는 다른 기계가 있는데요, 바로 시계입니다. 시계는 어느 문명에서 나 존재했지요. 해시계·물시계 등등 다양한 형태로 나타나는데 14세 기 유럽 중세에서만 나타난 독특한 현상이 하나 있습니다. 기계 장치로 구동되는 시계를 만들기 위해 계속 시도했다는 점입니다. 그러다 16세 기가 되면 드디어 유럽에서 태엽으로 돌아가는 시계가 등장했는데요, 처음 나온 태엽 시계는 굉장히 부피가 컸습니다. 시간이 지나면서 제조 기술은 점점 발달했고, 18세기가 되면 마침내 주머니에 넣고 다닐 수 있는 회중시계가 등장하지요. 유럽의 여러 도시를 다녀보면 알겠지만 오래된 도시의 중앙에 꼭 광장과 성당이 있습니다. 보통 성당 중심에는 큰 시계탑이 있는 경우가 많은데요, 예전부터 그 시계가 정확한 시간을 알린다는 게 그 도시의 굉장한 자랑이었습니다.[29]

유럽 사람들은 중세 말, 르네상스, 근대 초기까지 왜 이토록 시계에 집착했을까요? 이는 유럽인들에게 새로운 세계관이 등장한 것과 관련 이 있습니다. 그 세계관이란, 인간 세상은 말할 것도 없고 만사만물, 우 주 전체를 신이 만들어 놓은 하나의 거대한 기계로 바라보는 사고방식 입니다. 이게 18세기가 되면 인간의 몸도 일종의 기계라는 사고로까지 이어지는데요, 이렇게 되면 해시계는 그저 자연의 변화를 반영하는 장 치에 불과하지만 태엽을 넣어서 만든 기계 시계는 그 자체가 우주의 축 소판이 됩니다. 다시 말해 태엽 시계에는 우주 전체를 모방한, 아주 작

---

29 서구 문명에서 시계와 시간 관념 변화의 중요성에 대한 고전으로 다음의 책을 권합니다. David Landes, Revolution in Time: Clocks and the Making of the Modern World, Belknap Press, 2000.

은 우주를 구현해 낸다는 신비적이고 신화적인 의미가 들어가 있습니다. 일례로 지금도 체코 프라하에는 1410년에 만들어진 프라하 천문시계Prague Orloj가 걸려 있는데요, 그 모습은 분명 천체의 운동을 표현하고 있습니다. 이를 통해서도 알 수 있듯 유럽 사람들은 시계라는 장치를 통해 우주관을 구현하고자 했습니다. 이것은 유럽 사람들이 그토록 시계라는 기계에 집착하게 된 배경이기도 합니다. 중세 이후 유럽 사람들은 인간 세계 전체를 시계 속 태엽과 나사와 톱니바퀴처럼 정교하게 굴러가는 하나의 기계라고 여겼는데, 이런 생각을 어떤 신화나 상상력이 아니라 현실 세계에 그것도 시간이 아닌 공간의 차원에서 구현한 결정적 장치가 바로 철도라고 할 수 있습니다.

소스타인 베블런이라는 경제학자의 중요한 저서 중 하나로 꼽히는 것이 『영리기업의 이론The Theory of Business Enterprise』인데요, 이 책 맨 첫 장의 제목이 「머신 프로세스Machine Process」, 즉 '기계적 과정'입니다. 이 말을 쓴 베블런이 누누이 강조하는 것이 하나 있습니다. 대략 윤색하자면 다음과 같습니다.

"내가 말하는 기계적 과정이, 현대 산업자본주의에서 기계를 사용하는 공장이나 공장에 있는 나사와 철과 톱니바퀴가 굴러가는 과정을 이야기하는 것으로 오해하지 않았으면 한다. 기계를 사용하건 사용하지 않건 이제 사회 전체가 하나의 기계가 되었다는 의미다."

그러니까 기계적 과정이란, 사회 전체의 경제 활동이나 산업 활동이 다른 경제 활동이나 산업 활동과 긴밀하게 연결되면서 마치 하나의 거대한 기계 안에 들어가 있는 톱니바퀴처럼 정교하게 맞물려 돌아가는 사회 구조를 말합니다. 이를테면 18세기에 들어와서는 어떤 두메산골에서 기계를 사용하지 않고 오직 호미와 낫으로만 농사를 짓는다 하더라도 그 이유는 더 이상 자급자족에 있지 않습니다. 작년 농산물 가격이 어떠했는지, 유통 업체와 흐름은 어떻게 되는지 등등의 요소를 감안해서 수박을 심을지, 호박을 심을지를 결정합니다. 그 과정 또한 거대한 기계의 일부로서 사회 전체의 생산이라는 측면을 고려해 농사짓는 활동을 계획하게 되었다는 것이죠.

기계적 과정의 정점, 철도

베블런은 여기서 더 나아가 이 거대한 사회 전체의 생산 활동 최전선에는 그 사회의 가장 높은 수준의 기술, 가장 최신의 하이테크를 구현하는 기계가 중앙에 자리 잡게 되어 있다고 말합니다. 또 그 기계를 중심으로 정교하게 조직되는 이 모든 과정을 머신 프로세스라고 부른다고 설명합니다. 제가 처음 이 내용을 읽었을 때는 무슨 말인지 감이 안 잡혔고, 두 번째 읽었을 때는 이 생각의 거대한 스케일과 세상을 바라보는 새로운 시선에 충격을 받았던 기억이 있습니다.

베블런이 말하는 머신 프로세스가 실제로 구현되려면 사회 전체 방방곡곡이 하나의 흐름으로 연결되어 굴러가야 합니다. 그게 바로 기차와 철도망입니다. 사실 철도가 없을 때는 영국 전역을 잇는 물류라는 흐름을 말하기가 애매했습니다. 마을과 마을 사이를 이동하는 교통수단이라는 게 역마차밖에 없는데 역마차는 사람도 많이 못 타고 실을 수 있는 화물의 양도 제한적입니다. 마차라는 운송 수단이 가진 한계도 명확했지만, 마차가 다니는 도로를 관리하는 것도 보통 일이 아니었죠. 영국은 19세기 초중반까지도 도로를 관리하는 조합이 따로 있어서 자기들이 관리하는 도로를 지나가려는 사람들로부터 통행료를 받았고, 행여나 통행료를 내지 않고 이동하는 걸 막기 위해 도로 주변에 창처럼 삐죽삐죽 튀어나온 구조물을 설치하기도 했습니다. 이렇게 갑갑한 상황이니 물건을 이동시키려면 강이나 바다를 통하는 것이 훨씬 편했죠. 영국까지 갈 것 없이 비슷한 시기의 우리 조선만 해도 조운이 중요한 물류 기능을 했고요.

이런 사회에서는 보통 태어난 곳의 반경 40킬로미터를 벗어나지 못하고 일생을 살다가 죽는 경우가 대부분입니다. 사람이 먹고 자고 생활을 영위하는 데 들어가는 경제적 재화라는 것도 반경 40킬로미터 안에서 조달하기 마련이죠. 그런데 지금은 어떻습니까? 당장 마트에만 가도 반경 40킬로미터가 다 뭡니까? 4,000킬로미터 떨어진 곳에서 생산된 바나나도 떡하니 놓여 있지 않습니까.

이 변화의 시작점이 기차와 철도망입니다. 영국 전역에 철도가 놓이고, 기차역이 생기면서부터는 10시 54분에 기차역에 서 있으면 1시간 25분 만에 런던으로 갈 수 있게 되었습니다. 기차로 연결되는 곳 전체가 일사불란한 시간표로 이어지면서 사회 전체가 하나의 시계처럼 돌아가기 시작했습니다. 철도망이 촘촘해질수록 사회는 더욱 정교한 기계로 진화한다고도 말할 수 있겠죠.

결론적으로 18세기까지 유럽인들이 꿈꿨던 기계 시계라는 상상력, 인간 세상과 우주 전체를 하나의 기계로 만들겠다는 꿈이 19세기에 철도가 놓이면서 비로소 현실로 구현되었습니다. 이를 바탕으로 인간 세상에 물류라는 개념이 등장했는데요, 다음 장에서는 물류가 나타나면서 세상이 어떻게 바뀌게 되는지 시간적 차원과 공간적 차원으로 나누어 알아보겠습니다.

9

물류가 만들어 낸
공간적, 시간적 변화

공간의 불균등성

우선 '공간의 불균등성'이라는 개념에 대해 생각해 보겠습니다. 독일의 튀넨Johann Heinrich von Thünen이라는 경제지리학자가 만든 '고립국 이론'이라는 게 있습니다. 어떤 도시가 있을 때 도심으로부터 거리에 비례해 토지의 용도가 각각 어떻게 달라지는지, 외부와의 무역 없이 고립되어 있는 나라 안에서는 토지가 어떤 원칙으로 사용되는지 등을 정립한 이론입니다. 튀넨의 고립국 이론은 20세기 들어와 페르낭 브로델Fernand Braudel 같은 역사학자나 이매뉴얼 월러스틴Immanuel Wallerstein 같은 사회학자 등에게 영향을 주면서 세계 체제론으로까지 발전한 아주 중요한 이론이긴 한데요, 막상 고립국 이론 자체는 기차와 철도가 나오면서 힘을 좀 잃은 경향이 있습니다.

좀 이해하기 쉽게 예를 들면, 제가 용산에 사는데 책 작업 때문에 파주출판단지에 갈 일이 왕왕 있습니다. 주말에는 보통 지인이 있는 가평에 놀러 가는 경우가 많죠. 그러면 집에서 38킬로미터 떨어진 파주

출판단지가 가까울까요, 84킬로미터 떨어진 가평이 가까울까요? 용산에서 기차 타면 가평까지 대략 한 시간 정도면 갑니다. 그런데 용산에서 출판단지를 가려면 버스도 애매하고, 지하철도 애매해요. 출퇴근 시간에는 자동차로 가도 한 시간이 훨씬 넘죠. 그러니까 여기엔 반경 몇 킬로미터라는 실질 공간의 논리는 있을지는 모르겠으나, 조성환경built-environment이라는 또 다른 차원이 더해지면 공간의 성격은 완전히 달라지게 됩니다. 즉 고속도로가 뚫리고 기찻길이 놓이면서 물리적인 거리와는 전혀 다른 공간 개념이 발생했고, 그 안에 리듬과 속도가 병존하게 되었습니다. 산업 연관을 맺고 서로 거래라는 것을 할 때도 '근처'에 있는 '먼' 동네가 아니라 '멀리' 있지만 기찻길로 이어진 '가까이' 있는 곳과 연결되는 일이 벌어지지요. 즉 서울에서 가까운 곳은 뉴욕이지 중국 내륙의 어느 벽지 두메산골이 아닙니다.

이렇게 공간의 불균등성이 생기면서 이른바 물류라는 게 만들어지고 5,000킬로미터, 1만 킬로미터 밖에 있는 물건을 사용할 뿐 아니라 5,000킬로미터, 1만 킬로미터 밖에 있는 공장과 B2B로 협업을 하는 일까지도 가능해집니다. 이때부터는 산업이 발생하는 지리 구조가 완전히 달라지는 것은 물론이고 이전까지는 전혀 상상하지 못했던 산업적 가능성도 생겨날 수 있습니다.

철도로 인해 생긴 재미난 일화가 하나 있는데요, 1860년대 초에 미국에서 남북전쟁이 벌어졌습니다. 전쟁을 할 때 골치 아픈 문제 중 하나는 먹을거리인데요, 아무래도 종일 나가서 싸우려면 잘 먹어야 하잖아요. 곡식은 병참선을 따라 수송하는 데에 큰 어려움이 없지만, 돼지처럼 살아 있는 짐승은 현지에서 조달하는 방법밖에 없었습니다. 아직 냉장 시절이 발달하지 못했던 시기이니까요. 양이 부족하거나 환경이 마땅치 않은 곳이라면 당연히 못 먹는 것이고요. 그런데 남북전쟁 때는 철도가 있었습니다. 시카고에 있는 도축장에서 돼지를 잡은 다음 기차에 실어 각 지역으로 수송하는 일이 가능해지면서 지역 도축업자들이 큰돈을 벌었다고 하죠. 한 군데서 잡은 돼지가 여러 전장에 있는 군인들의 배를 채워 준 셈인데요, 남북전쟁 당시 군인들의 고기 수요는 시카고가 책임진다는 말이 나오기도 했었죠. 오늘날 우리가 알고 있는 물류가 본격적으로 활용된 사례라고 할 수 있습니다.

철도가 뚫리면서 해운도 그전과는 다른 차원으로 들어갔습니다. 이전에는 뱃길로 물건을 수송하는 수단이 범선이나 돛단배를 벗어나지 못했는데 19세기 중반부터 증기선이라는 게 나타났습니다. 미시시피강이나 뉴욕을 중심으로 코닐리어스 밴더빌트Cornelius Vanderbilt 같은 큰 운송업자들이 나타나 증기선을 활용해 본격적으로 물류 수송에 나섰습니다. 그뿐만 아니라 이 새로운 해운은 내륙의 철도망과 유기적으로 연결되어 완전히 새로운 공간의 차원을 열었습니다. 밴더빌트 본인도 스스로 말하듯 '뱃놈' 출신이지만 나중에는 철도 사업에 온 힘을 쏟게 됩니다.

이런 현상은 다시 땅값으로 연결됩니다. 교통망과 연결된 곳의 땅값은 하늘을 향해 치솟고, 교통망이 연결되지 않은 곳은 변동이 없는 일이 발생하지요. 이건 오늘날도 마찬가지여서 GTX가 생긴다거나 도시철도가 우리 동네를 지나간다고 하면 국회의원들이 나와 "제가 해냈습니다. 여러분!"하면서 팡파르를 울리고 난리를 피우죠. 이렇게 우리가 익히 알고 있는 공간의 불균등성이 철도가 생긴 다음에 벌어진 일이라는 걸 기억할 필요가 있습니다. 가장 극적인 예로, 로스앤젤레스를 들 수 있습니다. 원래 이곳은 미국 토착 원주민들의 '흙벽돌집adobe'이 있던 가난한 시골 마을이었습니다. 하지만 미국 대륙 횡단 철도가 놓이는 과정에서 물류의 중심지로 떠오르고, 당시 훨씬 큰 도시였던 샌프란시스코를 앞지르는 발전을 하여 오늘날에 이르게 되었으니까요.

20세기에 들어오면 비행기라는 더욱 무시무시한 운송 수단이 나타나게 되고, 디젤엔진을 동력으로 쓰는 선박이 등장하면서 또다시 증기선과는 비교할 수 없을 정도의 물동량을 소화할 수 있게 됩니다. 20세기 중후반, 21세기에 다다르면 물류의 흐름이 더욱 중요해졌고, 전 세계적으로 산업사회 이전과는 완전히 다른 형태의 공간 배치가 이루어졌습니다. 그러면서 예전에는 중요했던 장소가 한적한 소도시로 전락하기도 했고, 거들떠보지도 않았던 장소가 중심지로 떠오르기도 했습니다. 철도는 이렇게 공간 차원에서 인류 문명을 바꿔 놓았습니다.

시간의 동시화

철도는 인류의 시간도 또 다른 차원으로 바꿨다고 할 수 있는데요, 아마 이 책을 읽는 여러분들도 기차 시간을 5분쯤 남겨 놓고 헐레벌떡 뛰어 본 경험이 한 번쯤 있을 겁니다. 이때 기차의 시간이라는 게 얼마나 무서운지 알게 되죠. 그래서 보통 기차를 타려고 할 때는 20분 이상, 심지어 비행기는 2~3시간 먼저 가서 대기하곤 합니다. 어쩌다 인간이 이렇게 됐을까요?

'동시화syncronization'라는 영어 단어가 있습니다. 싱크로나이즈드 스위밍을 연상하면 이해하기 쉬울 것 같은데요, 두 명 이상의 선수가 음악에 맞춰 물속에서 아름답게 동작을 펼치는 스포츠죠. 각각의 선수가 마치 한 몸처럼 동작을 맞추듯 근대 사회 역시 기차로 인해 같은 리듬에 맞추어 '동시에' 춤을 추는 듯한 모습을 띠게 된 것입니다. 이 또한 앞서 말한 베블런의 '사회 전체의 기계화'라는 개념의 일면입니다.

대부분의 현대인들은 보통 마감 날짜라는 게 있지요. 적어도 몇 월 며칠 몇 시까지는 결과물을 제출해야 합니다. 대개는 일을 시작할 때도 언제까지 끝낸다는 계획이 있습니다. 숙제를 하거나, 리포트를 써야 하는 학생들도 사정은 크게 다르지 않습니다. 여기서 한 걸음 더 나가 보면 오늘날의 모든 산업 과정은 물론, 일상에서도 몇 시에 일어나 몇 시까지 출근하고 몇 시에 퇴근해서 몇 시에 잔다는 것까지 일정한 주기성과 리듬을 띱니다. 다시 말해 인간 세상이 돌아가는 거의 모든 과정이 시간적 흐름 속에서 진행됩니다.

이 책을 예로 보면, 저는 날짜에 맞춰 원고를 써서 보냅니다. 그러면 편집자가 날짜에 맞춰 교정을 보고, 디자이너가 또 날짜에 맞춰 조판 작업을 합니다. 디자인이 끝난 원고를 인쇄소로 보내면 인쇄소에서 날짜에 맞춰 물리적 형태의 책으로 만들고, 그렇게 만들어진 책이 날짜에 맞춰 서점으로 배본된 후 유통에 들어갑니다. 이 모든 작업이 그 나름의 시간적 과정 속에서 흘러갈 수 있도록 관련된 모든 사람들이 각자의 역할을 수행합니다. 좀 더 눈을 돌려 보면 모든 산업이 다 그렇습니다. 사회가 무진장 애를 써서 함께 보조를 맞추고 손발을 맞추며 굴러가는 셈입니다. 사회생활을 하지 않고 혼자 살아가는 사람이나 〈나는 자연인이다〉 같은 프로그램에 나올 만한 사람들을 제외한 사회 전체의 맥락에서 보면 이게 얼마나 일사불란하고 아름다운 싱크로나이즈드 스위밍이겠습니까? 이렇게 사회 전체가 '동시화'되는 일이 바로 철도로부터 시작된 일이라 하겠습니다.

최근에 김훈의 소설 『하얼빈』을 읽었는데요, 이런 내용이 있습니다.

"이토는 시간이 제국의 공적 재산이라는 인식을 조선 사대부들에게 심어 넣으려 했으나, 시간의 공공성을 이해시킬 길이 없었다. (중략) 시간을 계량하고 시간을 사적 내밀성의 영역에서 끌어내 공적 질서 안으로 편입시키는 것이 문명개화의 입구라고 설명을 해도 고루한 조선의 고관들은 알아듣지 못할 것이었다."

인용한 부분은 일제 강점기가 시작되기 직전인 1908년의 이야기입니다. 시간에 관해 이토 히로부미의 인식과 조선 사대부들의 인식이 얼마나 다른지를 잘 보여 주는데요, 이 차이의 배경에 철도가 있다고 할 수 있겠습니다.

그렇다면 시간을 '동시화'하는 행위는 경제사나 자본주의 발달 과정에서 얼마나 중요한 의미가 있을까요?

우리가 투자를 하기 위해 기업 가치를 평가할 때는 수익성을 계산해야 합니다. 이때 가장 중요한 변수가 시간입니다. 그래서 모든 수익률을 계산할 때, 그냥 수익률이 얼마라고 말하는 건 사실 무의미에 가깝고, 반드시 시간을 기준으로 표현해야 합니다. 연간 14퍼센트의 영업이익을 올리는 것과 분기에 14퍼센트의 영업이익을 올리는 건 비교할 수 없는 일이죠.

옛날 '동시화'가 벌어지기 전 사회에서는 농사의 시간 단위인 1년 이외에는 사회 성원 모두가 어떤 하나의 공통된 시간을 딱히 공유했다고 말하기 힘들었습니다. 게다가 전쟁이든 왕가의 결혼이든 건축 사업이든 대부분의 사회적인 일들이 언제까지 가능하다는 확답을 낼 수도 없었고, 다른 사업들을 여기에 맞추어 장기적 시간 계획을 짠다는 것도 어려운 일이었죠. 시간적으로 어떻게 진행될지 알 수 없으니 예측할 수 없고, 오늘날처럼 일정한 시간 동안의 기대수익률을 정밀하게 계산할 수도 없었습니다. 따라서 오늘날 금융에서 당연하게 여기는 여러 가지 종류의 기법도 발전할 수 없는 사회였던 것입니다.

기차가 나온 이후로 산업적 과정과 사회적 과정이 철저히 시간에 맞춰 돌아가는 게 관례화되면서 미래는 예측할 수 있고, 계산할 수 있고, 계획할 수 있는 영역 안으로 들어왔습니다. 시간을 매개로 하는 자본 축적이라는 것이 굉장히 구체적이고 현실적인 사회 현상으로 자리를 잡으면서, 금융 기법이나 금융시장에서의 활동 또한 다양한 가능성을 띠게 되었습니다. 이게 기차와 철도가 시간적 차원에서 자본주의 발달에 기여한 측면이라고 할 수 있겠습니다.

10

철도로 인한 자본과
금융 시장의 변화

고위험 고수익의 철도 사업

철도 사업이라고 하면 우리는 보통 기차만 떠올리는 경우가 많은데 어떻게 보면 기차 자체보다 훨씬 더 중요한 물건이 있습니다. 그 아래에 깔린 레일이죠. 기반 시설 구축 측면에서 생각해 보면 철도망을 놓는다는 게 돈이 웬만큼 드는 사업이 아닙니다. 물론 증기기관차를 만들고 차량을 여러 개 잇는 것도 돈이 들어가는 일이겠지만, 철도망을 놓는다는 건 기차를 만드는 것과는 비교할 수도 없을 만큼 어마어마한 사업입니다. 철도망이라는 게 그냥 레일을 깔면 되는 게 아닙니다. 레일을 고정할 수 있도록 똑같은 크기의 침목을 일정한 간격으로 촘촘하게 놓아야 하죠. 이때 땅이 꺼지면 안 되니까 먼저 땅을 다지는 등 기초공사를 해야 합니다. 게다가 오르막, 내리막이 있을 수 있고 앞에 커다란 산이 가로막거나 강물이 지나갈 수도 있습니다. 사전에 측량기사가 나가서 온갖 지표 자료를 모아 공사 계획을 세워야 합니다. 산이 있으면 터널을 뚫어야 하고, 강이 있으면 다리를 놓아야 합니다.

이에 반해 "철도를 깔아서 수익이 얼마가 날 것인가?" 하는 문제는 상당히 불확실합니다. 물론 예상대로 성취가 되기만 한다면 반영구적인 '대박' 황금알 거위가 될 것은 틀림없지만, 불확실한 요소가 너무나 많습니다. 이를테면 기차가 처음 세상에 등장했을 때 그걸 타고 싶다고 생각하는 사람은 아무도 없었을 겁니다. 이전까지 인간 세상에 한 번도 존재한 적이 없는 거대한 물건이 떡하니 생겼는데, 여기에 무슨 수요가 있었겠어요? 그러니 막상 기차가 나오고 철길이 뚫렸다 하더라도 사람이나 화물이 얼마나 지나갈지, 운임을 어떻게 매겨서 얼마의 수익을 낼 수 있을지 도무지 예측하기 힘들었던 게 당시의 상황이었습니다.

한편으로 철도라는 건 자연적 독점에 가깝습니다. 두 지점 사이에 하나의 철도가 놓이게 되면 그걸로 끝이지, 같은 지역에 두 번째 철도를 놓는 일은 없지요. 그야말로 먼저 짓는 놈이 임자인 셈이니까, 잘만 하면 철도를 이용해 대대손손, 천년만년 지나가는 모든 자원과 인간에게 운임을 매겨 계속 돈을 받아먹을 수도 있는 사업입니다. 물동량이 어마어마하다면 당연히 들어오는 돈도 어마어마할 것이고요.

금융 기법의 대혁신, 합법 · 탈법 · 불법

그래서 철도 사업이라는 건 기본적으로 극단적인 고위험 · 고수익 사업이라 하겠습니다. 들어가는 자본의 양이 어마어마하지만 사업이 성공할 경우 수익도 엄청나니까요. 그러면 이런 사업은 대체 어떻게 자본을 조성하고 또 어떤 방식으로 회사를 꾸렸을까요? 기존의 자금 조달 방식으로는 부족했고 맞지도 않았습니다. 그리하여 금융 기법과 금융 시스템 전체가 큰 변화를 겪게 됩니다. 당시까지의 전통적인 기업 금융

방식은 단기 자금은 대출 및 어음 할인을 통해 조달하고, 장기 자금은 동업자를 찾아 자기자본을 보강하든가 아니면 담보가 붙어 있는 채권을 발행하는 방식이었습니다. 물론 당시에 주식회사도 존재하기는 했지만 그런 방식으로는 철도라는 새로운 종류의 거대한 사업에 자금을 융통하는 것은 한계가 있었습니다.

그전까지의 관점에서 보면 이때부터 상상을 초월하는 각종 금융 기법들이 등장합니다. 담보 없이 사업의 수익성만을 내세워 장기적으로 고수익을 약속하는 채권도 전면에 등장하였고(디벤처debenture), 여차하면 주식으로 바꾸어 지분 투자로 연결시킬 수 있는 새로운 채권(전환사채convertible bond)도 등장했습니다. 의결권은 없지만 유사시 우선적으로 변제를 받을 수 있고 또 채권으로 전환할 수도 있는 주식(우선주preferred stock) 등 다양한 수법들이 본격적으로 동원됩니다.

철도라는 이 독특한 사업이 기업 금융 혁신을 폭발적으로 이끈 기폭제 역할을 톡톡히 한 셈입니다. 물론 그 과정은 평탄하지 않았습니다. 영국에서는 철도 사업에 엄청나게 자금이 몰렸지만 거품이 터지면서 가치가 대폭락하는 일도 벌어졌고(1847년 철도 거품 사태), 미국에서도 비슷한 일들이 간헐적으로 일어났습니다. 이를 보완하고 최대한 책임성 혹은 석명성accountability을 확보하려는 과정에서 오늘날의 자본시장의 제도적 인프라가 마련되기 시작했다고 해도 과언이 아닙니다.

또 하나 기억해야 할 사실이 있습니다. 특히 남북전쟁 이후 본격적인 철도 건설에 들어갔던 미국은 철도 사업 자금을 조달하는 과정에서 온갖 탈법과 불법과 폭력이 난무하는 어지러운 과정을 겪었다는 점입니다. 짐 피스크Jim Fiske와 제이 굴드Jay Gould 등이 이끌었던 악명 높은 이리 철도회사Erie Railroads는 아예 인쇄기까지 지하에 가져다 놓고 전환채권을 마음대로 펑펑 찍어 대면서 회사의 소유 구조를 떡 주무르듯 하기도 했고, 이렇게 찍어 낸 채권으로 정치인들을 매수하는 등 상상도 못 할 일을 저질렀습니다.

더욱 극적인 예는 대륙 횡단 철도의 서쪽 부분을 맡았던 센트럴 퍼시픽Central Pacific 같은 회사였습니다. 이 회사 창립자가 릴런드 스탠퍼드Leland Stanford입니다. 우리가 잘 알고 있는 스탠퍼드 대학의 설립자이기도 하지요. 캘리포니아 주지사와 상원의원을 역임한 스탠퍼드를 일컫는 또 다른 말은 '철도왕'입니다. 스탠퍼드는 어떻게 이런 별칭을 얻을 수 있었을까요?

미국에서 남북전쟁이 끝난 다음에 미 대륙 횡단 철도가 만들어지는데요, 대서양 쪽에서 시작하는 팀과 태평양 쪽에서 시작하는 팀으로 구성되어 있었습니다. 양쪽에서 레일을 놓다 보면 결국 중간 어디쯤에서 만날 테니까요. 당시 대서양 팀과 태평양 팀이 서로 조금이라도 더 빨리 가려고 치열한 경쟁을 벌였다고 하죠.

태평양 쪽에서 오는 팀을 구성하는 철도업체는 이른바 '4인방quartet'으로 불리던 사람들이 조직한 회사였는데 그중 한 명이 스탠퍼드였습니다. 이들이 조성한 자본은 탈탈 털어도 겨우 20만 달러 정도에 불과했습니다. 시대 상황을 고려하더라도 이 돈으로 대륙 횡단 철도를 건설한다는 건 말도 안 되는 일입니다. 게다가 그 돈마저도 엉뚱한 곳에 씁니다. 워싱턴의 정치인들을 매수해 철도 부설권을 얻어 내는 로비 자금으로 다 탕진했던 것입니다. 결국 태평양 쪽에 있는 캘리포니아주부터 시작하는 철도 부설 사업권을 연방 정부로부터 얻어 내기는 했지만 남은 돈은 땡전 한 푼 없었습니다. 연방 정부의 자금 지원 약속은 있었지만 그 액수는 턱없이 부족했고, 그마저도 철도를 건설한 뒤에 받는 사후 수급 방식이었습니다. 그러면 어떻게 자금을 조달했을까요?[30]

먼저 철도가 지나가는 지역을 말을 타고서 둘러본 뒤, 인근 마을을 찾아가서 회유와 협박을 섞어 압력을 시전하고는 '삥'을 뜯어냅니다. 한마디로 자기들에게 자금을 듬뿍 안겨 주면 철도가 이 마을을 지나가 도록 하겠지만, 그러지 않을 경우엔 멀찍이 비켜 가도록 하여 그 마을을 말려 죽이겠다는 내용입니다. 불안해진 주민들은 급히 회의를 열고 지역 재정도 털고 가가호호 갹출한 돈까지 싹싹 긁어 이 4인방에게 가져다 바칩니다. 그러면 이들은 그 돈으로 그 마을까지 짧은 거리의 철도를 건설하고, 그 분량만큼 연방 정부로부터 약속받은 자금을 타 냅니다. 머뭇거리는 마을이 있으면 깡패를 보내 겁박하기도 하고, 돈을 풀어 회유하기도 합니다. 끝내 자신들의 제안을 거부하는 마을이나 도시에는 철저한 보복을 가합니다. 이렇게 '첫 빠따'에 몇 번 시범 케이스를 보이고 나면 그다음부터는 일이 쉬워집니다. 마을마다 이 4인방에게 알아서 돈을 싸 들고 오게 되어 있으니까요. 이를 무한 반복 하여 철도 사업이 조금씩 조금씩 앞으로 나가게 됩니다. 그러면 이제 이들은 사업 진전을 기초로 채권을 펑펑 찍어서 뿌려 댑니다.

이렇게 초기 금융 행위에 나타난 여러 '혁신들'은 사실 불법과 탈법의 경계선을 넘나들거나 애매하게 걸쳐 있는 것들이 많았습니다. 훗날 금융 시스템에 본격적으로 규제 조치가 마련되는 1930년대가 되기 전까지 이러한 성격은 변함이 없었습니다. 이 시기에 등장한 '물 타기 증

---

30 이 이야기를 포함한 미국 철도 건설의 포복절도할 이야기는 Matthew Josephson, Robber Barons, Harper and Row, 1934. 에 잘 나와 있습니다.

자'나 '내부자 거래' 등이 당시 미국 자본주의 금융 체제하에서는 '혁신'으로 간주되기도 했습니다. 놀라운 일도 아니고 사실 비난하기도 쉽지 않은 일입니다. 보통 제도와 규제 마련의 순서라는 것이 다음과 같은 과정을 거치기 마련이라는 점을 생각해 보십시오.

> 시장에서 완전히 새로운 사업 방식이 등장 → 큰 이익을 보는 자들과 큰 손해를 보는 자들로 나뉨 → 사회 혼란과 갈등 발생 → 정치적 논쟁으로 비화 → 입법과 제도 마련

당시가 철도 도입과 산업의 발전 등 급격한 변화로 어지러웠던 혼란기였던 것처럼, 현대 자본주의의 금융 관행을 낳은 모태라 할 19세기 말의 미국 자본주의 역시 아직 합법·불법·탈법이 정확히 나누어지기 이전의 혼돈 상태였다고 보아야 합니다.

PART 4

2차 산업혁명이
바꾸어 놓은 세상

1

기계적 과정에서
물리적 · 화학적 과정으로

2차 산업혁명의 개념과 '4대 원인'

1880년대 무렵부터 미국과 독일을 중심으로 그전과는 다른 양상의 폭발적 기술 혁신이 일어났습니다. 이 영향으로 20세기 초중반에 들어서면 그 이전과 성격을 달리하는 산업사회가 형성되는데, 대략 1950년대 무렵이 되면 완숙한 모습을 갖추면서 기술적인 면은 물론 사회적 · 정치적으로도 19세기와는 완전히 다른 차원의 산업사회를 완성합니다. 1880년대에 시작해 대략 20세기 중반까지 이어지는 산업혁명의 흐름을 통칭해 2차 산업혁명이라고 부릅니다. 쉽게 말하면 기술 혁신이 급속하게 확산된 과정이라고 할 수 있습니다.

요즘 4차 산업혁명에 관한 말들이 워낙 많아서 산업혁명 앞에 숫자 붙이는 게 유행인가 싶기도 합니다. 굳이 숫자를 붙여야 하냐는 사람도 있지요. 하지만 2차 산업혁명은 분명 18세기 영국에서 시작된 산업혁명과는 그 성격이 다를 뿐만 아니라 세상 전체, 문명 전체를 바꾸어 놓은 변화의 폭과 깊이가 이전과는 비교할 수 없을 정도라고 보아야 합니다. 그래서 2차 산업혁명을 전 시대와 구분하는 것은 기술사나 경제사를 연구하는 사람들 사이에선 당연한 것일 뿐 아니라, 실제로 많은 사람이 유효한 구분법이라고 받아들이기도 합니다.[31]

물론 좀 더 세부적으로 시대를 구분해 보면, 단순히 1차와 2차라는 큰 줄기뿐 아니라 기술 혁신의 흐름을 더 세세하게 나눌 수도 있습니다. 어떤 이들은 지금까지 있었던 기술 혁신의 흐름을 6개 단계로 나누어 설명하기도 합니다. 이 또한 대단히 중요한 의미와 큰 설득력을 가지고 있습니다.[32] 다만 앞에서 저는 아리스토텔레스의 4대 원인론인 '질료인 · 작용인 · 형상인 · 목적인'에 근거해서 산업혁명을 이야기했는데요, 살펴보면 1870년대 이후의 산업혁명 또한 각각의 요인에서 모두 획기적인 전환점을 맞았다고 할 수 있습니다.

첫 번째로 에너지 측면에서 보면 1880년대 이후 석탄의 시대가 저물

---

31 앞서 산업혁명이라는 말이 퍼지게 된 계기가 아널드 토인비의 연설이었다고 말했습니다만, 이 2차 산업혁명이라는 개념이 자리 잡게 된 데에는 하버드 대학교 데이비드 랜디스David Landes 교수의 연구가 큰 역할을 했습니다. 그는 1965년에 출간한 『캠브리지 유럽 경제사』 6권에서 산업혁명의 기술 변화를 다루는 한 장을 맡는데, 그 한 장의 길이가 장장 3백 페이지에 이릅니다. 그 마지막 부분의 소제가 '두 번째 바람Second Wind'으로 19세기 말에 나타나기 시작한 새로운 기술 변화를 다루면서 세간의 이목을 끌었습니다. 하지만 편집상 1914년 이후를 다루지 못한 한계가 있었지요. 이후 랜디스는 1969년에 그 장의 원고에서 못다 한 이야기, 즉 1914년 이후의 기술 변화까지를 더 자세하게 다루어 『풀려난 프로메테우스』라는 제목으로 출간합니다. David Landes, The Unbound Promethus: Techonological Change and Industrial Development in Wester Europe from 1750 to the Present, Cambridge University Press, 1969.

32 주류 경제학의 성장 및 혁신 이론을 벗어나서 역사와 제도 및 기술 분석을 결합하여 혁신을 연구하는 네오 슘페터학파Neo-Schumpeterian School의 주장입니다. G. Dosi et al. ed. Technical Change and Economic Theory, Pinter Publisher, 1988. 보다 압축적이면서도, 금융 시스템의 불안정성까지 결합한 논의로 Carlota Perez, Technological Revolutions and Financial Capital: The Dynamics of Bubbles and Golden Ages, Edward Elgar, 2003. 카를로타 페레스, 『기술혁명과 금융자본』, 김창대 정성일 역, 한국경제신문, 2006. 을 권합니다.

기 시작합니다. 물론 석탄이라는 소재가 최근까지도 계속 쓰이기는 하지만 이때를 기점으로 인류의 주 에너지가 석유로 바뀌죠. 석유 에너지가 전환된 형태인 전기 에너지도 광범위하게 쓰입니다. 석유의 사용과 함께 나타난 새로운 형태의 엔진이 있으니 바로 내연기관입니다. 석유와 내연기관의 등장은 석탄을 때서 외연기관을 돌리던 이전과 완전히 다른 시대를 열었다고 할 수 있습니다.

소재 면에서 이전까지는 손이 많이 가고 비싼 물건에 해당했던 쇠를 사용했다면 이때부터는 경도와 복원력을 극한까지 향상시킨 철강이 널리 쓰입니다. 철강으로 물건을 만들고 기계를 만드는 게 일반적인 일이 되면서 철강이 지천으로 널리게 되었을 뿐 아니라 값도 엄청나게 내려갔지요. 그뿐만 아닙니다. 이때 역사상 최초로 나타나 오늘날 인류와 지구에 위협이 되어 버린 플라스틱도 주요한 소재로 사용되기 시작했고요. 이후 화학공업의 발전으로 지금 우리의 물질적 삶을 이루고 있는 온갖 소재가 만들어졌습니다.

두 번째로 생산 기술과 생산 조직의 성격도 테일러주의나 포드주의 같은 새로운 생산 방식이 나타나면서 그전과는 다른 단계로 들어섰다고 봐야 합니다. 이에 조응하는 사회 또한 대량 생산·대량 소비라는 전혀 새로운 방식으로 완전히 재조정되기 시작합니다.

세 번째, 새로운 에너지 및 소재, 새로운 생산 방식 등으로 인해 충족하고자 하는 인간의 욕구와 필요도 새로운 단계로 접어들었습니다. 1차 산업혁명의 시발점이었던 면직물 산업은 하늘하늘하고 좋은 천을 두르고자 하는 욕구에서 발생했습니다. 이 욕구가 새롭다고 말할 수는 없죠. 2차 산업혁명에 들어서면 그 양상이 달라집니다. 일단 생산력이 급속하게 팽창하면서 시장이 포화 상태에 접어들었습니다. 사람들의 물질적 욕구라고 할 만한 것들이 현존하는 생산력으로 거의 다 해결할 수 있는 수준까지 올라간 겁니다. 사정이 이렇다 보니 새로운 수요를 창출하기 위해 광고라는 게 등장했고, 다양한 방식을 통해 이전까지 없었던 종류의 욕구를 새로 만들어 내기 시작했습니다. 즉 '없던 욕구를 생산'하는 단계로 들어섰습니다. 비행기를 이용해 여행하는 항공 산업, 텔레비전이나 라디오 같은 대중매체 등이 대표적인데요, 오늘날 인류에게 없어서는 안 되는 욕구겠지만 19세기까지 '하늘을 나는 것'으로 돈을 벌겠다고 생각한 사람은 몽상가 소리를 들었을 테지요. 텔레비전과 라디오도 마찬가지입니다. 이때만 해도 비틀스나 BTS가 큰 산업적 의미를 갖게 될 거라고는 상상조차 못 했을 겁니다. 물론 BTS는 디지털 기술과 연결된 3차 산업혁명의 물결에서 태어난 자식들이라고 보는 게 더 맞겠지만요. 이렇게 기존에는 존재하지 않았던 인간의 새로운 욕구를 만들어 냈다는 점에서도 2차 산업혁명은 그전과는 완전히 다른 단계에 들어왔다고 봐야 합니다.

네 번째, 산업문명을 조직하고 추동하는 주체에도 큰 변화가 일어납니다. 우선 자본의 개념 변화를 들 수 있습니다. 이때의 자본은 19세기 중반, 마르크스가 『자본론』에서 다루었던 종류의 자본과는 전혀 다른 모습으로 탈바꿈한 자본입니다. 금융과 산업이 하나로 융합되었고, 이것이 서식하는 자본시장은 사회 전체를 지배하는 최고의 자리로 올라섰습니다. 게다가 시간이 지날수록 2차 산업혁명이 성공하기 위해서는 국가가 필수 불가결하다는 점이 분명해집니다. 이에 19세기의 자유방임 자본주의는 사라지고 넓은 의미에서의 '국가 자본주의'라고 할 만한 형태의 자본주의가 본격화됩니다.

이 네 가지 지점에서 봤을 때 인간과 인간, 인간과 자연이 관계를 맺는 방식은 산업혁명의 차수가 바뀌었다고 말할 수 있을 정도로 대단히 큰 변화를 맞았고, 그런 점에서 2차 산업혁명이라는 명칭과 시대 구분은 대단히 타당하고 중요하다고 할 수 있겠습니다.

2차 산업혁명의 기술 혁신

2차 산업혁명에서 나타난 기술 혁신에는 무엇이 있고, 이를 통해 어떤 새로운 산업이 생겨났는지에 대해 파편적이고 피상적으로나마 훑어보도록 하겠습니다. 우선, 1854년에 획기적으로 철강 생산 비용을 낮추는 새로운 생산 방식인 베세머 공법Bessemer Process이 특허권을 획득합니다. 이걸 철강왕 앤드루 카네기Andrew Carnegie가 활용하면서 1875년 피츠버그에 철강공장을 세웁니다. 이때를 기점으로 철강이 대량으로 생산되기 시작하지요. 그다음 석유를 난방용이나 조명용으로만 쓰는 게 아니라 동력을 얻기 위한 연료로도 사용하게 되었는데요, 석유 사용은 앞에서 살펴본 것처럼 내연기관과 관련이 있습니다. 내연기관은 외연기관과 비교했을 때 부피는 작지만 열효율이 좋고 큰 동력을 생산하는데, 대략 1870년대부터 나오기 시작해 1880년대에 가면 널리 쓰이게 됩니다. 연료로 쓰는 석유를 정제해 휘발유나 경유 등을 뽑아낸 다음 남은 찌꺼기로 각종 소재도 만들어 낼 수 있게 되었습니다. 플라스틱이나 아스팔트 같은 것들이죠. 인공 고무를 필두로 다른 여러 소재의 개발도 폭발적으로 이루어집니다.

철강도 흔해지고, 석유공업을 비롯한 화학공업도 같이 발달하면서 각종 소재와 에너지 형태에서 혁신이 일어나니까 선박이나 기타 등등 여러 공장들이 생겨나면서 이른바 중화학공업이 본격적으로 발전하게 되었습니다. 2차 산업혁명의 영향이 얼마나 큰지 느끼고 싶다면 지금 앉아 있는 방 안을 한번 둘러보세요. 아마 생수병에 든 물 정도를 제외하면 전부 2차 산업혁명 때 생겨난 소재일 겁니다. 혹시 나무 가구를 꼽고 싶다면 그게 원목인지 한번 살펴보세요. 이케아 탁자 같은 게 원목 가구일 리는 없으니, 대부분은 가공한 나무를 사용할 텐데요, 이 또한 2차 산업혁명 이후의 소재라고 봐야겠죠. 이렇게 인간의 물질생활이 새로운 국면에 접어들게 된 것이 현재 우리가 처해 있는 생태적·환경적 변화의 근원이기도 합니다.

1차 산업혁명을 기계적 과정이라고 표현했던 베블런은 중화학공업의 성격을 '물리적·화학적 과정'이라고 표현했는데요, 저는 이 표현이 2차 산업혁명의 기술 혁신을 아주 잘 규정하는 말이라고 생각합니다. 1차 산업혁명은 인간 생활에서 벌어지는 다종다기한 현상과 사건을 기계적 과정으로 순치한 것입니다. 그래서 1차 산업혁명을 상징하는 물건이 시계와 기차라고 말씀드렸고요. 이런 맥락에서 2차 산업혁명의 기술 혁신을 바라보면, 자연과 인간사를 단순히 기계적으로 적용한 것이 아니라 그 배후 혹은 그 근본에 있다고 말할 수 있는 물리적·화학적 과정으로 재구성한 것이라고 볼 수 있습니다.

여기서 근대 물리학이나 화학이 오늘날의 체계를 갖춘 것은 19세기 들어오면서부터였다는 사실을 상기할 필요가 있습니다. 주기율표가 나타난 것도, 전자기 현상에 대한 물리학적 이론을 성립한 것도, 열역학을 비롯한 다양한 물리학과 화학의 분야에서 시스템을 완결한 것도 그렇습니다. 이때부터 인간은 모든 자연과 모든 인간 생활을 물리학 이론과 화학 이론으로 설명할 수 있다는 자신감을 가지게 되었습니다.

이를테면 철강을 봐도 그렇습니다. 철강이라는 소재를 생산한다는 건 곧 철iron에 들어 있는 탄소의 양을 조절하여 원하는 강도와 경도를 얻는 원소 배합의 문제입니다. 전기의 발달이라는 것도 전자기역학, 즉 전기를 물리적 과정으로 바라보는 정교한 역학을 통해 가능한 것이고요. 비행기도 마찬가지입니다. 기계로서 비행기라는 물체는 이론만 보면 그 옛날 다빈치가 그렸던 여러 가지 스케치에서 이미 완성되었다고 하죠. 다만 그만큼의 추력과 양력을 인간의 근육으로는 감당할 수 없다는 게 문제였습니다. 추력과 양력이 무엇이고, 어떻게 만들어 낼 것이며, 그걸 계속 유지할 수 있는 에너지 생산 장치를 어떻게 기체에 장착할지에 대한 물리학적 계산과 기술적 문제를 해결한 다음에야 비로소 비행기가 등장할 수 있었습니다. 이 외에도 많습니다. 화학공업 같은 건 말할 것도 없고요.

이런 맥락에서 제가 2차 산업혁명을 상징하는 물건으로 꼽고 싶은 건 바로 조미료입니다. 최초의 합성 조미료는 일본의 아지노모토味の素라는 것이었죠. 1908년 도쿄 제국대학의 이케다 기쿠나에 교수가 '제5의 맛'이라는 L-글루탐산나트륨이라는 물질(오늘날 'MSG'로 알려져 있습니다.)을 합성하여 특허를 내고 스즈키 제약소라는 회사에서 아지노모토라는 상품명으로 생산을 시작하죠. 아지노모토를 우리말로 하면 '맛의 근원'이라고 할 수 있는데요, 이후 현대인의 식생활과 뗄 수 없는 존재가 되었습니다. 인간이 음식을 조리하고 즐기는 과정에도 화학 원리가 침투한 것입니다.

결국 2차 산업혁명은 인류가 물리학과 화학이라는 두 개의 무기로 모든 인간적 과정과 모든 자연적 과정을 근본까지 파헤쳐 재구성하는 게 가능하다는 걸 보여 주는 사건이라고 할 수 있습니다.

2

기업 조직과
시장의 변화

목줄 끊기 경쟁

2차 산업혁명은 세상의 많은 것을 바꿔 놓았습니다. 인간의 경제생활은 물론이고 사회의 다양한 조직들도 그 변화의 바람을 맞을 수밖에 없었습니다. 기업과 시장이란 측면에서 나타난 중요한 변화는 '규모의 경제Economy of Scale'라는 개념이 생겨났다는 점인데요, 직설적으로 설명하자면 작은 공장 세워 깔짝대는 것보다 아주 큼직한 공장에 대량 시설을 갖춰 놓고 대량으로 생산하는 방식을 말합니다. 이렇게 되면 생산량은 늘어나도 개별 생산품 하나에 들어가는 비용은 떨어지게 되죠. 규모가 늘어나면 늘어날수록 그 비용은 점점 줄어들 겁니다.

　1차 산업혁명이 시작되던 때만 해도 맬서스가 내놓은 수확체감의 법칙, 그러니까 농사의 규모가 커지면 커질수록 생산량의 증가분이 점점 줄어들게 된다는 이론이 통용되었는데요, 이는 어디까지나 농업 생산 모델을 염두에 두고서 나온 이야기일 뿐입니다. 대규모 공장은 처음 지을 때에는 큰돈이 들어가지만, 일단 크게 지어서 몇만 명을 투입하면 어설프게 몇십 명 혹은 몇백 명 투입하는 것보다 훨씬 더 높은 생산성을 가져올 수 있습니다. 이렇게 농업 생산이 아닌 대규모 공장 생산에서 발생하는 '규모의 경제'를 염두에 둔다면, 수확체감의 법칙이 아니라 수확체증의 법칙이 적용된다고 말할 수 있습니다.

2차 산업혁명에 나타난 기술 혁신의 산물인 중화학공업은 이러한 규모의 경제와 수확 체증의 법칙에 따라 작동한다고 볼 수 있습니다. 예를 들어 세상에 작은 철강공장이라는 건 없습니다. 철강 산업은 규모의 경제를 추구할 수밖에 없는 구조이기 때문입니다. 그래서 철강 산업의 역사는 인수합병의 역사라고 봐도 과언이 아닌데요, 공장과 공장이 서로 생산 시설과 장비를 합치고 합쳐 최대한 큰 규모를 구성합니다. 이렇게 생산 조직의 덩치를 키우고, 여기에서 나오는 대량 생산을 통해 경상비용의 감소, 생산단가의 절감을 꾀해 이윤의 몫을 늘리는 것이 2차 산업혁명 자본주의의 중요한 특징이었습니다.[33]

이렇게 너도나도 큰 자본을 마련해서 큰 시설을 지어 큰 규모로 생산하는 것을 목표로 하다 보면 시장에서 생산자들 간에 경쟁이라는 게 엄청나게 치열해질 수밖에 없습니다. 시장이 흡수할 수 있는 양은 인구라든가 혹은 그 인구가 가지고 있는 구매력이나 욕구의 크기 같은 것에 제한되어 있습니다. 이 조건이 변하지 않는 한 시장의 크기라는 건 고무줄처럼 늘거나 줄어드는 것은 아니지요.

---

33 2차 산업혁명과 중화학공업의 규모의 경제 그리고 '범위의 경제ecomoies of scope' 논리를 빌려 20세기 기업 조직의 성격과 작동을 해명하는 고전적인 연구를 이룬 이로는 챈들러Alfred Chandler를 꼽을 수 있습니다. 그의 가장 대표적인 저작으로는 The Visible Hand: The Managerial Revolution in American Business, Belknap Press, 1977.

19세기 중반 1차 산업혁명 기간까지만 해도 시장 수요나 시장 구매력은 시장 내에서 감당할 수 있는 정도의 크기였습니다. 또 각 생산 주체는 개별의 작은 공장들로 구성되었던 만큼 아무리 열심히 생산해도 누구 하나가 시장을 다 차지하거나 독점해 버리는 일은 벌어지기 힘들었고, 어느 산업에서나 어느 시장에서나 여러 개의 생산 조직, 여러 개의 기업이 경쟁하는 게 일반적인 양상이었습니다. 오늘날 경제학에서 이를 가리켜 완전 경쟁 모델이라고 명명하는데요, 이게 19세기 이전의 모습이라고 할 수 있습니다. 그때도 완전 경쟁 시장이 있었는지 의심스럽긴 하지만요.

그런데 개별 생산 조직이나 개별 기업이 동원할 수 있는 생산 능력이 어마어마해지면 얘기가 달라집니다. 생산량과 현존하는 시장의 크기로 볼 때 하나의 기업이 얼마든지 시장의 수요를 충족할 수 있게 된 상황인데요, 그런 와중에 하나의 산업을 놓고 네다섯 개 기업이 경쟁을 하면 어떤 일이 일어날까요? 기업이 어마어마한 돈을 들여 어마어마하게 큰 생산 설비를 지어놨습니다. 이걸로 이윤을 내려면 시장을 몽땅 독식해도 시원찮을 판인데 다른 업체들과 나눠야 하니 성에 차기나 할 것이며 이걸 논하기 전에 자금 회수나 제대로 되겠어요?

이때부터 무시무시한 가격 경쟁이 벌어지기 시작합니다. 인정사정 볼 것 없는 경쟁, 너 죽고 나 죽고 식의 경쟁이 발생한 건데 이를 '목줄 끊기cutthroat'라는 무시무시한 말로 표현합니다. 전형적인 모습은 이렇습니다. 한 기업이 최대한의 자본을 동원해 최대한 크고 강력하고 최신식의 생산 시설을 갖춘 다음 비용을 가장 낮출 수 있는 정도의 무지막지한 양을 생산해서 시장에 아주 싼 가격으로 풀어 놓습니다. 요즘 말로 하자면 거의 덤핑에 가까운 행태라고 할 수 있겠지요. 이러면 다른 생산자들의 상품이 팔릴 리가 없습니다. 다른 기업도 가만히 있지는 않겠지요. "그래, 너 죽고 나 죽자" 하는 식으로 대응할 수밖에 없습니다. 돈을 끌어모아 생산 설비를 더 늘리고 다른 기업보다 더 싼값에 풀어 놓습니다. 이 광경을 보고 있는 세 번째 생산자도 가만히 있을 수 없습니다. 땅 팔고 집 팔아 돈을 끌어모아서 생산 설비를 늘리고 더 낮은 가격에 내놓습니다. 상품의 가격은 한없이 떨어지고 기업들은 부도나고 파산하고 난리가 난 다음 끝까지 버틴 한 기업만 살아남아서 시장을 독식한 뒤에 가격을 다시 올리는 식으로 재정을 회복하곤 했습니다.

이 경쟁은 좀 더 잘나가거나 상대방을 누르는 정도의 경쟁이 아닙니다. 그야말로 경쟁자들을 죽여 없애 버리기 위한 경쟁입니다. 그래서 상황이 벌어지면 어쩔 수 없이 뛰어들긴 하지만 기업들 또한 웬만하면 피하고 싶어 하는 사태이기도 했습니다. 경쟁이 한번 시작되면 거의 전쟁 상태에 들어가는 것과 다름없기 때문에 이윤이 날 수가 없는 구조였습니다. 오직 하나만 살아남을 때까지 끔찍한 상태가 계속되는 것이죠.

19세기 후반에 들어서면서 기업들 사이에서 과다한 가격 경쟁, 과잉 설비 투자 경쟁으로 인해 다 죽을 수 있다는 사실을 자각하면서 기업주들끼리 모여 일종의 협정을 맺기도 했습니다. 이걸 신사협정gentleman's agreement이라고 불렀습니다. 보통 두 가지 경우가 있었는데 시장을 어떻게 나눠 먹을지를 정하기도 하고, 일종의 가격 담합을 하기도 했습니다. 그런데 말이 신사지 이 사람들이 진짜 신사는 아니잖아요? 달빛 아래 모여 굳은 맹약을 나누었다 한들 일단 더 큰 이익이 올 기회가 보이면 그런 약속쯤 얼마든지 깨기 일쑤였습니다. 이런 일은 주로 미국에서 벌어졌는데요, 2차 산업혁명이라는 어마어마한 생산력 증대가 낳은 직접적인 결과가 생산 조직들 사이에서의 무한 경쟁, 무한 투쟁이었다고

요약할 수 있습니다.

일본 경제학 교과서의 영향이 컸던 과거에는, 목줄 끊기 경쟁에서 나오게 된 생산 조직의 변화를 독점 자본주의monopoly capitalism라는 개념으로 설명하기도 했습니다. 하나의 시장 안에서 여러 기업이 경쟁하는 경쟁적 자본주의에서 독점 기업과 과점 기업이 나타나 시장을 지배해 버리는 방식이라고 할 수 있는데요, 전형적인 예가 미국의 밴더빌트 같은 해운업자입니다. 흔하지는 않았지만 산업 전체를 하나의 기업이 몽땅 지배하는 경우였으니까요. 그 외에 하나의 산업에서 이런저런 자잘한 기업들이 나가떨어지고, 2~3개 정도 기업이 남기도 했습니다. 후자의 경우는 남은 기업들이 얼마 안 되니까 아무래도 좀 더 '젠틀'해지는 측면이 있었습니다. 협정도 잘 유지되고 시장에 대한 공동 지배도 쉬워지니까요.

카르텔, 트러스트 그리고 지주회사

하나의 산업에서 여러 기업이 병존하면서 서로 신사협정을 맺었다가 깨기도 하는 등 부침을 몇 번 겪고 난 다음 기업들의 문제의식이 강해지면서 또 다른 형태의 독점체가 만들어지기도 했습니다. "단발적이고 불완전한 신사협정에 매달릴 게 아니라 정기적으로 모여 가격을 통제하는 기구를 우리끼리 만들어 내자. 신사협정을 정례화하고 제도화하자." 이런 단계로 넘어간 건데요, 이렇게 상품의 가격이나 생산량 등을 개별 기업이 마음대로 정할 수 없게 하는 걸 '카르텔cartel'이라고 하고, 여기서 결속력이 좀 더 강해지면 '트러스트trust' 형태로까지 발전합니다. 트러스트는 주식을 위탁하는 형태입니다. 가령 10개 정도 기업이 있다고 치겠습니다. 이 기업들이 똑같은 힘을 가질 리는 없겠죠. 그 중에서 분명 크고 잘나가는 기업이 있을 겁니다. 이 기업이 다른 기업을 다 잡아먹을 정도로 압도적으로 강하다면 굳이 신사협정을 맺을 필요가 없겠지만, 덩치가 크긴 해도 다른 기업을 압도할 정도는 아니라면 다른 기업과 공생할 수 있는 협약이 필요하겠지요. 처음엔 보통 서로 카르텔을 맺지만 이게 안정되었다고 해서 모든 기업 간에 관계가 잘 유지되는 건 아닐 겁니다. 중간에 힘이 약한 기업들은 여러 이유로 경영을 포기하는 사태가 올 수도 있는데요, 이때 가장 센 기업에 지분·생산 조직·설비를 넘겨주는 겁니다. 기존의 약한 기업은 일정한 지분만 갖는 형태로 물러나고 수익이 나면 그만큼의 배당을 받거나 가지고 있는 지분만큼만 경영에 참여하는 식입니다.

목줄 끊기 경쟁에서 겨우겨우 어느 정도 시스템을 정립했으니 이제 평화가 찾아오면 좋으련만 기업들은 여기서 큰 철퇴를 얻어맞습니다. 미국에서 트러스트를 공공의 이익을 어그러뜨리는 짬짜미 음모 집단이라고 해석하면서 반트러스트법이라는 게 미국 의회에서 통과된 것인데요, 참고로 이 법은 현재까지도 계속 유지되면서 만약 가격 카르텔을 형성하면 공정거래위원회에서 엄청난 과징금을 물립니다. 트러스트 또한 당연히 금지되어 있죠.

이렇게 됐다고 해서 기업들이 "이제 다시 자본주의의 초심으로 돌아갈 때다. 자유 경쟁 자본주의를 회복하자." 뭐 이랬을 리는 없죠. 반트러스트법을 우회해서 독점체를 만드는 새로운 기법이 나왔는데, 이름하여 지주회사holding company입니다. 지주持株란 주식을 가진다는 뜻인데요, 지주회사는 아무 사업도 하지 않습니다. 주요 업무는 다른 사업체들의 주식을 사들여 소유하는 일입니다. 보통 가장 잘나가고, 덩치도

커서 지배적인 위치에 있는 회사의 기업주가 지주회사를 세우면 여기에 엮인 여러 기업이 지주회사에 주식을 파는 방식인데요, 지주회사가 정점에 서서 같은 업종에 있는 여러 회사를 한꺼번에 지배하는 형태로 기업 구조와 산업 구조가 재편되었습니다. 카르텔을 넘어서 트러스트 그리고 지주회사까지 이어지면서 이제부터는 기업집단이라고 할 수 있는 형태의 회사가 등장합니다.

이야기를 정리하겠습니다. 2차 산업혁명은 기업 조직에 커다란 변화를 불러왔는데요, 첫 번째는 하나의 기업이 시장 전체를 완전히 지배해 버리는 경우입니다. 대표적으로 꼽을 수 있는 것이 존 피어폰트 모건John Pierpont Morgan이 1901년에 카네기 철강 회사와 연방 철강 회사 그리고 내셔널 철강 회사 등을 합병해 설립한 '유에스 스틸U.S. Steel'입니다. 이 회사는 한때 세계에서 가장 큰 철강 생산업체이자 최대 기업으로 미국은 물론 거대한 세계 철강 시장을 거의 독점하다시피했습니다. 창립자 중 한 명이었던 카네기는 이후 자기 지분을 팔고 자선사업가로 변신했죠.

두 번째는 유에스 스틸과 같은 압도적인 기업이 없는 경우입니다. 이때는 산업 전체가 기업집단의 형태로 조직됩니다. 이런 과정을 통해 19세기까지의 일반적인 기업이라고 보았던 개인회사나 합명회사 같은 것은 사뭇 낡은 형태가 되어 버리고, 주식회사와 주식 지분으로 복잡하게 형성된 기업집단이 나타나게 되었습니다.

3

금융 자본주의의
출현

자본시장이 활성화되다

2차 산업혁명이 낳은 또 하나의 중요한 모습으로 자본시장의 부상과 금융 자본주의의 출현을 꼽을 수 있습니다. 오늘날 주요한 기업체의 형태를 보면 소유권이 다 뿔뿔이 흩어져 수백 명, 수천 명, 많게는 수만 명 이상의 사람들이 나눠 가지고 있습니다. 이 책 1권에서 주식회사라는 형태를 설명하면서 소설 『삼총사』를 예로 든 적이 있지요. 그때 이 야기했던 맥락은 동인도 회사라는 특수한 조건, 즉 큰 리스크와 큰 자본의 조건 속에서 주식회사가 등장했다는 것이었는데 그때만 해도 주식회사는 국가로부터 허가장charter을 받은 기업에만 해당되는 특권 같은 것이었습니다. 주식회사가 널리 퍼지고, 일반적인 회사의 형태가 되는 건 2차 산업혁명 이후였습니다.

그 원인은 우선 카르텔-트러스트-지주회사로 이어지는 기업 조직의 변화에 있습니다. 이런 상황이 계속되면서 기업들은 기업의 소유권이라는 걸 아주 탄력적으로 거래하고 바꾸고 필요에 따라 쪼갤 수도 있도록 만드는 게 좋다는 사실을 깨닫게 됩니다. 이때부터 주식회사라는 형태가 일반화되기 시작했습니다. 처음 회사 자본을 모을 때부터 여러 명의 주주가 주식을 함께 소유하는 형태로 출발하고, 이후 주주들은 자기가 들고 있는 지분을 마음대로 사고팔 수 있도록 하는 식으로 자리를 잡았습니다.

여기서 파트너십 즉 합명회사 같은 형태도 여러 명의 동업자가 자본을 합쳐서 세운 회사인 것은 맞지만, 주식회사와는 큰 차이가 있다는 사실을 알아 두어야 합니다. 합명회사는 아무나 쉽게 끼어들 수 있는 형태도 아니고, 파트너가 바뀐다는 것 역시 그렇게 간단한 일이 아니었습니다. 주식회사, 특히 공개된 상장기업은 소유권이 완전히 '몰인격화impersonalized'되어 '판매 가능한vendible' 것이 됩니다. 자본시장에 그 회사의 주식을 매매하는 것만으로 소유권 일부 혹은 전체가 바뀔 수도 있는 성격인 만큼 완전히 다른 형태라고 봐야 합니다.

주식시장이란 건 예전부터 존재해 왔습니다. 16세기 네덜란드나 영국에도 있었고, 이후에 네덜란드 사람들이 미국에 들어갈 적에 허드슨강에 있는 맨해튼섬 입구에 월스트리트를 세워 여러 거래를 벌이기도 했지요. 다만 여기서 거래되는 종류의 매물이라는 게 일반적인 기업들의 주식도 아니었고, 참여하는 사람들의 목표라는 것도 주로 가격 차액을 먹겠다는 투기성 동기로 움직이는 경우가 대부분이었습니다. 1880년대에 들어와서는 그 성격이 달라지는데요, 이때부터는 기업들이 마치 레고 조각처럼 개별적이면서도 복합적으로 운영되면서 자본시장의 기능도 본격화되었습니다. 기업집단의 해체와 재구성이 활발히 이루어지기 시작했죠. 자본이라는 뜻도 어떤 구체적인 비용이나 가지고 있는 물품의 가격이 아니라, 그 기업이 얼마나 큰 수익을 가져올 것인가 하는 미래 가능성에 대한 평가로 바뀌었습니다. 물론 이 평가는 투자자마다 들쭉날쭉할 수밖에 없겠죠. 어떤 투자자는 전망이 좋다며 높게 평가할 것이고, 어떤 투자자는 낮게 평가할 겁니다. 각자의 판단에 근거해 기업의 주식을 사기도 하고 팔기도 할 테고요. 이런 과정을 통해 기업체의 주식 가격이 형성되는데 그 가격이 바로 그 기업의 '기업가치'가 되는 것입니다. 이처럼 시장의 기능을 평가하고 상정하는 집단지성이 등장함으로써 주식시장, 즉 자본시장이 형성되었다고 할 수 있습니다.

이런 과정을 거치면서 '자본의 가치'라는 의미도 완전히 변화하게 됩니다. 19세기 초까지만 해도 어느 사업체의 가치 혹은 자본의 가치란 그 업체가 가지고 있는 이런저런 장비나 물품을 구입하거나 내다 팔았을 때의 시장가치를 의미하는 게 대부분이었습니다. 요즘 용어로 하자면 '대체비용replacement cost'이라고 해야겠죠.

이즈음부터는 아닙니다. 그 회사가 소유한 물품의 시장 가격과 무관하게 그 회사가 미래에 얼마나 큰 수익을 벌어들일 수 있는지, 이를 현재가치로 할인한 '자산가치'가 얼마인지, 이에 대한 자본시장에서의 평가로 나타나는 '시가총액'이 얼마인지 등으로 바뀌게 됩니다. 마르크스와 같은 이는 『자본론』 3권에서 이 후자의 의미로서의 자본을 '허구적 자본fictitious capital'이라고 부르며 의미를 폄하하려고 했지만, 그가 죽은 1883년 이후의 세계에서는 이 두 번째 의미의 자본 가치가 지배적인 의미가 되어 첫 번째 의미의 자본 가치를 압도해 버리게 됩니다. 이를 누누이 강조했던 대표적인 경제학자로 소스타인 베블런을 들 수 있습니다.

이제부터는 기업이 두 개의 얼굴을 가지게 되는데요, 베블런은 이때 생긴 기업의 첫 번째 얼굴은 산업조직industry, 두 번째 얼굴은 영리조직

business이라고 불렀습니다. 산업조직으로서의 기업은 공장과 노동자와 생산 재료와 시장 등등의 요소를 통해 구체적인 생산 과정을 수행할 수 있는 형태를 말합니다. 영리조직으로서의 기업은 생산과는 무관하게 돈을 얼마나 벌어들일 수 있는지, 리스크는 어느 정도이며 미래 가치는 어떤지, 다른 기업과 합치거나 분리했을 때 자본 가치가 얼마나 올라가고 내려갈 것인지 등을 추구하는 형태입니다. 베블런은 각각 다른 성격을 가지는 것이 자본주의에서 기업의 주요한 특징이며, 그래서 산업조직으로서의 기업과 영리조직으로서의 기업을 철저히 분리하고 나눌 수 있어야 현대 기업, 나아가 현대 자본주의에 대한 분석이 가능해진다고 이야기한 바 있습니다.[34]

거대한 고래, 투자은행의 등장

이런 상황에서 자본시장은 점점 활발해졌는데요, 여기에 큰 고래가 한 마리 들어오게 됩니다. 일반적으로 아주 작은 동네 시장일수록 고래가 들어오면 시장 질서가 교란되고, 새우들 생태계가 박살 나기 마련입니다. 예를 들어 우리 동네에 재래시장이 있는데 옆 동네에 홈플러스와 이마트가 생긴다면 어떨까요? 아마 엄청난 타격을 입을 겁니다.

19세기 말의 상황을 보자면 자본시장에서 경쟁을 벌일 가능성이 있는 여러 기업의 주식을 어떻게 사고팔고 결합하고 나누느냐에 따라, 하

---

[34] 다음 책에 바로 이 문제를 중점적으로 논의하는 '영리기업의 이론' 6장이 번역, 수록되어 있습니다. 소스타인 베블런, 『자본의 본성에 관하여 외』, 홍기빈 역, 책세상, 2018.

나의 기업집단을 형성할 수도 있고 경쟁 관계가 늘어날 수도 있고 없어질 수도 있기 때문에 현존하는 시장에 대한 독점 지배력을 어떻게 구축할 것인가 하는 문제는 늘 핵심 관건이었습니다.

그래서 자본시장이라는 게 전망 좋은 기업의 소유권을 매매하고 리스크를 평가하는 긍정적인 기능만 있었던 것은 아니었습니다. 미국의 주요 산업을 재구조화하고, 그걸 다시 재구조화하기도 하는 등 마치 전쟁터를 방불케 했는데요, 이 전쟁터에서 실탄, 즉 돈을 잔뜩 가진 아주 빵빵한 선수 하나가 등장한다면 돈 되는 주식들을 다 긁어모을 수도 있을 뿐 아니라, 저평가된 기업을 다른 기업들과 이리저리 관계를 맺어 아주 전망 좋은 기업처럼 보이게 만드는 일도 가능할 것입니다. 이 말은 곧 주식 가치를 조종할 수도 있다는 뜻입니다. 큰 규모의 화력을 계속 동원할 수만 있다면 수많은 주식과 채권을 매매하고 결합해 어마어마하게 큰돈을 벌 수도 있었다는 겁니다. 이 기회의 시기에 큰돈을 이용해 유가증권의 가치와 가격을 새롭게 만들어 더 큰돈을 벌어들이는 종류의 고래가 미국 자본시장에 들어왔으니 바로 투자은행investment bank입니다.

최초는 아니지만**35** 역사상 가장 유명하고 마치 하나의 표준처럼 알려진 투자 은행가가 모건입니다. 그는 영국의 베어링 은행과 거래를 맺고 있던 미국 모건 가문 출신으로 19세기 후반, 미국 공업은 물론 철도 자금 조달에도 중요한 역할을 했던 국제적인 금융가라고 할 수 있습니다. 참고로 모건의 은행은 1930년대 정부에 의해 분할을 명령받고 몇

---

35 일반적으로 남북전쟁 기간 동안 제이 쿡Jay Cooke이 세웠던 회사를 최초이자 본격적인 투자은행으로 봅니다.

개의 다른 회사로 나뉘는데요, 분할되기 이전에 모건의 어마어마한 힘을 보여 주는 사건이 있습니다. 1907년 미국에서 금융 대공황이 벌어지면서 금융시장이 그야말로 난리가 났습니다. 당시 미국은 중앙은행이 생기기 전이었기 때문에 이 문제를 해결할 주체가 없었습니다. 이때 모건 혼자 중앙은행 역할을 하다시피 하면서 금융시장의 혼란을 잠재울 정도였습니다. 모건에서 뻗어 나온 은행들이 지금도 시가 총액 기준으로 전 세계에서 상위권을 다투고 있을 정도니까, 당시 모건의 영향력이 어느 정도였는지는 짐작하기도 어려울 정도입니다.

사실 이렇게 모건으로 대표되는 대형 투자은행이 자본시장에 들어와 활동하기 전에 이미 미국 산업계 곳곳에는 '업계의 거물들Captains of Industry'이라고 불리는 존재들이 있었습니다. 앞에서 보았듯이 독점 기업이든 트러스트를 형성한 기업이든 그 업계에서 가장 실력 있고 가장 큰 생산 능력을 가진 자본가들이 업계 전체를 지배하는 대표자로 군림하게 되잖아요. 업계의 거물들은 이런 존재를 이르는 말입니다. 전형적인 경우로 카네기가 철강 산업을 오랫동안 지배했던 것을 꼽을 수 있겠습니다.

이런 '업계 짱'들이 지배하던 자본주의 시장 경제는 투자은행이라는 고래가 자본시장에 뛰어들면서부터 얘기가 달라집니다. 큰 투자은행이 들어와서 이런저런 책략을 세워 이런저런 방식으로 기업들을 합종연횡하도록 만들다 보면 어마어마한 자금력에 의해 기업이 순식간에 무력화되기도 하고, 작은 기업이라 하더라도 그전과는 비교할 수 없을 만큼 큰 규모의 사업을 벌일 수도 있고 엄청난 권력을 갖는 기업체로 덩치를 키울 수도 있게 되었습니다. 투자은행가들은 서서히 업계 우두머리급들마저 지배하는 더욱 강력한 존재로 부상했는데요, 시간이 지나면 이 두 집단은 섞이면서 하나가 되기도 합니다. 따지고 보면 '업계의 거물들'이라는 이들도 투자은행가들과 본질적으로 다른 존재라고 볼 수는 없습니다. 주로 하는 일이라는 게 공장을 어떻게 경영해야 할지가 아니라, 어디에 어떻게 투자하면 기업의 가치를 높일 수 있을지를 고민하는 사람들이었으니까요.

시간이 지나면서 서로 다른 이 두 종족은 하나로 융합되었습니다. 이렇게 거대한 자금력을 갖춘 투자은행가와 산업계를 쥐락펴락하는 업계 우두머리가 유착해 전체 산업을 지배하는 형태로 바뀌는 과정에서 자유경쟁 자본주의 시대는 사실상 막을 내리고 독점 자본주의monopoly capitalism, 금융 자본주의financial capitalism 시대로 넘어가게 되었습니다.

이런 상황은 주로 미국에서 벌어졌고, 독일에서는 좀 다른 형태로 나타났습니다. 독일은 2차 산업혁명이 이루어지고 발전하는 전체 과정에서 국가가 굉장히 중요한 역할을 했습니다. 그전까지만 해도 독일은 산업 후진국에 가까웠습니다. 그래서 산업 자금을 조성하는 역할이 국가 중심의 은행업계를 통해 이루어졌습니다. 미국에서 투자은행이 했었던 역할을 국가의 국책은행이 행했다는 차이가 있죠. 이후 독일은 국가와 은행과 국가 소유의 투자은행이 주식시장을 매개로 한 기업집단들과 매우 강력한 유착관계를 이루며 발전했습니다. 참고로 미국식 독점 자본주의, 금융 자본주의를 잘 다루고 있는 저작은 앞서 여러 번 언급한 베블런의 『영리기업의 이론』을 들 수 있고, 독일의 독특한 독점 자본주의 형태에 관해서는 독일 정치가이자 경제학자인 루돌프 힐퍼딩Rudolf Hilferding이 쓴 『금융자본론』에 잘 묘사되어 있습니다.[36]

---

36 루돌프 힐퍼딩, 『금융자본론』, 김수행 김진엽 역, 비르투, 2011.

투자은행과 업계 우두머리가 유착해 기업을 지배하는 모습을 보고 베블런이 쓴 재치 있는 용어가 '부재 소유자들absentee owner'입니다. 중세 때나 근대 이전에는 부재 지주, 부재 군주라는 말이 있었지요. 지주는 지주인데 도시에 살아요. 땅은 다 소작을 줍니다. 지주들은 그 땅에 살지도 않고, 농사일에는 코빼기도 내밀지 않는데 알곡은 다 챙겨 갑니다. 부재 군주도 비슷한 개념이고요.

부재 소유자들이란 용어도 기업을 지배하는 사람들이 생산과는 아무런 관련이 없다는 맥락에서 나온 것입니다. 지금 말한 이 새로운 지배자들, 즉 '업계의 거물들'과 '금융의 거물들'이 하나로 합쳐져서 생겨난 현대적 의미의 '사업가들businessmen'이 공장이나 생산에 무슨 관심이 있었겠습니까? 온갖 자금을 동원해 사들인 기업의 가치를 어떻게 올릴 것인지, 또 어떻게 매매해야 높은 수익을 취할 수 있을 것인지 온통 이런 것에만 관심이 있을 뿐이지요. 베블런은 이런 행태에 주목해 새로운 경제 지배자들을 '부재 소유자들'이라고 불렀던 것입니다.

일화 하나를 소개해 드리지요. 1928년 세계 굴지의 석유 업체들 사이에 '적선 협정Red Line Agreement'을 체결했는데, 이때 결정적인 역할을 했던 사업가가 굴벤키안Calouste Gulbenkian이라는 인물입니다. 이 사람이 막후에서 영국과 네덜란드를 비롯해 여러 중동 국가들과 석유회사들 사이를 뺑뺑 돌며 이리저리 인수합병을 반복합니다. 그 결과로 '칠 공주Seven Sisters'가 석유 과점 체제를 이루게 되지요. '칠 공주'란 일곱 개의 정유사를 일컫는 말인데, 미국 석유 매출의 90퍼센트를 차지하던 록펠러의 스탠더드 오일이 반독점법으로 인해 강제 해체 된 이후 새롭게 석유 산업을 지배했던 정유사들입니다.

굴벤키안이 이 대역사를 끝내고 축하의 의미로 딸과 같이 지중해로 여행을 갔는데요, 바다에 엄청나게 큰 배가 떠다니고 있는 걸 보고 딸에게 물었습니다. "저게 도대체 무슨 배냐?" 그러자 딸이 이렇게 대답했습니다. "유조선이에요, 아버지." 그러니까 이 사람은 그때까지 유조선을 한 번도 못 봤던 겁니다. 거의 세계 석유 시장을 만들어 냈다고 말할 수 있을 정도의 비즈니스맨인데도 말이지요. 그야말로 부재 소유자라는 개념을 잘 보여 주는 예라고 할 수 있습니다. 이런 식으로 사실상 산업과 완전히 유리된 다른 세계가 구축된 것이 오늘날까지 이어지는 자본주의의 모습이며, 그것을 떠받치고 있는 가장 중요한 인프라가 자본시장이라고 말할 수 있습니다.

4

생각하는 사람 따로,
실행하는 사람 따로

이번에는 노동 쪽으로 눈을 돌려 보겠습니다. 2차 산업혁명이 벌어지면서 생산에서 나타난 아주 중요한 변화는 테일러주의와 포드주의로 불리는 노동 및 기업 조직 방식을 들 수 있습니다.

만사만물을 물리적·화학적 과정으로 분해하고 재구성하고 규모의 경제를 노리는 논리 속에서, 인간의 노동 형태라고 영향을 받지 않을 리가 없습니다. 원래는 몸의 자연스러운 활동이었던 노동은 산업화를 거치며 기능성과 효율성에 맞춰 움직이는 것으로 변모하게 되었습니다. 그 과정에서 인간이 가진 생각하는 기능(착상conception)과 몸을 움직여 이를 실현하는 기능(실행execution)이 갈라져, 두 기능을 서로 다른 사람이 수행하는 기괴한 변화가 벌어졌는데요, 좀 더 간명하게 표현하자면 '생각하는 사람 따로, 실행하는 사람 따로'라고 할 수 있겠습니다. 이게 바로 테일러주의라고 부르는 경영 혁신의 핵심 내용입니다. 테일러주의는 비단 생산 현장과 공장에서뿐만 아니라 병원이나 학교, 관공서 등 다양한 조직의 주요 원리로 활용되기도 했고, 나아가서는 문명과 사회 전체를 조직하는 보편적인 원리로 인정받는 경지에까지 올라갔다고 볼 수 있습니다.

테일러주의의 시작

테일러주의를 그야말로 창조했다고 할 수 있는 테일러Frederick Winslow Taylor는 1856년 필라델피아의 부유한 변호사 집안에서 태어났습니다. 테일러 자신도 이후 하버드 대학에 합격했으니 소위 있는 집에서 모범생으로 살아왔던 모양인데, 입학을 포기하고 한 기업의 견습공으로 취직합니다. 시력이 나빠서 입학을 포기했다는 말도 있고, 아버지의 그늘에서 벗어나고 싶어서 그랬다는 말도 있지요.

테일러가 현장에서 맡았던 역할은 잔뜩 쌓여 있는 철봉을 화물차에 싣는 작업을 감독하는 것이었습니다. 그는 수많은 짐꾼 노동자들이 철봉을 화물칸에 싣는 모습을 지켜봅니다. 그러다가 도대체 어디서 무슨 근거로 그런 생각을 했는지 모르겠지만, 당시 노동계에서 통용되던 노동자 1인의 하루 표준 노동량보다 4배 더 일을 시키는 것이 가능하다는 결론을 내립니다. 이걸 실행하기 위해 테일러는 노동자들을 불러 모으고는 이렇게 말합니다. "이제부터는 여러분들이 지금까지 일해 오던 방식을 버리고 제가 시키는 대로 하십시오. 시키는 방식으로만 팔을 움직이고, 다리를 움직이고, 허리를 움직이고, 몸을 굽혔다 폈다 하십시오."

안타깝게도 현장에서 잔뼈가 굵은 거친 노동자들에게 스물몇 살짜리 애송이의 말은 씨알도 먹히지 않았습니다. 그저 코웃음만 쳤다고 해요. 그래서 테일러도 머리를 씁니다. 노동자들을 또 가만히 지켜보다가 그중 네덜란드에서 온 한 노동자에 주목했습니다. 이 사람은 다른 노동자들과 다른 점이 두 가지 있었는데, 하나는 굉장히 체력이 좋아서 종일 일해도 지치지 않았고, 또 하나는 돈 욕심이 둘째가라면 서러울 정도라 한 푼만 더 주면 무슨 일이든 했다는 겁니다. 테일러는 이 사람을 시범 조로 삼고는 이렇게 제안하죠. "주급을 2배로 올려 줄 테니 제가 명령하는 대로만 움직이세요. 앉으라면 앉고 일어나라고 하면 일어나고 걸으라면 걸으세요." 네덜란드 노동자는 이 제안을 받아들였고 실험이 벌어집니다.

결과는 어떻게 됐을까요? 좀 허무하게도 이 실험이 성공했는지 실패했는지 뒷이야기는 정확히 알려지지 않았습니다.

다만 여기서 말씀드리고 싶은 건 이게 테일러주의의 원형이라는 사실입니다. 노동자들이 몸을 숙이고 펴는 단순한 동작마저도 경영자들이 '과학적으로' 짜 놓은 대로 움직이도록 하는 것이 바로 테일러식 관리라는 것이죠. 가장 중요한 지점은 착상과 실행의 분리에 있습니다. 극소수의 엘리트들이 과학적으로 연구하고 조사해 작업 공정을 설계해놓으면 노동자들은 아무 생각하지 말고 시키는 대로 몸을 움직여 노동해야 했습니다.

헨리 포드의 자동차 공장

이 테일러주의가 가장 잘 투영된 곳이 헨리 포드의 자동차 공장이라고할 수 있습니다. 헨리 포드가 나타나기 전까지 자동차라는 건 일종의 수공업품이었다고 하죠. 롤스로이스 같은 자동차는 지금도 여전히 비싼 가격에 팔리고 있는데 수공업 제작 방식을 고집하기 때문입니다. 예전에는 이런 식으로 숙련공이 손으로 하나하나 부품을 깎고 조립해서 자동차를 만들 수밖에 없었습니다. 당연히 값도 무척 비쌌죠. 보통 사람들은 엄두조차 낼 수 없고, 귀족이나 부자 들도 어쩌다 탈 수 있는 굉장히 고가의 물건이었죠.

헨리 포드의 자동차 공장은 기존과는 전혀 다른 논리와 방식으로 운영되었습니다. 우리가 익히 알고 있는 벨트 컨베이어라는 것이 돌아갑니다. 노동자들은 한 줄로 죽 늘어서서 기계의 흐름에 따라 나사를 조이고 차대를 조립하는 단순 동작을 아무 생각 없이 수행하도록 되어 있습니다. 노동 생산성은 엄청나게 높아졌고, 대량 생산으로 이어졌습니다. 그렇게 해서 나왔던 자동차가 바로 '포드 모델 T'입니다. 이때부터 자동차 가격이 떨어져 웬만한 서민들도 좀 무리하면 살 수 있을 정도가 되면서 그야말로 자동차 대중화 시대가 열렸습니다. 이 때문에 모델 T는 진정한 의미에서 산업사회가 시작된 것을 알리는 효시나 상징으로 여겨지고 있습니다.

그런데 노동자 입장에서 생각해 보면 모델 T를 만드는 게 얼마나 고되고 힘들었겠어요. 내가 노동의 주체가 되는 것이 아니라 벨트 컨베이어의 흐름에 따라 정해진 동작을 기계적으로 반복하는 것이니 나중에는 내가 나라는 느낌조차 사라집니다. 그런 노동을 해 본 사람들은 하나같이 한 시간 정도만 지나도 미쳐 버릴 것 같았다고 말하죠. 실제로도 노동자들이 금방 도망가거나 그만두기 일쑤였습니다.

헨리 포드는 노동자들의 임금을 올리는 것으로 이 문제를 해결하는데요, 테일러주의 · 포드주의에 따라 조직된 자동차 공장의 비인간적인 노동 동작을 참는 대가로 임금을 2배씩 줬다고 합니다. 그때부터 공장은 미어터집니다. 사람들은 포드 공장에 들어가겠다고 줄을 서기도 했지요. 포드는 노동자들의 생활에 굉장히 많이 개입했다고 합니다. 노동 생산성에 지장이 있으니 술을 먹지 말라고 강요한 것은 기본이고, 들리는 이야기에 따르면 1주일에 성행위 몇 번 이상 금지라는 식으로 사생활까지 간섭했다고 하죠.

말씀드릴 게 한 가지 더 있습니다. 헨리 포드는 임금도 많이 주고 간섭도 많이 했지만 노동자들의 학력 수준이나 정신적 능력에 대해서는 전혀 관심이 없었다는 사실입니다. 심지어 영어를 한 마디도 할 줄 모르는 이민자들을 오히려 반갑게 채용하기도 했다고 하죠. '생각하는 사람 따로, 일하는 사람 따로'라는 테일러주의·포드주의에 입각하면 필연적인 일입니다. 이 공장에서 노동자는 생각할 필요가 없습니다. 무슨 동작을 어느 시간 안에 얼마큼 해야 하는지만 알아들으면 그만이지, 교육은 얼마나 받았는지 어떤 정신적 능력을 가졌는지 이런 건 전혀 중요하지 않은 문제였습니다. 그 대신 자본가와 경영자가 시키는 대로 철저하게 몸동작을 수행한다면 다른 공장보다 훨씬 높은 임금으로 보상해 주는 것이 헨리 포드의 방식이었습니다.

올더스 헉슬리Aldous Huxley의 『멋진 신세계Brave New World』라는 소설에는 헨리 포드의 공장을 풍자한 장면이 있습니다. 인류가 멸망한 뒤 새로 생겨난 문명에서 십자가 대신 T를 신성의 상징으로 사용하죠. 멋진 신세계에서 그리는 새로운 사회에서는 사람이 태어나기 전에 유전자 조작을 통해 알파·베타·감마·델타·엡실론 5개 등급으로 나누어 인간을 생산합니다. 벨트 컨베이어에서 나사를 조이는 일을 하는 사람들은 제일 아래 등급에 속하는데 이들은 처음부터 지적·감정적 능력을 열등하게 만들어 단순하고 기계적 동작을 하더라도 전혀 지루함을 느끼지 못하도록 만들어 버립니다. 헉슬리는 이 소설에서 중요한 질문을 하나 던지는데요, 스스로 공장 노동을 지루하다고 느끼지도 못할 정도의 사람들이라면 자신의 상태나 자신이 처한 상황을 불행하다고 말할 수 있냐는 겁니다. 불행이라고 하는 건 애초에 자신이 가지고 있는 이상과 현실이 일치하지 않을 때 생겨나는데 애초부터 벨트 컨베이어에서 일하는 현실에 어떤 불만이나 고민도 없다면 뭐가 불행하겠냐는 것이죠.

『멋진 신세계』는 포드나 테일러가 어떤 인간 세계를 그려 내고 있는지를 고도의 아이러니로 엮어 낸 작품입니다. 20세기 산업문명의 상태와 그 심연을 짚은 위대한 고전인 만큼 꼭 읽어 보시라고 권해 드립니다. 이 벨트 컨베이어에 묶여서 뺑글뺑글 돌아가는 노동자의 신세를 그린 찰리 채플린의 영화 〈모던타임스〉도요.

다시 본 얘기로 돌아오겠습니다. 큰 시각에서 보자면 테일러주의·포드주의는 2차 산업혁명이라는 기술 변혁에서 일어날 수밖에 없었던 필연적인 현상이라고 할 수 있습니다. 2차 산업혁명에서 나타난 기술 혁신과 생산 과정과 생산 시설은 그전 몇천 년, 몇만 년 동안 인류가 자연스럽게 행해 왔던 동작과 무관합니다. 물리학과 화학이라는 논리에 의해 철저히 분해되고 재구성되는 과정에서 인간의 위치라는 건 거대한 기계를 보조하는 존재일 뿐이죠.

이런 상황에서 인간의 노동과 동작이 인간적 성격을 띨 리 없습니다. 테일러주의·포드주의가 추구하던 노동자들의 모습은 인간의 몸동작 또한 물리학과 화학의 방식으로 분해되었다가 재구성되는 것과 정확히 궤를 같이하는 현상이었습니다. 앞에서 산업혁명 초기의 노동의 성격을 이야기하면서 군사혁명 당시 화승총병들의 제식 훈련을 예로 들었던 것을 기억하시나요? 마르크스가 말한 '추상노동'의 개념을 기억하시나요? 『자본론』에 보면 실제로 마르크스는 '복잡노동의 단순노동으로의 환원'을 이야기하면서 화학적 분자 구조를 예로 들고 있습니다. 이러한 경향이 그야말로 극단으로 실현된 것이 2차 산업혁명에서의 노동이라 하겠습니다.[37]

---

37 2차 산업혁명 시대의 노동 상태를 마르크스주의 시각에서 분석한 고전으로, Harry Braverman, Labor and Monopoly Capital: The Degradation of Work in the 20th Century, Montly Review Press, 2018. 해리 브레이브먼, 『노동과 독점자본』, 까치, 1998.

5

집단으로서의 노동자들, 강력한 힘을 발휘하다

20세기 초반부터 시작해 1970년대까지 산업 구조를 이해하는 데 있어 중요한 요소 중 하나로 노동자들의 지위에 따른 자본주의 성격 변화를 들 수 있습니다. 노사 협조라는 새로운 기조로 인해 노동과 자본이 상생하는 새로운 산업사회로의 변화가 생기게 된 건데요, 그 원인은 어디서 찾을 수 있을까요? 노사 상생이 생겨나고 생각이 변하게 된 이유가 갑자기 사람들이 착해지고 천사로 바뀌었기 때문일까요? 그럴 리는 없죠. 인간이란 존재가 장기적으로 보면 심성도 바뀌고 진화할지 모르겠으나 1차 산업혁명 때도 설명했듯이 그렇게 앙숙처럼 으르렁거리던 노동과 자본이 불과 20~30년 만에 갑자기 상생 모드로 변할 리는 없겠지요. 이 원인은 2차 산업혁명의 한 귀결로, '집단으로서의 노동'이 그 힘과 전략적 위치가 굉장히 강화되었다는 점에 착목해야만 설명할 수 있습니다.

앞서 테일러주의와 포드주의를 통해 개별 노동자들이 얼마나 왜소한 존재로 전락하게 되었는가에 대해 이야기했습니다. 노동자 개개인을 보면 인간성은 거의 사라지고 톱니바퀴나 나사와 비슷한 존재가 되면서 19세기 노동자들보다도 더 힘없고 나약한 존재로 전락하는데요, 여기에 놀랄 만한 역설이 있습니다. '집단으로서 노동자들의 힘'은 19세기보다 훨씬 더 커졌다는 사실입니다.

일단 중화학공업이 규모의 경제 때문에 굉장히 커졌습니다. 하나의 작업장에서 함께 연결되어 일하는 노동자들의 숫자가 1차 산업혁명 때의 작업장과 비교했을 때보다 훨씬 많아졌는데, 어떤 경우는 몇만 명 단위로 작업장이 굴러가기도 했습니다. 게다가 숫자만 늘어난 게 아닙니다. 작업 원리라는 게 사실상 물리학과 화학의 이론을 그대로 담고 있고, 이 원리를 체현할 수 있도록 한 것이 기계장비인데, 기계장비를 돌아가도록 만드는 게 바로 노동자 집단이었습니다. 그러니 노동자들이 기계장비와 혼연일체가 되어 움직여 주지 않으면 생산성이 떨어질 수밖에 없고, 상황에 따라서는 생산이 중단되는 심각한 일이 벌어질 수도 있었습니다. 아주 쉬운 예를 들자면, 노동 문학에서 파업 장면을 가지고 올 수 있겠습니다. 다소 전형적이기는 합니다만, 누군가가 "씨팔, 컨베이어 세워!"라고 소리 지르면서 파업이 시작되는 식입니다. 이렇게 벨트 컨베이어가 멈추게 되면 전체 공장 시스템도 멈출 수밖에 없죠. 노동자들과 그들의 몸동작까지가 철저하게 분해되어 화학의 분자 단위로 왜소화되었지만, 역설적으로 그 '분자들'의 결합으로 나타난 '집단으로서의 노동'은 이제 생산 과정에서 기계와 동등한 힘과 중요성을 차지하게 된 것입니다.

이렇게 2차 산업혁명으로 생겨난 산업 작업장에서는 큰 의식 변화가 나타납니다. 우선 노동자들은 자신들이 숫자도 많을 뿐 아니라 생산성 자체도 좌지우지할 수 있는 중요한 전략적 위치에 서게 되었다는 걸 알게 되었습니다. 얼마 지나지 않아 자본가들도 이 사실을 인지하게 되었죠.

이에 근거해 각각 새로운 생산 사조 혹은 운동 형태가 나타나게 됩니다. 하나는 자본과 경영 측을 중심으로 19세기 말부터 20세기 초, 특히 1910~1920년대에 왕성하게 일어난 산업합리화 운동Industrial Rationalization Movement이고, 또 하나는 노동 측을 중심으로 일어난 생디칼리슴syndicalisme입니다.

산업합리화 운동의 성격과 배경

우선 산업합리화 운동이 벌어질 수 있었던 배경에는 노동자와 자본가의 의식 변화 외에도 하나가 더 있는데요, 2차 산업혁명은 1차 산업혁명 때보다 산업 자체가 복잡해졌기 때문에, 돈만 많다고 해서 또 공장이 자기 것이라고 해서 작업 현장을 감독하고 관리하고 경영할 수 있는 게 아니었습니다. 이것이 전문 경영자라는 계층이 나타나는 중요한 한 원인이 됩니다. 20세기가 되면서 전문적이고 신식 교육을 받은 경영자들이 새롭게 나타나는데, 이들은 돈 계산에만 바빴던 기존의 자본가들이나 경영자들에 비해 생각의 폭이 넓어 편견에 사로잡히지 않았고 변화된 상황을 있는 그대로 볼 수 있는 혁신 마인드를 갖추고 있었습니다. 이들은 '집단으로서 노동자'들의 태도에 주목했습니다. 그들이 생산에 얼마나 협조하는지, 생산 전체가 굴러가는 과정을 얼마나 이해하는지, 효율성에 얼마나 관심을 가지고 능동적으로 참여하는지에 따라 공장의 생산성과 효율성이 하늘과 땅 차이로 벌어진다는 점을 이해하기 시작했습니다. 이런 배경에서 노동자를 그전과는 완전히 다른 성격을 지닌 집단으로 이해하고 처우해야 한다는 생각을 하게 됐고, 이것이 산업합리화 운동으로 이어지게 되었죠.

구체적인 내용을 살펴보면, 우선 노동자들을 정신적·육체적으로 괴롭히는 짓을 그만둬야 한다는 의식이 커졌습니다. 이 새로운 경영자들은 19세기 작업장에 만연했던 일들, 즉 생산 비용을 줄이기 위해 임금을 적게 주고 장시간 노동으로 괴롭히는 것 같은 여러 부조리를 멈춰야 한다고 주장했는데요, 부당한 대우와 착취는 결국 노동자들의 노동 의욕을 저하시키고 정신적·육체적 건강을 좀먹음으로써 생산성 저하로 이어진다고 보았기 때문입니다. 따라서 노동자들을 쥐어짜는 일을 그만두고 처우를 개선해야 한다는 내용이 첫 번째입니다. 더 중요한 두 번째가 있습니다. 한 발 더 나아가 노동자들이 함께 공장 경영에 스스로 참여해 주인의식을 가질 수 있도록 해야 한다는 것입니다. 이 내용이 중요한 이유는 노동자들의 자발적 조직 형태를 인정해 줘야 한다는 의미를 함축하고 있기 때문입니다. 노동자들의 자발적 조직이 사용자 측과 동등하게 대화하면서, 생산 과정이 어떻게 굴러가고 있는지 또 앞으로 어떻게 굴려야 하는지 등을 명확하게 파악하고 의사 결정에도 참여할 수 있도록 문을 열어야 한다는 생각이었습니다. 이것은 곧 노조나 노동조직을 인정하고 노사협의회를 만들어 함께 나가야 한다는 주장으로 이어지지요.

1919년, 산업합리화를 다룬 유명한 저작이 나왔는데요, 제목이 『Man to Man』, 즉 '사람 대 사람으로'입니다.[38]

---

38 John Leitch, Man to Man: The Story of Industrial Democracy, B.C.Forbes Company, 1919. 이 책은 현대에 이르러 다소 망각된 측면이 있지만, 당대에 미친 영향이 무척 컸으며, 스웨덴 사회민주당의 으뜸가는 이론가이자 산업 민주주의 운동을 주도했던 에른스트 비그포르스Ernst Wigforss에게도 큰 영향을 준 바 있습니다. 홍기빈, 『비그포르스, 복지국가와 잠정적 유토피아』, 책세상, 2011.

이 제목은 그야말로 산업합리화의 성격이 무엇인지 잘 보여 주고 있습니다. 노동자를 비용이나 기계로 보지 말고 사용자나 경영자와 다르지 않은 사람으로 인정하고 대화해야 산업합리성을 보장할 수 있다는 논리라고 요약할 수 있습니다.

산업합리화 운동은 그 자체로 당장 실현되지는 않았지만 1930년대 이후 나타난 집단적 자본주의에서 노사 협조주의가 자리 잡고 노동조합을 법적 제도로 인정하는 중요한 배경이 되었습니다. 결국 2차 산업혁명으로 들어가면서 집단으로서의 노동이라는 게 생산에서 굉장히 중요하다는 걸 자본과 경영 측도 인정하지 않을 수 없었던 것입니다.

생디칼리슴

산업합리화 운동이 일어나던 때와 비슷한 시기에, 노동 측을 중심으로 묘하게 궤를 같이하는 운동이 있었으니 바로 생디칼리슴입니다. 생디카syndica는 노동조합을 뜻하는데요, 사전적인 의미에서 보면 생디칼리슴은 노동자들의 자발적 모임을 이야기하기도 하지만 그렇다고 단순히 노조주의를 뜻하는 건 아닙니다. 크게 보면, 테러리즘과 허무주의로 침식되던 아나키즘 운동이 '산업 노동자들의 대중 운동'으로 회생하는 중요한 한 계기가 되기도 했습니다.

이전까지 노동자들은 항상 수동적인 존재로 여겨졌습니다. 산업에서 주도권을 가지지 못하다 보니, 능동적으로 어떤 일을 하거나 조직을 구성하지 못했죠. 생디칼리슴은 작업장과 공장을 실제로 움직이는 건 집단으로서의 노동자들이기 때문에 노동자들이 개개인으로 파편화되지 않고 한데 뭉치기만 하면 자본가와 경영자 없이도 얼마든지 공장을 굴릴 수 있다고 주장합니다. 동시에 총파업을 통해 자본가와 경영자를 쫓아내겠다는 급진적이고 혁명적인 세계관도 담고 있습니다.

여기서 한 걸음 더 나아가 "지금 산업사회의 실체는 거대한 중화학공업 아닌가? 이 사회라는 게 공장 빼면 아무것도 없지 않나? 그렇다면 국가가 대체 왜 필요한가? 노동자들이 집단으로 뭉쳐 공장을 점거하고 파업을 벌여 공장을 자본가와 경영자의 손으로부터 뺏어 온다면 국가는 필요 없을 뿐만 아니라 소멸할 것이다."라는 주장으로 이어지면서 그전부터 내려오던 아나키즘과 깊게 결합되기도 합니다. 이 운동은 20세기 들어와 제1차 세계대전을 경과하면서 힘을 잃고 심지어 일부는 파시즘으로 변질되기도 했습니다만, 이는 역설적으로 생디칼리슴의 대중적 영향력이 상당히 광범위했다는 방증이기도 합니다.

1920년대 이전까지 생디칼리슴이 사회주의 운동이나 노동 운동, 좌파 운동 전반에 끼친 영향력은 막대하다고 할 수 있습니다. 노동자들이 총파업을 통해 산업 전체를 지배할 수 있다는 자신감을 표출한 것은 분명 이전에는 없던 새로운 흐름이었으니까요.

총자본과 총노동

1920년대, 1930년대로 가면서 2차 산업혁명은 독일과 미국뿐 아니라 다른 주요 산업국으로 확산합니다. 중화학공업에 해당하는 공장들이 생겨난 사회에서는 어김없이 테일러주의나 포드주의도 나타나는데, 대규모로 조직된 노동과 대규모로 조직된 자본과의 대결 역시 표면으로 떠오릅니다. 1차 산업혁명이 벌어졌던 19세기에는 사회적·정치적으로 계급 간 대립 양상을 보였다면, 20세기에 들어와서는 주로 산업을 중심으로 노동과 자본이 대립하는 양상을 보였습니다. 대규모로 조직된 산별 노조들이 나타났고, 자본도 이제 질세라 스스로를 규합해 대규모 자본단체를 만들게 되죠. 초기엔 대규모 노동단체와 대규모 자본단체가 서로 대립하고 각축전을 벌이는 계급투쟁의 양상이 심했는데, 이러다 보니 산업 효율성 측면에서 큰 타격을 입을 수밖에 없었습니다.

잠깐 이야기했지만, 중화학공업 공장, 소위 굴뚝 공장이라고 말하는 바닥에서는 파업 일수라는 게 중요합니다. 파업 때문에 공장이 멈추는 기간이 길면 길수록 생산성·효율성에 막대한 영향을 끼치기 때문인데요, 시간이 지나면서 가급적 파업이나 노동 쟁의를 막아 작업장이 순탄하게 굴러가도록 만드는 것이 중요하다는 사실을 깨달으면서 노동과 자본 모두에게 상호 이해관계가 생겨나게 되었습니다.

정당 차원에서 이런 사실을 가장 먼저 이해하고 적극적으로 정치 노선에 반영하기 시작한 곳은 스웨덴의 사회민주당입니다. 제1차 세계대전까지만 해도 마르크스주의적이고 혁명적인 정당 강령을 내세우고 있었지만 1920년대부터 노사 협조주의에 근거해 노사가 동등하게 산업의 주체로서 협조하는 방향으로 산업국가를 재구성하는 것이 사회민주주의의 임무라는 걸 인식하기 시작했죠.

그리하여 1938년 살트셰바덴의 한 호텔에서 지속적인 노사협력의 원형이라 부를 수 있을 만한 협의가 최초로 열렸습니다. 주의할 점은, 노-사-정 삼자의 틀이 아니라 노동과 자본의 만남이었다는 것입니다. 여기에서 양자 간에 집단적 노동 쟁의를 어떻게 처리할 것인가를 두고 기본적 원칙protocol을 세우는 한편 이를 지키기 위해 대략적인 틀을 만들기 시작합니다. 당시 스웨덴 경영자 단체의 대표와 스웨덴 전국 노동조합 총연맹의 대표가 만났는데요, 앞으로 노사 협상을 벌인다면 어떤 방식으로 만나고 무엇을 의논할 것인지 여러 절차와 원칙을 정했습니다. 이는 자본과 노동이 서로의 존재와 필요성을 인식하고, 암묵적 전쟁 상태를 종결시키는 계기가 되었다는 점에서 중요성을 갖습니다.

이후 제2차 세계대전이 끝나면, 이 노동과 자본의 협의에 또 국가까지 결합하여 이른바 '삼자주의tripartism'가 본격화됩니다. 스웨덴의 경우는 국가보다는 노사의 자발적인 협상이 더 중요한 역할을 했지만, 이탈리아나 독일처럼 파시즘이 지배하던 곳에서는 국가가 노사 '합의'에 실로 폭력적인 방식을 가하면서 절대적인 역할을 했습니다. 프랑스 같은 곳에서도 노동과 자본이 산업 평화를 이루고 협상을 벌이는 과정 때 국가가 나서서 적극적으로 매개하고 촉진했을 뿐 아니라, 여의치 않을 때는 방향을 제시하거나 앞에서 이끌어 나가기도 하는 등 강력한 역할을 했습니다. 여기에 다시 국가의 적극적인 산업 정책까지 결합되어, 제2차 세계대전 이후에는 '국가 지도주의dirigisme' 체제라는 이름까지 얻게 됩니다. 즉 노동과 자본이 서로를 인정하고 산업 평화를 이루기 위해 노력하는 것이 산업사회 혹은 산업문명 전체의 절대적 지상과제라는 점은 당사자들 간에 합의가 이루어졌다고 볼 수 있습니다. 노사 협의가 먼저였나 국가의 개입이 먼저였나 하는 차이는 있겠으나, 삼자가 협상한 결과에 따라 기존 산업을 개편하거나 새롭게 구성하는 형태로 자본주의의 흐름이 이어졌다고 할 수 있겠습니다.

이렇게 20세기에 들어오면 19세기의 자유방임 자본주의는 서서히 힘을 잃습니다. 노동은 노동대로, 자본은 자본대로, 국가는 국가대로 따로 노는 자본주의가 아니라 노동과 자본과 국가가 긴밀하게 대화하고 협상하는 자본주의로 서서히 바뀌기 시작했습니다. 물론 그 과정이 순탄하고 평화로웠던 것은 아닙니다. 노동자들이 일으킨 파업과, 깡패들을 끌어들이는 자본의 폭력과, 경찰력을 동원하는 국가의 폭압 등이 난무하는 그야말로 혼란의 소용돌이 속에서 생겨난 질서였다는 점을 기억해야 합니다. 가장 순탄했다고 말하는 스웨덴의 경우에도, 1932년 시위 때 경찰의 발포로 수많은 사람들이 죽으면서 혁명에 가까운 내란이 일어날 가능성까지 맴돌기도 했습니다.

하지만 큰 흐름으로 보면 2차 산업혁명이라는 새로운 질서가 시대에 요구하는 바가 있었고, 이 요구에 국가와 자본과 노동이 답하는 과정에서 서로에 대한 이해와 평화를 향한 합의가 나왔다고 할 수 있습니다. 결론적으로 20세기는 19세기와는 전혀 다른 형태의 자본주의가 나타나게 되었고, 그 배후에 2차 산업혁명이라는 핵심적인 산업 논리가 있었다는 점을 이해하는 것이 중요합니다. 이제 1차 산업혁명의 자유방임자본주의는 끝나고, '국가 자본주의' 혹은 '조직된 자본주의organized capitalism'가 나타났습니다.

6

산업의 시녀가 된
권력 기관으로서의 대학

2차 산업혁명의 여파로 나타났지만, 사람들이 잘 의식하지 못하는 변화가 하나 있습니다. 바로 대학입니다. "아니, 대학과 산업혁명이 대체 무슨 관계가 있단 말인가?" 생각할 수도 있겠습니다만, 아주 밀접한 관련이 있습니다. 사람들은 대학이라고 하면 대체로 중세 유럽의 대학을 떠올리며 학문의 순수성과 자유를 위한 독립성 등을 이야기하기 마련입니다. 우리는 그런 낭만적인 생각에서 벗어나 20세기, 21세기에 등장한 대학이 2차 산업혁명 이후 산업문명 속에서 성격이 바뀌어 제도적 인프라로 존재한다는 점을 인지해야 합니다.

대학을 둘러싼 이런저런 논의들 중에서 대학을 '원래대로' 돌려야 한다는 주장이 있습니다. 예전처럼 학문을 탐구하고 진리를 추구하는 곳이 되어야 한다는 얘기인데요, 물론 그런 이야기는 이상론의 차원에서는 의미를 가질 수 있을지 모르지만, "과연 그러한 대학이 실제로 존재했던 시대가 있었는가?" 하는 점은 따져 보아야 합니다. 제가 알기로 순수하게 진리를 탐구하는 대학, 학문의 전당으로서의 대학이라는 제도는 역사상 단 한번도 존재한 적이 없습니다. 고대 그리스에 피타고라스를 따르던 한 떼의 무리가 있었는데 이 무리는 뭘 배우면 돈을 내고 배우는 게 아니라 받았다고 합니다. 그러니까 학생이 선생에게 돈을 내는 게 아니라, 선생이 학생에게 배워 줘서 고맙다고 돈을 줬다는 거죠. 이쯤은 돼야 '순수한 진리를 탐구하는 장'이라는 이상을 내걸 수 있을 것 같습니다. 하지만 17세기 이후로 대학은 그 성격이 크게 바뀌어 늘 권력이나 기득권과 밀착되어 있는 곳이었습니다.

이 사실이 중요한 이유가 있습니다. 3차 산업혁명 혹은 4차 산업혁명이 목하 진행 중인 현재, 21세기의 산업문명을 바라보는 관점에서 대학의 위치와 기능은 뜨거운 논쟁의 대상이 되고 있습니다. 지독한 경제주의와 기능주의도 문제겠지만, 산업문명의 현실을 도외시한 턱없는 이상론도 경계해야 할 대상입니다. 21세기 산업사회의 현실에 맞는 대학의 위상 재정립을 위해서라도 이러한 고민은 꼭 필요합니다.

테일러주의로 인해 생겨난 대학의 새로운 임무

2차 산업혁명 시기의 대학은 그 학제 구조든 운영 원리든 테일러주의·포드주의와 밀접한 연관성을 가지고 있습니다. 테일러주의의 가장 핵심적인 아이디어는 착상과 실행의 분리에 있다고 했었죠. 하나의 산업에서 과학자·공학자·경영자 들은 노동자를 어떤 식으로 조직하고 어떤 식으로 굴릴 것인지 계획을 짜고, 노동자들은 과학자·공학자·경영자가 짠 계획대로 몸을 움직여 주어진 업무를 실행하는 것에 불과했습니다. 그런데 이게 말이 쉽지, 그 양쪽 사이의 간극이라는 게 굉장히 넓지요. 예를 들어 아무리 뛰어난 천재가 나와서 기가 막힌 플랜을 짜 놓는다고 하더라도 고용된 노동자들이 이를 잘 수행하는지, 소기의 목적이 잘 달성되고 있는지는 알 길이 없으니 계속 감시하면서 관리하는 사람이 반드시 필요하기 마련입니다.

이런 이유로 전문 경영인이 나오게 되는데 당연히 혼자 힘으로 몇만 명이 돌아가는 거대 사업장·작업장·기업 전체를 관리할 수는 없는 노릇이죠. 결국 이 시스템이 잘 굴러가려면 정상에 있는 경영자와 노동자 사이에는 필연적으로 '중간 관리자'가 있어야만 합니다. 이른바 화이트칼라라고 불리는 이들은 푸른 작업복을 입고 공장에서 일하는 블루칼라들과 달리 하얀색 셔츠에 넥타이를 매고 사무실에 앉아 일했고, 경영자들을 도와 회사 전체를 관리하는 것이 주요 업무였습니다. 2차 산업혁명에서 나타난 테일러주의에 입각한 기업 조직은 사업장이 컸으니 블루칼라들의 숫자가 많았고, 블루칼라들을 일사불란하게 지휘해 작업장의 생산성과 효율성을 최대한 끌어올리기 위해서는 경영자를 보조하는 화이트칼라도 많이 필요할 수밖에 없었죠.

이들은 본래 노동자로 받아들여지지 않았고, 잠재적으로는 언젠가 경영자가 될 사람들, 경영수업을 받는 젊은 인재들로 여겨졌습니다. 테일러주의의 논리에서 보자면 이 사람들은 착상의 보조 업무를 하면서 언젠가 전문 경영인이 될 사람들 정도의 위치였기 때문에 블루칼라들과는 좀 다른 형태의 교육과 훈련을 받을 필요가 있었습니다. 헨리 포드의 공장에서 포드가 노동자들의 학식이나 두뇌를 전혀 기대하지 않았다고 했는데요, 이것은 계획을 착상하고 이를 실천할 사람이 필요 없다는 뜻은 아닙니다. '머리'인 경영진이 의도하는 바를 '팔다리'인 노동자들에게 전달할 사람을 중간에 두어 조직을 운영하겠다는 의도였죠. 이 중간에 속한 사람들은 경영이 무엇이고, 기업이 어떻게 굴러가고, 세상이 어떻게 돌아가는지를 알아야 했고, 경영인의 관점으로 기업 운영에 필요한 여러 가지 문제들을 고민하고 숙의하고 풀어 나갈 수 있는 능력 또한 키워야 했습니다. 이런 인재들을 교육할 수 있는 곳이 바로 대학이었던 겁니다. 그리하여 대학은 2차 산업혁명 시기에 화이트칼라를 양산해 달라는 '위탁 교육'의 임무를 새로 부여받게 됩니다.

'연구 대학'의 중요성

유럽을 중심으로 생각해 본다면 대학의 기원은, 교황의 권력과 황제의 권력이 나뉘어 대립하던 중세 사회 특유의 틈바구니 사이에서 생겨났다고 봐야 합니다. 교권과 속권, 그 간극에서 지적 자유라는 기묘한 진공상태가 발생했는데, 여기서 일종의 교육자 길드와 학습자 길드 같은 형태가 탄생합니다. 이후 대학의 발전 과정은 나라마다 좀 달라지는데요, 프로이센 같은 나라에서는 19세기 들어와 국가의 발전 전략과 긴밀한 관계를 맺는, 이른바 독일형 대학이라는 형태로 이어졌고, 영국에서는 옥스퍼드나 케임브리지 같은 대학을 중심으로 지배 엘리트들을 양산한다는 목적을 띠고 있었습니다. 이때 대부분 대학은 신학과도 긴밀하게 결합되어 있었는데요, 미국도 예외는 아니어서 예일이나 하버드처럼 오래된 대학에서는 졸업생이 '목사직'을 맡는 경우가 많았습니다. 당연히 학과 과정에서 신학 교육이 매우 중요한 주제였고, 기본적으로 라틴어나 그리스어 같은 고전 교육이 기초였습니다. 이를 바탕으로 법학이나 철학 같은 것들을 가르쳤습니다. 학과 구별은 애매모호했고, 뭉뚱그려진 학문을 몇 개 배우고 나가는 식이었습니다.

그런데 19세기 중반 이후 2차 산업혁명의 시작과 비슷한 시기에 독일식 대학의 영향과 '과학 연구'의 거센 바람으로 '연구 중심 종합대학research university'이라는 흐름이 생겨납니다. 전통적인 대학의 성격을 벗어나 자연과학의 발전을 통한 지식의 확장에 중점을 둔 대학들입니다. 자연과학의 방법론을 통해 인문학, 특히 사회 연구를 '과학'으로 변모할 것을 요구했고, '학과department'의 원형이라 할 만한 전문 분야가 나타납니다. 겉으로 보면 '순수 학문의 발전 과정'으로 보이는 당시 대학의 변모에도 이미 산업과 자본이라는 개념이 깊숙이 관여하기 시작합니다. 대표적인 경우가 시카고 대학의 변천 과정일 것입니다. 본래 1856년 미국 침례교단에서 설립했던 옛 시카고 대학은 재정 부족으로 영세성을 면치 못하다가 1886년에 일어난 화재로 아예 대학의 문을 닫아 버립니다. 이때 석유왕 록펠러가 등장하여 1890년 60만 달러라는 거금을 쾌척하여 시카고 대학의 문을 새로 엽니다. 이 돈을 오늘날의 가치로 환산하면 1억 7천만 달러, 그러니까 2천억 원에 가까운 돈입니다.[39]

이때 록펠러는 자기가 투자한 돈은 건물 건축이 아니라 오롯이 대학 운영 자금으로만 써야 한다는 조건을 붙입니다. '날강도 귀족robber barons' 중에서도 대장 격이라고 할 만한 록펠러가 이런 돈을 쓴 것은 정말로 진리와 과학의 발전을 염원한 순수한 기부였을까요? 모르기는 몰라도

---

[39] 옛날 화폐 가치를 현재의 가치로 환산해 주는 measuringworth.com에서 계산하였고, 여기에 '상대 소득 relative income'의 수치를 취했습니다.

아마 그랬을 겁니다. 훗날 록펠러는 "그 돈이야말로 내가 일생동안 행했던 최고의 투자였다."라고 말했다고 하니까요.

이후 시카고 대학의 빛나는 발전을 보면 그 말이 틀리지 않았음을 알 수 있습니다. 당시 몇 개 되지 않았던 미국의 '연구 대학' 중에서도 선두로 치고 나갔을 뿐만 아니라 오늘날까지 거의 모든 분야에서 세계적으로 명성 높은 학문의 전당이 되었으니까요. 역설적이라고 해야 할까요. 미국 자본주의 역사에서 가장 독창적인 비판자라고 할 수 있는 베블런이 처음으로 교수직을 얻은 곳도 이 대학이었습니다.

그런데 이게 왜 '기부'가 아니라 '투자'였을까요? 2차 산업혁명의 산업문명에서는 자본이 사회에서 차지하는 비중과 규모가 그전과는 비교할 수 없을 정도로 커집니다. 18세기의 혁신 산업은 면직물 산업이었습니다. 이때는 반짝하는 기술과 약간의 자금만 결합이 되면 큰 회사가 번성할 수 있었지만, 2차 산업혁명으로 넘어와 엄청난 대규모 중화학 공업 시대가 되면 이야기가 달라집니다. 철도·공항·유전·전쟁 등이 모두 '산업'과 직결된 단어들로 떠오릅니다. 이렇게 사회와 자연을 송두리째 바꾸어 버리는 엄청난 규모의 사업을 하기 위해서는 무엇보다도 '과학적 연구'와 '조사의 권위'가 절대적입니다. 사실 1차 산업혁명까지만 해도 자연과학이나 공학의 체계적인 연구가 산업 혁신에 기여하는 바가 크지 않았습니다. 당시의 혁신 발명가들은 주로 산업 현장에서 잔뼈가 굵은 이들이었고, 이들 중에는 과학자들을 아예 경멸하고 거리를 두기까지 했다고 합니다. 하지만 2차 산업혁명에 들어서면 과학적 연구 조사는 사활이 걸린 문제가 됩니다. 2차 산업혁명의 핵심이 인간 세상의 만사만물을 '물리적·화학적 과정'으로 분해하고 재조립하는 것이라고 했던 말씀을 기억하시죠? 그렇다면 이제 과학적 연구 조사는 18세기 이전과 달리 인간의 지적 탐구라는 '순수한' 영역을 벗어나 산업의 생산성과 효율성 제고의 가능성을 쥔 열쇠가 됩니다. 따라서 산업과 대학은 이때 이후로 점점 더 긴밀한 관계로 엮입니다.

한 가지가 더 있습니다. 록펠러처럼 이제 사회 전체를 좌지우지하게 된 큰 규모의 사업을 벌이는 대자본가 입장에서는 원하는 방향으로 국가 및 사회의 정책과 제도를 바꿀 수 있는 권력이 필요해집니다. 로비도 중요하겠지만, 무엇보다도 이 방향이 옳다는 것을 입증해 주는 '객관적 과학'의 권위 있는 인증이 필요해집니다. 이것만 뒷받침된다면 굳이 19세기처럼 타락한 정치인들에게 뇌물을 먹여야만 사업권을 따낼 수 있는 신세를 면할 수 있습니다. 또 어떤 정당도 정치 세력도 단박에 입을 다물게 만들 수 있는 '객관적 사실'을 '만들어 낼' 수도 있습니다. 록펠러가 죽은 한참 뒤의 일이라서 그가 계획한 일은 전혀 아니었겠지만, 1960년대 이후 시카고 대학의 경제학과에서 시작된 신자유주의 경제학이 지난 반세기 동안 맹위를 떨치면서 전 세계를 지배하고 자본주의를 송두리째 바꿔 놓기도 했다는 점에서 록펠러가 쾌척한 돈이 기부가 아니라 투자라는 사실이 잘 드러나고 있습니다.[40]

---

40 밀턴 프리드먼Milton Friedman 교수와 이른바 '시카고 패거리Chicago Boys'가 작게는 경제학을, 크게는 경제 정책과 심지어 전 지구적인 경제 제도까지 바꾸어 놓았다는 것이 과언은 아닙니다. 이들의 역할이 러시아혁명 때 볼셰비키가 했던 것과 비슷한 수준이었다는 것은 이미 잘 알려진 일입니다. 여러 문헌이 있지만, 최근에 나온 책으로 Binyamin Appelbaum, The Economist's Hour : False Prophets, Free Markets, and the Fracture of Society, Little, Brown and Co., 2019.를 권합니다. 빈야민 애펠바움, 『경제학자의 시대: 그들은 성공한 혁명가인가, 거짓 예언자인가』, 김진원 역, 부키, 2022.

'화이트칼라'의 대량 생산 장치

규모나 제도 측면에서 오늘날 우리가 알고 있는 시스템에 가까운 대학들이 등장하게 되는 계기는 제2차 세계대전입니다. 이후 미국 대학은 큰 변모를 겪게 되는데 우선 규모에서 대학생 숫자가 폭발적으로 늘어났습니다. 피터 드러커Peter Drucker라는 유명한 경영학자가 있죠. 이 사람이 1910~1920년대 유럽에서 매우 큰 곳 중 하나인 프랑크푸르트 대학을 나왔습니다. 그가 학창 생활을 회고하는 글을 쓴 적이 있는데, 교수·학생 모두 통틀어 5,000명이 넘지 않았다고 해요. 그래서 교정을 지나다 마주치면 총장님과 학부생 간에도 서로 목례 정도는 하는 시절이었다고 합니다. 하지만 미국은 달랐습니다. 제2차 세계대전이 끝난 다음부터 대학의 학생 숫자가 전쟁 이전보다 10배 이상으로 불어나기 시작했습니다. 학생 수가 이렇게 늘어나는 데 크게 영향을 끼쳤던 법안이 'G.I. Bill'인데요, 제2차 세계대전이 끝나고 전쟁에서 되돌아온 참전 용사들에게 미국이라는 국가가 제공한 보상은, 대학을 다니고 싶은 사람들에게 교육을 제공하는 것이었습니다. 이때 학생들이 크게 늘었고, 다른 모든 산업국가 특히 프랑스 같은 곳에서도 대학과 대학 성원의 숫자가 폭발적으로 늘어나게 되었습니다.

대학의 가장 주요한 기능도 바뀌는데요, 겉으로 표방하는 바는 변함없이 진리 탐구와 연구 같은 것이지만, 일반 사회를 대신하여 맡은 기능은 사실상 화이트칼라의 양산이었고, 이는 예전처럼 고전교육·신학교육으로만 이룰 수 있는 것이 아니었습니다. 2차 산업혁명의 시대가 요구하는 각종 '과학적 지식'을 초보적이더라도 어느 정도는 익히는 쪽으로 편제가 바뀝니다. 이걸 학교도 원하고 기업도 원하고 학생도 원합니다. 그래서 미국을 필두로 여러 학문 분야가 인문학·사회과학·자연과학·공학 등으로 나누어지고, 그 내부가 다시 각각의 세분화된 '학과'로 완전히 갈라지게 됩니다. 이러한 '학과'들이 대학의 기본 단위로 완전히 자리를 잡는 형태입니다.

그 과정에서 각 학과들은 우리 학과가 왜 따로 존재해야 하는지를 입증하지 못하면 없어질 수도 있고, 록펠러 재단이나 포드 재단 같은 곳에서 연구비를 따내기도 힘들었습니다. 그래서 사회과학의 경우에는 1940년대 말에서 1950년대까지 정치학과·사회학과·경제학과 등등에서 자기 학과의 고유한 방법론을 개발하는 데 전력을 기울여야만 했고, 그 과정에서 본래 한 덩어리처럼 여겨지던 사회학·경제학·정치학·인류학·지리학 등이 완전히 다른 학문인 듯 나누어지게 됩니다.[41]

1차 산업혁명도 그렇지만 2차 산업혁명은 더더욱 좁은 의미의 경제나 산업의 문제로 생각해서는 안 됩니다. 산업기술 변화는 인간 생활을 여러 가지 측면에서 굉장히 다양하게 바꿔 놓았습니다. 대학도 그중 하나일 테고요.

덧붙여, 지금 21세기의 3~4차 산업혁명의 상황에서도 대학의 정체성을 찾고 재편하는 문제는 전 세계적인 고민거리입니다. 이런 상황임에도 대학이 현존하는 산업과 어떻게 연관되어 있는지에 대해 명쾌하게 파악하거나 길을 제시하는 뚜렷한 지침은 아직 없는 것 같습니다. 그 결과가 아주 익숙한 삶의 고통 중 하나로 나타나는데요, 대학에 가

---

41 미국 사회과학의 경우 이 과정에서 결정적인 역할을 했던 것은 탤컷 파슨스Talcott Parsons의 이른바 '구조기능주의structural functionalism'입니다. 사회과학 분야와 대학의 변화 그리고 연구비와 연결된 연구 방법론 등의 변화에 대해서는 다음 서적을 참고하시기 바랍니다. William Buxton, Talcott Parsons and the Capitalist Nation-state: Political Sociology as a Strategic Vocation, University of Toronto Press, 1985.

서 4년이라는 긴 시간 동안 고생은 고생대로 하고 엄청난 학비도 감당했는데, 졸업하고 나와 봐야 취직도 잘 안 됩니다. '4년 동안 나는 대체 뭘 했으며, 앞으로 뭘 할 건가?' 하는 문제에 직면하지요. 많은 당사자와 자식을 대학에 보낸 학부모가 처해 있는 가슴 아픈 현실입니다. 이 질문에 제대로 된 답을 내리기 위해서는, 대학을 상아탑이니 진리를 수호하는 곳이니 하는 수사로 치장하기보다, 산업과 어떻게 관계를 맺고 있고 또 앞으로 어떻게 맺어야 하는가에 대해 냉정하게 고찰하고 고민해 봐야 하지 않을까 싶습니다.

7

왜 우리는 '캐슬'에 살고 싶어 하고, '에르메스'에 열광하는가?

2차 산업혁명의 산업문명을 날카롭게 분석하고 깊이 있는 혜안을 보여 준 경제사상가로 제가 여러 차례 언급한 사람이 있지요. 바로 소스타인 베블런입니다. 그가 1898년에 출간한 『유한계급론The Theory of the Leisure Class』에는 '과시적 소비conspicuous consumption'라는 개념이 나옵니다.

이 개념은 19세기 말~20세기 초에 생겨난 미국 자본주의의 중요한 문화적 흐름일 뿐만 아니라 오늘날까지도 다양한 자본주의의 문화 현상들을 들여다볼 수 있는 강력한 분석 도구입니다. '과시적conspicuous'이라는 말은 남들의 눈에 띄고 싶고 튀고 싶어서 안달이 난 상황을 말하죠. 우리가 흔히 '이마에 써 붙이고 다닌다'고 표현하는 그런 의미입니다. 그러니 '과시적 소비'를 입말로 풀자면 '있어 보이려는 목적에서 질러 대는 소비'라고 할 수 있겠네요.

보통 경제학과 교과서에서는, 대다수 소비자는 똑같은 효용을 위해서라면 가급적 싼값에 좋은 물건을 구입하고 싶어 한다고 가르칩니다. 그런데 경제학이 철칙처럼 내세우는 이러한 최적화 행동, 즉 '가성비

money for value'의 원칙을 비웃는 행동 유형도 있습니다. 오히려 비싸기 때문에 사람들이 더 원하는 물건이 존재합니다. 가방에 애매한 가격이 붙으면 딱히 인기가 없지만, 아예 1천만 원 정도가 되면 그걸 사기 위해 아침부터 길게 줄을 서곤 합니다. 물론 그에 상응하는 기본적 사양과 브랜드 가치 등이 따라야 합니다만, 이 또한 인과 관계를 따지면 무엇이 먼저인지 명확하게 말하기 힘듭니다. 바로 이런 현상이 '과시적 소비'에 해당합니다. 즉 다른 이들에게 내가 비싼 물건을 가지고 있다는 사실을 과시하는 것 자체가 소비의 목표가 됩니다. 여기까지는 흔히들 '베블런 효과'라는 용어로 널리 알려진 토막 상식입니다. 하지만 베블런의 이야기는 이보다 훨씬 심오하며 현대 자본주의 사회의 문화 현상을 근본적으로 꿰뚫어 보는 내용을 담고 있습니다.

과시적 소비는 어떻게 생겨났을까?

베블런 이야기의 진짜 중요한 내용은 지금부터입니다. 베블런이 이 글을 쓴 때는 미국 자본주의 역사에서 '금칠갑 시대Gilded Age'라 부르는 시기였습니다. 이 말을 처음 쓴 사람은 『톰 소여의 모험』으로 유명한 마크 트웨인Mark Twain입니다. 금칠갑 시대에 해당하는 1880~1890년대 남북전쟁 이후 미국의 2차 산업혁명이 폭발적으로 진행되면서 거대한 부를 긁어모은 '날강도 귀족들'이 본격적으로 나타나기 시작한 때였습니다. 이 사람들의 소비 행태가 그야말로 기가 막혔는데요, 이들은 집이 아니라 아예 궁전을 짓습니다. 그 궁전 안을 일반 가구가 아니라 골동품 가구로 채웁니다. 유럽에 가서 돈으로 싹 긁어 온 온갖 미술품들이 그 옆에 놓입니다. 건물 밖으로 나가면 정원이 아니라 아예 정글이나 사파리를 방불케 하는 방대한 땅이 펼쳐집니다. 실제로 여러 동물들을 풀어놓기도 했습니다.

이들이 이런 어마어마한 부를 축적한 것은 남북전쟁 이후 불과 20~30년 사이의 일입니다. 한쪽에서는 네로 황제 뺨치는 부의 과시가 일어나는데, 이런 풍경 반대쪽에서는 노동자들이 굶주림으로 또 경찰과 깡패 들의 폭력으로 죽어 갔습니다. 무엇보다도 노동과 근면을 높게 평가하는 미국인들의 전통적 관념에서 보면 이런 사치와 나태가 판을 치는 상황을 곱게 볼 리가 없죠. 사회적 공분이 높아질 대로 높아집니다. 이런 배경에서 베블런의 과시적 소비 개념이 나왔습니다. 베블런은 그저 소비 행태의 독특한 면모를 재치 있게 포착한 문화 평론을 한 것이 아니었습니다. 인류의 기나긴 사회경제사와 제도사의 맥락에서 볼 때, 이런 현상이 무엇을 의미하는지 파악한 것이었습니다.

무엇보다도 그는 인간 사회에서 지배 계급과 피지배 계급이 어떻게 구성되어 있고, 그들이 서로 어떤 관계를 맺고 있는가 하는 문제에 천착합니다. 베블런은 지배 계급과 피지배 계급의 가장 중요한 차이는 생계를 위한 활동을 하느냐 아니냐의 여부라고 말합니다. 이런 맥락에서 나온 용어가 '스포츠맨 정신sportsmanship'입니다. 여기에 쓰인 스포츠맨십은 정정당당한 승부를 펼치는 페어플레이나, 손흥민 선수처럼 땀을 흘리며 열심히 뛰는 노력을 일컫는 것이 아닙니다. 처음 이 말은 '땀을 전혀 흘리지 않는 자'들의 행동 양태를 뜻하는 말로 쓰였습니다. 본래 스포츠나 게임은 사냥에서 나온 말입니다. 그것도 식량을 구하기 위한 원주민들의 수렵 같은 것이 아니라, 온갖 폼을 다 잡으며 사냥개며 매며 다 끌고 나와서 사냥을 벌이는 귀족들의 놀이를 말합니다. 먹고사는 일과 전혀 관계없고, 삶을 영위하는 데 아무런 도움이 되지 않는 행위를 뜻합니다. 이러고 사는 이들을 우리는 옛날에 '한량', 즉 한가한 자들이라고 했죠. 그보다 더 정확한 뜻을 가진 단어로는 '불한당'이 있습니다. 허구한 날 그저 활이나 쏘고, 사냥이나 다니고, 게임이나 하는 사람들, 영화 〈넘버 3〉에서 송강호 배우의 명대사 속 표현처럼 불한당不汗黨, 즉 땀 흘리지 않는 무리라고 하면 딱 맞을 것입니다.

베블런에 따르면, 인류의 경제생활 진화사에서 계급이 나타난 이후부터 지배 계급에 해당하는 사람들은 불한당 행태를 '본능instinct'으로 지니게 됩니다. 피지배 계급에게 생계를 위한 모든 노동을 떠맡기고, 자기들은 그들 무지렁이들과는 다른 존재라는 것을 과시하는 것을 엄숙한 의무로 여기게 됩니다. 이러한 '불한당 문화'가 피지배 계급의 '생산자 정신workmanship'이라는 본능과 함께 평행선을 그리며 진화해 왔다는 것입니다.

지배 계급의 이러한 '본능'이 발현되는 모습은 역사와 문명에 따라 다양했지만, 항상 누구의 눈으로 보더라도 분명히 나타나는, 즉 복장이나 말투, 행동에서 티가 나는 모습을 하고 있었습니다. 전쟁을 하는 장군들은 갑옷을 입고 다니고, 성직자들은 승복이나 사제복을 입는 식이었지요. 학자들도 마찬가지입니다. 대학 졸업식에 등장하는 졸업식 복장을 보면 어떤가요? 이 또한 기원을 따지고 보면 내가 지배 계급의 일종인 '학자'라는 것을 복장으로 드러내기 위한 일환입니다. 베블런은 이것도 야만 시대의 유제라며 비웃은 바 있지요.

그러니까 지배 계급은 '우리는 불한당!'이라는 걸 아주 쉽게 드러낼 수 있는 징표를 복장이나 장신구 등으로 표현하는 것을 자신들 문화의 주요 특징으로 삼았다는 겁니다. 여기에 근대 부르주아 계급의 가엾은 불행이 생겨납니다. 돈만 많은 부르주아들은 그런 문화적 징표를 발현하기가 여의치 않습니다. 이들의 직업상 번쩍거리는 갑옷을 입을 수도 없고, 북미 원주민 추장처럼 머리에 화려한 깃털을 꽂고 다닐 수도 없고, 머리를 빡빡 밀거나 승복을 입고 다닐 수도 없지요. 최대한 근면하고 냉철한 사람인 것 같은 외양을 띨 수밖에 없습니다. 열받습니다. 내가 사실 보통 사람이 아닌데, 나는 땀을 흘리지 않아도 되는 빛나는 불한당인데, 나는 지배 계급인데, 이걸 보여 줄 수 없으니 얼마나 답답하고 속상했겠습니까. 그래서 이들이 발명한 현대 자본주의의 새로운 문화 사태가 바로 과시적 소비라는 겁니다. 실질적인 효용이나 쓸모나 의미와 무관하면 무관할수록 좋습니다. 누가 봐도 쓸모없는 소비라면 가장 좋습니다. 간단히 말해서 '돈지랄' 그 자체가 목표가 됩니다. 베블런의 과시적 소비의 개념은 '베블런 효과'라는 식으로 얄팍하게 정리하고 넘어갈 수 있는 피상적 표현이 아닙니다. 인류의 경제생활사 전체를 관통하는, 지배 계급의 '불한당 본능'과 그 현대적 발현 형태를 역사적·인류학적으로 조망하는 심오한 시각을 담고 있습니다.

에뮬레이션 : 경쟁, 질투, 흉내

여기에서 이야기가 끝나지 않습니다. 훨씬 더 중요한 얘기가 남았습니다. 시간과 돈이 펑펑 남아도는 유한계층leisure class의 이러한 행태는 사실 누구든 짐작할 수 있는 것이며, 지금은 그다지 새로운 이야기도 아닙니다. 문제는 유한계층이 아닌 나머지 전체 인구의 의식 속에 벌어지는 사태입니다. 이를 포착하는 베블런의 핵심 어휘는 '에뮬레이션emulation' 입니다. 이 말은 우리말에 딱 맞는 번역어를 찾기가 힘듭니다. 사전을 찾아보면 경쟁·질투라는 대표 뜻 외에도 흉내라는 의미까지 있습니다. 게다가 이 세 가지 감정과 행위가 별개가 아니라 하나로 엮여 있는 모습입니다. '경쟁'과 '질투'라는 감정과 '흉내(내다)'라는 행동이 복합적으로 얽혀 있다는 말입니다.

지배층이 '과시적 소비'를 하면서 사회나 문명과 관계를 맺는 현상이 중요한 이유는 피지배층 전체가 '에뮬레이션' 행태를 반복하고, 이것이 마치 물결이 퍼지듯이 중상류 계층·중간 계층·중하류 계층 등으로 파급되기 때문이라는 것이 베블런의 생각입니다. 예를 들어, 불한당 집단이 궁전을 짓습니다. 이걸 중상류 계층이 에뮬레이트하면서 자기들의 집에 '캐슬'이라고 이름 붙입니다. 중간 계층은 자신들의 집을 차마 캐슬이라고는 하지 못하고 '맨션'이라고 부릅니다. 이걸 보고 중하류 계층이 맨션과 비슷한 이름이 없을까 고민하다가 '빌라'라고 부르게 됩니다. 물론 여기서 말하는 '캐슬'은 우리가 생각하는 성채는 아니죠. 마찬가지로 '빌라' 또한 대장원의 지주가 사는 저택이 아닙니다. 이 우스꽝스러운 모습이 바로 베블런이 말하는 에뮬레이션입니다. 베블런에게서 과시적 소비 이야기를 들을 때에는 냉소와 조소의 감정으로 가볍게 받아들일 수 있을지 모르겠지만, 전 사회적 물결로 볼 때에는 그렇게 할 수 없을 것입니다. 19세기 말의 미국만이 아니라 21세기의 우리에게도 똑같이 해당되는 일이기 때문입니다. 지금 여러분은 어디에 살고 있습니까? 캐슬인가요? 맨션인가요? 아니면 빌라인가요?

베블런이 정말로 비관적으로 보았던 현상은 '과시적 소비'가 아니라 '에뮬레이션'일 것입니다. 피지배 계급은 항상 저임금에 시달리고 체제의 여러 불합리와 부조리로 고통받습니다. 그렇다면 가장 합리적인 선택은 불한당 계급과 선을 긋고, '우리'야말로 실제로 생산을 수행하는 사람이라는 정체성을 가지는 것이 베블런이 주장했던 바였고, 또한 당대의 미국 진보주의자들이 원했던 바였습니다. 하지만 에뮬레이션이라는 태도를 견지하면 오히려 불한당 계급의 흉내를 내지 못해 안달하게 됩니다. 그리하여 결국 모든 사람들이 그 우스꽝스러운 지배 계급의 '불한당 행태'를 앞다투어 복제하면서, 온 나라 사람들이 똑같은 욕망을 가지고, 똑같은 꿈을 꾸고, 똑같은 희망을 품게 되는 결과가 초래되었습니다. 이런 경우 절망이 누구의 몫인지는 자명하겠지요.

베블런은 이것을 현대 자본주의 문화의 일반적인 경향으로 보았습니다. 의식 있는 지식인들이 나와 사회를 위한 길이 무엇인지 합리적인 토론을 하고, 경제 정의란 무엇이고 사회 정의란 무엇이며 제도를 어떻게 바꾸어야 하는지에 대한 의견들이 나온다 한들 에뮬레이션이 창궐하는 사회에서는 별다른 의미가 없습니다. 오늘도 우리는 외제 차와 명품 백에 목숨을 겁니다. 더 슬픈 일은, 넉넉지 않은 주머니 사정에도 어떻게든 그런 모습과 비슷하게 자신을 연출하고, '있어 보이려고' 오늘도 손가락 껍질이 벗겨지도록 스마트폰 화면을 문지르며 쇼핑에 바쁩니다. 이러한 사회 현상은 인류의 속성이 유지되는 한 영원히 지속될 겁니다.

뒤에서 구체적으로 다루겠지만, 20세기 후반 이후에는 이 '소비주의'가 사회 전체를 파괴하고, 21세기에 오면 아예 지구의 생태계까지 박살을 내는 심각한 질병이 됩니다. 소비주의와 에뮬레이션 팬데믹은 갈수록 심해지면서 호모 사피엔스 전체를 '소비하는 좀비'로 변이 혹은 퇴화시키고 있습니다.

INTERMEZZO

2차 산업혁명과
19세기 '지구적 시스템'의 위기

지금까지 우리는 2차 산업혁명으로 인해 19세기 말에서 20세기 초까지 산업문명 전체에 어떠한 변화가 있었는지, 중요한 변화는 무엇이었는지 살펴보았습니다. 이러한 변화가 계속 누적되면서 19세기 산업문명의 자유방임 자본주의 세계 체제는 무너지게 되고, 20세기에 들어오면서 국가 자본주의라는 완전히 새로운 자본주의 체제가 나타납니다.

'지구적 시스템' 즉 세계를 아우르는 자본주의 및 산업문명 시스템에 대해서는 『어나더 경제사』 3권에서 더욱 본격적으로 다루겠습니다만, 산업문명이 자유방임 자본주의에서 국가 자본주의로 변화하는 과정을 이해하기 위해서는 여기서도 개략적으로나마 19세기 '지구적 시스템'과 그 긴장에 대해서 설명하지 않을 수가 없습니다.

1

19세기 세계 체제와
붕괴에 대한 공포

19세기 자유주의 세계 정치 · 경제 체제

산업문명의 최초 형태였던 자유방임 자본주의는 19세기 중후반에 이르면 일종의 '지구적 시스템'을 구성하게 됩니다. 세계 무역에 참여했던 전 세계 거의 모든 나라들이 국내적으로나 국제적으로나 하나의 일관된 정치 · 경제 시스템으로 통일되고 통합되었다는 말입니다. 이러한 19세기 '지구적 시스템'의 구조에 대해 칼 폴라니가 『거대한 전환』에서 묘사한 바는 다음의 표로 정리할 수 있습니다.

구분	국내	국제
경제	자기조정 시장	국제 금본위제
정치	입헌국가(헌정국가)	세력 균형

여기에서 세력 균형을 뺀 나머지 개념에 대해서는 앞에서 이미 살펴본 바 있으니 구체적으로 다루지는 않고, 정리하는 차원에서 핵심적인

부분만 다시 한번 짚어 보겠습니다.

■ 자기조정 시장

18세기 중상주의 시장 경제를 벗어나 사람과 자연과 화폐라는, 사회의 가장 기본적인 구성 요소들을 상품으로 만든 후, 시장에서 가격 조정을 통해 유통하는 탄력적인 시장 경제를 말합니다.

■ 입헌국가(헌정국가)

왕이나 지배 권력이 자의적으로 권력을 행사하지 못하는 체제를 말합니다. 구체적으로는 의회의 동의를 얻어야 한다는 뜻이지만, 여기에 사적 소유나 개인의 계약, 시장의 작동을 포함한 모든 경제 활동에 일절 개입하지 않는 국가, 자기조정 시장을 최대한 보장해 주는 국가라는 의미가 중첩됩니다.

■ 국제 금본위제

전 세계가 자국 환 가치를 금과 고정시켜 놓기만 하면 가격 정화 유동 메커니즘이 작동하여 각국의 국제 수지가 저절로 균형 상태를 이루면서 자유무역 질서를 유지하는 가운데 모두가 번영할 수 있다는 믿음을 가지고 있었습니다.

나머지 하나, 앞에서 다루지 않은 세력 균형에 대해서 좀 더 구체적으로 설명하겠습니다. 국제 정치의 틀을 볼 때 19세기 산업문명은 전 세계가 세력 균형을 맞춤으로써 각국의 독립과 심지어 평화까지 달성할 수 있다는 믿음에 의존하고 있었다고 볼 수 있습니다. 사실 '세력 균형balance of power'이라는 말이 너무 평범해서 범상히 지나치기 쉽지만, 유럽 근대 문명의 복잡한 역사와 경험이 집적되어 있는 개념입니다.[42] 즉 근대 유럽 국가들 사이의 역학 관계에서 '세력 균형'은 마치 제도화된 것처럼 나타나는 독특한 국제 정치 방식입니다. 3개국 이상의 나라가 있을 때 그중 한 나라의 힘이 강해지면 다른 약한 나라를 침략할 수 있겠죠. 이런 사태를 막기 위해 힘이 약한 두 나라가 동맹을 맺는 식으로 힘의 균형점을 맞춘 것입니다. 여기에서 중요한 것은, 한쪽의 일방적 득세나 정복을 제지하기 위해 힘의 균형을 이루려면 최소한 3개 이상의 세력이 있어야 한다는 점입니다. 만약 온 세계가 두 패로 나뉘어 버리면 이런 고전적 의미의 세력 균형은 작동할 수 없습니다.

그 예를 보여 주는 전형적인 역사는 프랑스 루이 14세 시대의 유럽 외교사를 들 수 있습니다. 루이 14세는 프랑스의 팽창과 영광을 구현하겠다는 목표로 유럽의 세력 균형을 깨뜨리기 위해 기회를 엿보고 있었습니다. 이때 에스파냐의 카를로스 2세가 후계자 없이 죽는데 유럽 왕가들의 복잡한 가계도에 따라 왕위 계승 최우선 순위는 루이 14세의 손자인 필리프였고 결국 그가 에스파냐 왕위를 계승하여 펠리페 5세가 됩니다. 가뜩이나 힘이 센 프랑스가 에스파냐까지 장악하게 되면 다른 유럽 나라들이 위협을 당하게 되죠. 또 만에 하나 유럽 대륙이 한 강대국에 복속해 통일되는 사태라도 벌어지게 되면 그 즉시 위험에 빠질 수 있는 나라는 영국이므로, 영국은 이때 이후로 이쪽저쪽으로 붙으면서 유럽의 세력 균형을 유지하는 '균형추' 역할을 하게 됩니다. 결국 영국 등 여러 나라들이 프랑스 루이 14세에 맞서는 한편 그의 손자인 에스파

---

42 H. Butterfield and M. Wight ed., Diplomatic Investigations: Essays in the Theory of International Politics, Oxford University Press, 2019.를 참조하세요.

나 펠리페 5세의 왕위를 위협하는 전쟁을 일으키게 되죠. 이 에스파냐 왕위 계승 전쟁의 뒷수습 과정에서 유럽 국제 정치가 중요한 발전을 이룹니다. 네덜란드 위트레흐트라는 곳에서 주요 국가 외교관들이 모여 세력 균형의 작동을 아예 서유럽 문명의 공식적인 평화 메커니즘으로까지 인정한 것입니다.

19세기 이후에 이 세력 균형 시스템은 또 한 번 변화를 겪습니다. 본래 이 시스템은 '전쟁을 수단으로 각국의 독립과 안전을 도모'하는 것이므로, 반드시 평화를 가져오는 것이라고 볼 수는 없었습니다. 그런데 19세기 들어 나폴레옹 전쟁이 끝난 1815년에서 제1차 세계대전이 발발하는 1914년에 이르는 약 100년 동안, 몇 번의 국지적 전쟁을 제외하면 대략적으로 유럽 전체에 평화가 이어집니다. 칼 폴라니는 이러한 '백년 평화'가 기존의 세력 균형 시스템뿐만 아니라 자유무역 그리고 금본위제 등 세계 경제 시스템과 맞물리면서 나타난 결과물이라고 주장합니다. 물론 이러한 오랜 평화의 막후에는 모든 주요 국가들이 서로 암암리에 상호 방위 동맹을 맺는 등 여러 비밀 외교 정치가 큰 역할을 했고, 로스차일드Rothschild와 같은 대형 금융 집단들도 한몫을 담당했다고 합니다.

폴라니가 말하는 이 네 가지 제도가 19세기의 거의 전 세계를 구성하고 있었던 세계 정치·경제 시스템의 대략적 얼개였습니다. 하지만 19세기 말과 20세기 초, 2차 산업혁명을 거치게 된 세계 자본주의의 '지구적 시스템'은 새로운 국면에 처하게 되고 붕괴할지도 모른다는 긴장감에 사로잡힙니다. 그중 중요한 변화 두 가지를 통해서 국내·국제 질서, 정치·경제 질서 모두의 상황을 일별해 보겠습니다.

2

2차 산업혁명과
'국가-자본-트러스트'의 등장

대량 생산 체제

2차 산업혁명의 중요한 특징 중 하나로 꼽을 수 있는 것이 바로 대량 생산 체제입니다. 이제는 더 이상 예전처럼 하나의 시장을 여러 생산자들이 분점하는 상황이 아니라 카르텔-트러스트-지주회사로 이어지는 대형 독점체가 경제를 지배하게 됩니다. 이러한 '독점 자본주의'가 자기조정 시장의 메커니즘을 작동시키기는 힘듭니다.

　잠깐 다른 이야기지만, 경제학 역사에서 가장 큰 아이러니라고 꼽을 수 있는 사태가 있습니다. 신고전파 경제학이 바로 이 시절을 배경으로 출현했다는 겁니다. 이른바 신고전파 경제학이 시작된 1870년대는 이미 미국과 독일 등에서 자유 경쟁이 끝나고 몇 개의 대기업이 대량 생산 시스템으로 시장을 싹쓸이하는 독점 자본주의 단계로 들어가기 시작한 때였습니다. 그런데 '무한히 많은 생산자와 무한히 많은 소비자가 만나' 빚어내는 '완전 경쟁'과 '일반 균형'을 이야기하는 경제학이 이 시대에 등장했다니, 현실과 학문의 발전이 전혀 다른 방향으로 갈 수도 있다는 전형적인 사례라고 하겠습니다.

2차 산업혁명의 결과로 자유 경쟁이라는 이상은 점차 힘을 잃어 가고, 존 피어폰트 모건으로 대표되는 큰 자본가와 그가 이끌던 투자은행 같은 형태의 큰 고래가 등장해 기업집단의 주식 다수를 매입하기도 하고 매각하기도 했습니다. 시간이 지나면서 산업자본과 금융자본은 사실상 하나로 융합되었고요. 이때 모건이나 록펠러 같은 대자본가들은 앞장서서 "경쟁은 경제에 해로운 것이며 자신들이 벌이는 독점이야말로 안정과 번영의 첩경"이라는 여론전을 펼치기도 했습니다. 이 여론전에 보수 경제학자들도 열심히 동조했는데요, 시장의 가격 조정이야말로 세계 경제의 이상적인 질서라고 설파하던 시절이 무색하게 19세기 말, 20세기 초가 되면 자유 경쟁이 나타나는 시장은 파괴적이며 해롭고, 안정적인 대기업 몇 개가 시장을 싹쓸이하는 게 인류의 올바른 미래라는 이데올로기를 내걸기도 했습니다.[43]

식민지 건설

2차 산업혁명으로 인해 발생한 또 다른 변화로, 자재와 연료 등 천연자원이 굉장히 중요해졌다는 점입니다. 1차 산업혁명 때의 석탄이야 이곳저곳에서 흔하게 채굴할 수 있는 자원이지만, 2차 산업혁명에 필

---

43 Michael Perelman, The End of Economics, Routledge, 2017. 또한 경쟁은 애덤 스미스 이후의 경제학자들이 생각한 것처럼, 그 자체로 완결된 신의 질서를 보장하는 장치가 아니라 일종의 전쟁 상태라고 말합니다. 이 전쟁 상태를 겪으면서 나타난 최후의 승자가 모든 것을 독식하면서 사회와 역사가 '진화'하는 것이 섭리라는 극단적인 '사회적 다윈주의Social Darwinism'가 이 시대의 주요한 이념으로 등장합니다.

요한 원료들은 모든 나라에 똑같이 존재하는 게 아니죠. 대표적으로 석유를 꼽을 수 있는데요, 제2차 세계대전 중에 일본이 태평양 전쟁을 벌이고, 무리를 해서라도 인도네시아 쪽으로 쳐들어갈 수밖에 없었던 이유 중 하나가 바로 석유 확보에 있었습니다.

19세기 말에 '지정학'이라는 학문이 등장합니다. 거기에서 제시된 개념 중에 나치즘뿐만 아니라 파시즘 세력이 자신들의 기반을 정당화하는 것이 있는데, 그때 사용한 용어가 바로 '생존 공간Lebensraum'이라는 것입니다. 한 민족과 국가의 생존을 보장할 수 있는 공간적 영역을 뜻합니다. 이 '생존 공간'이라는 개념을 장착한 지정학 논리는 산업문명의 논리와 하나로 융합됩니다. 2차 산업혁명에서 중화학공업을 유지할 수 있는 원료 산지를 자기들 영토로 편입할 수 있느냐 없느냐의 차이는 곧 그 나라의 생존이 걸렸다고 할 수 있을 정도로 굉장히 중요한 문제로 대두되었는데, 결국 이 나라들이 원료를 저렴한 가격에 대량으로 확보하기 위해서는 팽창을 해야만 했습니다. 그뿐만 아니라 대량생산으로 인해 시장이 포화 상태였으니 남는 걸 어딘가에 팔아야 한다는 것도 과제였습니다. 다시 말해 원료를 쉽게 구할 수 있으면서, 물건을 수출할 때 관세를 부과하지 않고 고분고분 문을 열어 주는 나라가 반드시 필요해졌다는 건데요, 그게 바로 식민지 아니겠어요? 이런 이유로 1890년대부터 모든 서양 열강들은 혈안이 되어 세계 지도를 조각조각 내 더 많은 식민지를 확보하려고 기를 쓰게 되었습니다. 앞 장에서 말씀드린 이중 운동 같은 것도 제국주의의 주요 원인이지만 한편으로 거의 비슷한 시기에 벌어진 2차 산업혁명도 제국주의를 필연적으로 요구했다고 볼 수 있습니다.

국가-자본-트러스트의 등장

다음으로 기업집단을 뛰어넘는 새로운 국가 형태가 나타나기 시작합니다. 금융과 산업이 유착하는 것을 넘어, 기업이 국가의 중심에 서서 국가를 자신들의 영향력 안에 편입하는 단계에까지 이르는데요, 이를 기업국가Corporate State라고 합니다. 러시아 볼셰비키 최고의 이론가였던 부하린Nikolai Bukharin이 이를 '국가-자본-트러스트'라는 이름으로 개념화했던 것은 이러한 사태를 날카롭게 지적한 것으로 볼 수 있습니다.[44] 대기업 · 대규모 (투자)은행 · 자본시장의 기능과 작동 방식을 하나로 합쳤을 뿐만 아니라, 더 효과적으로 자본을 축적하기 위해서 국가의 국내정책 및 외교 안보 정책까지 하나로 융합하는 경향을 말합니다.

무엇을 생산할 것인가 하는 문제도 살펴봅시다. 중화학공업은 국가 목표들, 특히 전쟁 및 군사 안보 전략과 불가분의 관계입니다. 2차 산업혁명으로 전쟁의 양상도 크게 변했는데요. 제1차 세계대전 때만 해도 개전 초기에는 말 타고 칼을 휘두르는 19세기의 전쟁과 비슷한 모습이었지만, 중반 이후에는 탱크와 독가스와 비행기와 기관총 등 2차 산업혁명이 낳은 신무기들의 경연장이 되어 버리죠. 자국의 중화학공업 발전이 곧 군사력 강화로 직결되므로 엄청나게 중요한 목적을 띠게 되었습니다. 이제는 국가 차원에서 금융 지원은 물론 여러 산업 정책을 통해 중화학공업을 육성하지 않을 수 없었습니다. 결국 2차 산업혁명을 거치면서 성장한 독점 자본과 대량 생산이라는 산업 체제는, 식민지와

---

44 Nikolai Bukharin, Intro. by V. I. Lenin, Imperialism and World Economy, International Publishers, 1910/1929. 이후 마르크스-레닌주의 이론에서는 이를 토대로 '국가 독점 자본주의state monopoly capitalism'라는 이론과 개념이 오랫동안 20세기 자본주의 분석 도구로 사용됩니다.

제국주의라는 측면에서 보든, 시장의 관리라는 측면에서 보든, 금융이라는 측면에서 보든 국가의 적극적인 지원과 도움이 없으면 유지되기 힘든 시스템이었습니다.

3

금본위제와
2차 산업혁명의 모순

철도 산업이 본격화되기 이전까지만 해도 금융의 주요한 기능은 기업의 어음 할인 등과 같은 단기적 자금 조달에 집중되어 있었습니다. 금본위제라는 국제·국내 통화 체제 또한 이러한 단계의 금융 질서와는 어느 정도 조응하는 것이라고 할 수 있습니다. 하지만 2차 산업혁명과 함께 자본시장 및 기업 금융이 폭발적으로 발전하면서 환골탈태의 변화를 겪은 뒤에는 이야기가 달라집니다.

이제는 '자본' 특히 '기업 가치'라는 것의 개념이 완전히 바뀌었습니다. 자본시장이 점점 커지면서 실제로 생산되는 제품 거래보다 자본 거래가 훨씬 중요한 의미를 띠게 된 것입니다. 영리 사업의 기준과 방향 또한 달라졌죠. 이 새로운 자본시장에서의 거래는 거기서 나오는 배당금이나 이자를 따먹는 게 전부가 아닙니다. 수없이 많은 기업의 소유권을 수없이 많은 사람들이 부분적으로 사고팔면서 자기의 이익에 맞는 기업집단을 구성하고, 이를 통해 자기가 사들인 유가증권의 가치를 끌어올리는 것 자체가 더 중요한 목표가 되었는데요, 여기에 쓰이는 자금은 사과나 쌀을 사기 위한 것과 같은 목적, 즉 교환의 매개와는 상당히 거리가 멀었습니다. 큰손들이 동원해 온 큰돈은 때로 지폐가 아닐 수도 있죠. 약속어음일 수도 있고 또 다른 형태의 유가증권일 수도 있습니다. 이를 통해 화폐라는 것도 단순한 교환의 매개 수단을 넘어 자본 축적의 수단으로 변모했습니다.

그렇다면 이게 금본위제와 양립할 수 있을지를 생각해 봐야 합니다. 인수합병 · 기업집단 형성 · 분할 재분할 등의 온갖 이합집산이 벌어지면서, 또 이에 필요한 엄청난 규모의 자금이 '신용으로 창조'되면서, 이번 달에 수출을 못 하는 바람에 금이 없으니 금본위제의 법칙대로 은행들이 휴점 상태로 들어가는 난센스가 현실에 적용되기는 힘듭니다. 이래 가지고 무슨 자본 축적과 기업 성장이 가능하겠습니까. 2차 산업혁명 이후의 자본주의 상황이라면 은행은 어음 할인 정도가 아니라 아주 큰돈을 임의로 동원하고 재량껏 운용할 수 있어야 하며, 통화의 대규모 '신용 창조'를 주저해서도 안 됩니다. 이러한 금융 시스템이 그 협소한 금본위제라는 화폐 제도와 양립할 수는 없는 일입니다.

미국의 경우에는 그래도 수출액이 수입액보다 많았기 때문에 국제 수지가 적자가 되는 일이 없어서 은행들이 금본위제 준칙에 막혀 '신용 창조'에 한계를 느끼는 일을 피해 갈 수 있었습니다만, 국제 수지에서 흑자를 계속 누리지 못하는 국가 혹은 만성적인 적자 국가는 상황이 다릅니다. 과도하게 통화를 발행했다가는 외환 가치가 하락하는 일이 벌어질 것이므로, 금본위제의 고정환율을 유지하기 위해서는 긴축 정책을 피해갈 수 없고, 2차 산업혁명 발전에 필요한 과감한 금융 시스템의 작동 역시 불가능해집니다. 하지만 금본위제라는 '신성한 국제 제도'를 깨고 나갔다가는 더 큰 어려움에 봉착하게 되니, 다른 길도 가로막히게 되지요. 금본위제는 전 세계 경제 발전을 저해하는 족쇄나 다름없었지만, 1931년 말 영국이 금본위제를 폐지하기 전까지만 해도 제1차 세계대전 기간 정도를 제외하면 여전히 유럽, 나아가 세계 문명에 하나의 신성불가침 같은 제도로 작용하고 있었습니다.

화폐는 많이 발행해야겠고, 금본위제 때문에 발행량은 한계가 있으니 이를 해결하기 위해 나타난 방법이 엄청난 규모의 자본 이동입니다. 하지만 여기에도 한계가 있었습니다. 18세기 말부터 영국 런던을 중심으로 돈을 필요로 하는 나라들이 영란은행에 와서 어음을 끊고 돈을 꿔 가는 일들이 잦아졌지만, 제1차 세계대전 후로는 생산 설비와 바로 연결되거나 산업으로 바로 이어지는 해외 직접 투자 방식은 그리 많지 않았고, 해외로 자본을 이동하는 수단으로 채권과 국채가 큰 비중을 차지하고 있었습니다. 특히 조세 수입이 분명치 않고 재정적 기초가 부실했던 라틴아메리카 국가들이 돈을 꿔 가는 경우가 많았습니다. 이러한 '국가 채무Sovereign Debt'가 제2차 세계대전 이전까지의 해외 직접 투자의 주된 형태였고, 기업 자금의 조달로까지 연결되는 경우는 드물었습니다. 그러면 결국 2차 산업혁명을 진행하고 싶은 나라들에서는 자국 국가를 장악하고 움직여서 국내의 금융 및 여타 제도 전체를 전부 다 바꾸는 수밖에 없었습니다.

사실 파시즘이 정권을 잡게 되는 중요한 계기도 바로 이러한 금본위제의 압력에서 풀려나야만[45] 중화학공업 발전에 필요한 자금을 융통할 수 있고, 그래야 다가오는 미국 · 영국과의 전쟁에 대비할 수 있다

---

45 관련 내용은 PART5. 5장 「파시즘, 권력, 세계 정복」 편(269쪽)에서 자세히 다룹니다.

는 생각 때문이었습니다. 독일 제국은행 총재였던 할마르 샤흐트Hjalmar Schacht, 일본의 다카하시 고레키요高橋是清 총리 등의 생각이 모두 그러했습니다.

P A R T 5

산업문명이
국가 자본주의 체제로

1

전쟁의 평화적 귀결과 '황금 족쇄'

19세기를 지배하고 있던 여러 정치 · 경제 체제가 언제 끝났는가 하는 질문을 두고 학자들 사이에서도 이런저런 이견이 있습니다. 전통적인 좌파들은 제1차 세계대전이 19세기 체제가 끝났다는 걸 상징하는 사건이라고 주장하기도 하는데, 저는 좀 무리가 있다고 생각합니다. 제1차 세계대전이 19세기의 여러 체제를 무너뜨린 계기가 된 것은 맞지만 이 전쟁으로 인해 다 바뀌었다고 할 수는 없기 때문입니다.

제1차 세계대전이 끝났을 때 전후의 질서를 어떻게 수립할 것인가를 논의하기 위해 여러 나라 대표들이 베르사유 궁전에 모여 회의를 벌였는데요, 그때 결의된 사항이나 유럽 국가들이 추진했던 정책들을 보면 사실상 19세기 자유주의 체제를 복구하자는 얘기였습니다. 그중에서도 중요한 것이 다시 금본위제로 돌아가자는 것이었고요. 그러니 1920년 대는 19세기 체제의 연장선에 있다고 볼 수 있는데요, 이때 벌어진 중요한 장면들을 일별해 보겠습니다.

제1차 세계대전 이후의 풍경

제1차 세계대전이 끝날 무렵의 모습을 보면 사실 좀 코미디 같은 면이 있습니다. 처음 전쟁을 시작할 때만 해도 모든 나라들이 다 의기양양해서 6개월 안에 전쟁을 끝내겠다고 공언했는데 결국 4년을 끌다가 승자도 패자도 없이 끝나 버렸죠. 약 천만 명이 죽었고 2천만 명이 부상을 당했고 엄청난 물자 손실이 있었습니다. 따지고 보면 독일이 패전국이고 프랑스나 영국, 일본도 막판에 살짝 끼어서 승전국이 됐지만 사실상 승전국이라는 것도 별 의미가 없었고, 이 전쟁으로 인해 돈을 번 나라는 오직 미국뿐이었습니다. 전쟁 중에 자금이 너무 많이 드니까 다른 나라들이 계속해서 미국에 돈을 빌렸고, 그 돈을 다시 미국에서 생산된 군수 물자와 식량을 사들이는 데 고스란히 써 버렸기 때문입니다.

미국 입장에선 이렇게 좋은 장사가 세상에 또 어디 있나 싶지만, 다른 나라들 상황은 그리 녹록지 않았죠. 그렇게 제1차 세계대전이 끝나고 전후 처리를 하기 위해 베르사유 궁전에 모여 있는데 그때 뭐 거의 모든 나라들이 그로기 상태였습니다. 거지가 된 나라들끼리 모여 앉았으니 궁전이 아무리 예쁘면 뭐 합니까. 분위기가 험악했겠죠. 그러다 보니 여기서 나온 주요 내용도 결국 패전국인 독일을 때려잡자는 것이었습니다. "너네 때문에 전쟁해서 우리 다 거지 됐으니, 전쟁 배상금 내놔라. 너, 이제 절대 전쟁할 생각도 하지 마라." 뭐 이런 걸 관철시키는 게 제일 중요한 주제였고, 기타 약소국 어쩌고 하는 얘기는 꺼낼 상황조차 되지 못했죠.

결국 프랑스의 조르주 클레망소Georges Clemenceau, 영국의 로이드 조지 Lloyd George, 중재를 하는 척하면서 묘하게 행동했던 미국의 토머스 윌슨

Thomas Wilson 대통령 같은 사람들이 이리저리 밀고 당기는 가운데에 독일에 어마어마한 전쟁 배상금을 물리는데요, 여기에 좀 사연이 있습니다. 본래 베르사유 조약 당시에는 전후 처리 원칙의 하나로 "배상금을 물리지 않는다."라는 것이 있었는데요. 여기에 처음에는 영국·프랑스 등의 승전국들도 동의했지만, 이게 현실화되려면 미국 월스트리트 금융가의 배려가 있어야 했습니다. 이 승전국들도 월스트리트에 엄청난 전쟁 부채를 지고 있었기 때문입니다. 하지만 월스트리트는 미온적 반응을 보였고, 결국 다른 수가 없게 된 프랑스 등은 다시 독일이 갚아야 할 배상금 문제에서 양보가 없는 강경 자세로 일관하게 됩니다.

그다음에 희한한 일이 벌어집니다. 1922년, 배상금을 조달하느라 바빴던 독일 중앙은행은 외환을 사들이기 위해 자기들의 화폐 발권력을 동원하여 무한정 마르크화를 찍어 댑니다. 이 때문에 마르크화의 가치가 떨어지면서 순식간에 찍어야 할 마르크화의 양이 점점 더 늘어나는 악순환의 고리가 형성되었습니다. 결국 독일 마르크화의 가치가 거의 0에 수렴하는 지경에 처해 버렸습니다. 이른바 하이퍼인플레이션 hyperinflation.이 벌어진 건데요, 1922년 6월에서 12월 사이에 명목 생계비 지수는 17배가 올라갔습니다. 예를 들어 5천 원이던 커피 한 잔이 여섯 달 만에 8만 5천 원이 된 셈입니다. 그다음 해에는 그야말로 초현실적인 상황이 벌어집니다. 1923년 초만 해도 160마르크 정도였던 빵값이 연말이 되면 2,000억 마르크가 됩니다. 빵값이 모자라 돈을 가지러 집에 갔다 오는 사이에 더 올라 버려 결국 사지 못했다는 말이 농담이 아니었죠. 그해에 급기야 50조(!) 마르크짜리 지폐까지 발행될 정도였습니다. 마르크화에 대한 신뢰가 완전히 붕괴한 상태였습니다.

연금 생활자들과 저축 생활자들이 몽땅 파산한 건 말할 것도 없고 엄청난 사회적 혼란이 벌어졌습니다. 이를테면 은행에 10억 원쯤 넣어 놓고, 이걸로 여생을 편히 살아야겠다고 계획했는데, 어느 날 갑자기 10억 원이 10원 정도의 가치가 되어 버렸으니 온전한 삶이 어떻게 유지되겠으며, 사회가 제대로 돌아가겠습니까. 이때부터 독일 사람들은 전쟁에서 진다는 게 어떤 고통을 가져오는지 온몸으로 느끼고 피눈물을 흘렸습니다. 이 상황이 나중에 히틀러나 나치 정당의 선동이 먹혀들어 가는 배경이 되었다는 분석도 있지요.

이러다 보니 "배상금 못 내겠다. 깎아 달라.", "그게 무슨 소리냐. 못 깎아 준다." 이런 옥신각신이 계속 벌어지곤 했습니다. 일각에선 독일에 대한 동정론도 있었는데, 사실 독일이 물어야 하는 배상금 자체가 상식 수준을 벗어난 금액이긴 했죠. 1919년 케인스가 이때 상황을 다룬 『평화의 경제적 귀결The Economic Consequence of the Peace』이라는 책을 쓰기도 했는데요, 당시 케인스가 영국 대표의 일원으로 베르사유 궁전 회의에 참여했는데, 하는 꼴을 보니 해도 해도 너무하는 거 아니냐, 이래서 무슨 평화로운 전후 질서가 생기겠냐 해서 쓴 짧은 책자였습니다. 이 책은 케인스가 처음으로 세계적인 명성을 얻는 계기가 되기도 했습니다.

이런 와중에도 절대로 독일을 봐주지 않는 나라가 있었으니 바로 프랑스였는데요, 프랑스는 프랑스·프로이센 전쟁(1870~1871) 때 처참하게 패한 기억이 있기 때문입니다. 당시 비스마르크가 지휘하는 독일계 소국 중 하나인 프로이센 군대가 나폴레옹이 지배하는 프랑스 제국에 쳐들어와 프랑스를 완전히 박살 내고, 프랑스 국민들에게 굴욕을 주고, 배상금도 어마어마하게 뜯어낸 적이 있었는데요, 계속 이를 갈고 있었던 프랑스가 드디어 복수의 때가 왔다고 생각한 거죠. "어디서 배상금을 안 내겠다는 거냐!" 그러면서 독일의 생명줄 같은 루르 지방의 탄광 지역에 군대를 몰고 가서 점령하기도 했습니다.

그러니까 여러모로 갑갑한 상황이었죠. 일이 이렇게 되었으니 배상금을 그냥 없앨 수는 없겠고(이후의 영 플랜Young plan, 도스 플랜Dawes Plan 등에서 지급 기한을 연장해 주거나 배상금 액수를 깎아 주기도 했습니다.), 이대로 가다가는 독일이라는 나라가 완전히 망하게 생겼으니 그야말로 진퇴양난이었습니다. 이때 등장한 구원투수가 '병 주고 약 주고' 다시 월스트리트입니다. 모건을 필두로 월스트리트의 민간 투자자들이 독일에 돈을 빌려주었고, 이때 협상도 다시 해서 배상금도 조금씩 깎아 주었습니다. 이 덕분에 1920년대 후반이 되면 독일 경제도 서서히 안정을 찾기 시작합니다.

다시 금본위제로

하지만 독일만 문제가 있었던 건 아니었습니다. 유럽 대다수 국가가 전쟁 후에 극심한 경제난과 국가 부채에 시달렸습니다. 상대적으로 부국이었던 오스트리아 같은 나라조차 국가 부채가 너무 커 경제난 해결이 쉽지 않자 아예 "사회주의로 전환하자." 이런 이야기가 나올 정도였으니까요. 이게 혁명가들의 요구가 아닙니다. 일각에서 나온 말이기는 하지만 관료들과 정치가들의 주장이었죠. 이런 참담한 처지에 있는 나라들을 데리고 어떻게 해야 평화롭고 안정된 세계 질서를 재구성할 수 있을까요? 분명한 것은 1914년 이전의 '벨 에포크Belle Époque', 아름다운 시절로 돌아가는 것은 불가능했다는 것입니다. 그런데 놀랍게도 베르사유 조약 이후 유럽 지배층 전체가 합의한 것이 바로 이 '미션 임파서블'이었습니다. 그 시절로 돌아가자는 것이었죠. 이를 위해 필수적으로 회복해야 하는 것이 바로 국제 금본위제입니다. 1926년 윈스턴 처칠Winston Churchill 등의 강력한 주장으로 영국 통화 제도를 다시 금본위제로 회복시켜야 한다는 논리가 먹혀서 전쟁 이전의 비율로 영국 통화를 금으로 바꾸어 주는 제도가 복구되는데요, 그 결과로 영국 실업률이 2배 올라가고 경제가 걷잡을 수 없는 디플레이션 속으로 떨어져 버리고 말았습니다.

왜 이런 일이 벌어졌을까요? 어떤 나라가 전쟁을 치르면 당연히 재정 지출이 많아집니다. 통화는 많이 풀리게 되고 채무는 늘어나죠. 반대로 실물 생산은 위축되거나 군수 위주로 재편되기 때문에 전쟁이 끝난 다음 평시 상황에서 사용하는 생필품에 대한 생산량은 부족한 상태입니다. 만약 전쟁의 포화를 직접 겪은 나라라면 생산 시설이 파괴되었을 수도 있고, 노동력에도 큰 타격을 입었을 가능성이 높습니다. 그래서 전쟁이 끝난 직후에는 대체로 화폐 가치는 낮아져 있고, 물가는 하늘로 치솟는 게 일반적입니다. 그럼에도 경제 재건을 위해서는 굉장히 많은 돈이 필요합니다. 공격적이고 과감한 재정 팽창 정책을 펼쳐야 하지요. 그런데 금본위제를 시행하면서 영국의 파운드화를 제1차 세계대전 이전에 있었던 외환 가치로 되돌릴 수밖에 없었습니다. 게다가 시중에 너무나 많이 풀려 있어서 똥값이 된 파운드화의 가치를 올리려면 긴축 정책을 쓰고 이자율도 높여야 합니다. 돈을 풀어도 모자랄 판에 오히려 줄여 버리니 기업이 망하기 시작하고, 실업자도 어마어마하게 늘어났습니다. 이런 상황에서 대체 누가 투자하려고 하겠어요. 다시 말해 다리도 건설하고 무너진 건물도 세우려면 과감한 투자와 재정 팽창이 필요한데 금본위제로 인해 이걸 할 수가 없게 된 겁니다.

처칠은 대체 왜 그랬을까요? 처칠을 비롯한 거의 모든 유럽 지식인들은 제1차 세계대전이 끝난 뒤 전 세계에 남은 비극과 악몽을 걷어 내고 다시 문명 세계를 건설할 수 있는 유일한 길은 금본위제라고 생각했습니다. 심지어 레닌과 트로츠키 같은 사회주의자들까지도 그랬으니 당시 분위기가 어땠는지 짐작할 수 있죠. 금본위제를 해야 자유무역이 회복되고, 자유무역이 회복되어야 세계 평화와 번영이 찾아온다는 종교적 믿음이 있었습니다.

금본위제에 더해 또 하나 어처구니없었던 것이 국제연맹League of Nations의 탄생입니다. 국제연맹이라는 틀은 그럴듯했습니다. "제1차 세계대전이 벌어지게 된 이유는 각 나라가 제각각 비밀 외교를 했기 때문이다. 그러니 공공기관인 국제연맹을 만들어 국제 문제를 함께 논의하는 시스템을 만들면 세계평화를 이룰 수 있을 것이다." 이런 생각이 바탕이었지만 실제로는 그 기능을 전혀 하지 못했습니다.

앞서 세력 균형이 작동하려면 힘이 비슷한 세력이 3개 이상이 있어야 한다고 말씀드렸죠. 그런데 이 시대에 군사 균형의 논리는 엉뚱한 방향으로 나아갑니다. 독일의 군비를 축소하자는 겁니다. 결국 1921년 워싱턴 군축회의를 지나면서 독일이 보유할 수 있는 군함 톤수는 엄격하게 제한되어 버리는데요, 그러다 보니 독일은 이제 예전처럼 군사 강국이라고 말할 수 없는 상태가 되었습니다. 말로는 국제 문제를 함께 논의하고, 전 세계가 평화를 위해 노력하자고 해 놓고 실상은 영국·미국·프랑스라는 옛날 연합국들의 독무대로 만들어 버린 거죠. 나중에 히틀러나 무솔리니 등은 이를 명분으로 국제연맹에서 다 빠져나가 버렸습니다.

결국 1920년대는 19세기의 질서를 회복하기 위해 억지로 금본위제를 작동시키고 국제연맹을 만들기도 하면서 대충 얼기설기 복구시킨

상태라고 할 수 있는데요, 이 체제는 아슬아슬하고 위태위태하게 겨우 유지되고 있었습니다.[46]

이를 유지할 수 있었던 결정적인 힘은 다름 아닌 미국 월스트리트의 자금이었습니다. 전쟁 이후에 경제 위기를 겪은 것은 독일만이 아니었습니다. 영국을 위시하여 모든 유럽 나라들이 도저히 금본위제가 요구하는 경제적 힘을 회복할 수 있는 상태가 아니었습니다. 미국에 남아돌던 자금이 월스트리트 투자은행의 힘을 빌려 이 나라들에 거액의 자금을 융통해 주면서 결국 찢어졌던 경제를 봉합할 수 있었던 것입니다. 그래서 월스트리트-런던 금융가-빈의 크레디탄슈탈트 은행을 잇는 자금의 흐름은 유럽, 나아가 세계 전체의 질서를 유지하는 핵심적인 역할을 합니다.

하지만 이 흐름이 끊어지는 사건이 벌어졌으니 바로 1929년 뉴욕 주식시장 대폭락입니다.

---

46 이 시대를 총체적으로 그려 낸 역사서로 Charles Maier, Recasting Bourgeois Europe: Stabilization in France, Germany, and Italy in the Decade after World War I, Princeton University Press, 2019.

2

대공황의 시작
- 주식 대폭락과 금본위제의 파산

언제 사라져도 이상할 것 없던 19세기의 여러 체제들은 1930년대 대공황을 거치면서 완전히 무너져 내렸습니다. 대공황은 현대 산업사회의 경제 역사를 바꾼 분수령이라고도 할 수 있는데요, 이를 계기로 19세기에서 내려온 자유방임 자본주의가 사라지고 새로운 자본주의가 생겨났기 때문입니다. 이때의 자본주의를 수정 자본주의라고도 하고, 국가 자본주의라고도 합니다.

대공황의 원인

대공황이 일어난 원인을 하나만 꼽을 수는 없습니다. 경제라는 것 자체가 많은 관계들의 복합체이기 때문인데요, 우선 전개된 상황을 말씀드리겠습니다. 1920년대 후반 돈의 흐름을 보면 월 스트리트를 중심으로 한 미국 자본이 영국의 영란은행을 거쳐 독일과 중유럽·동유럽에 있는 여러 나라로 들어가는 형국으로 세계 금융 구조가 짜여 있었습니다.

즉 미국을 제외한 전 세계 거의 모든 나라가 일종의 채무국인 셈이었는데요, 미국에 있는 부가 월 스트리트를 통해 전 세계로 뻗어 나갔다고 볼 수 있습니다.

자연스럽게 월 스트리트에 있는 주식시장 및 각종 증권시장 등 자본시장은 과열 상태에 들어갔습니다. 주가도 계속 올라가고, 외국 국채를 비롯한 별의별 채권도 다 돌아다녔죠. 구두닦이 소년이 주식시장에 투자해서 한 달 사이에 재산이 몇 배가 됐다는 식의 얘기가 매일이다시피 신문에 오르내리던 시기였습니다.

그러다가 1929년 10월 24일 목요일부터 갑자기 미국 주가가 대폭락하기 시작했습니다.[47] 주가라는 게 오르기도 하고 내리기도 하는 것이지만 이때는 상황이 좀 달랐습니다. 회복되기는커녕 계속 떨어지기만 하는 겁니다. 이때 주식을 가지고 있던 사람들 대부분은 은행에서 돈을 빌려 주식을 샀기 때문에, 이 빚을 갚으려면 손절매를 해야만 했습니다. 나의 손절매가 너의 손절매를 부르고 우리의 손절매를 부르면서 계속 투매로 이어지는 악순환이 되풀이되었고, 자금 경색까지 벌어지게 되었습니다. 은행은 돈을 빌려주지 않을 뿐 아니라 빌려준 돈을 회수하기 시작했고요.

이 여파는 미국 안에서만 벌어진 게 아닙니다. 런던 금융기관도 미국에 돈을 갚아야 하니까 큰 곤경에 처합니다. 그래서 다시 독일과 오스트리아 등을 거쳐 동유럽 각국으로 들어갔던 자금을 회수합니다. 결국

---

47 1929년 주식 대폭락 사태를 쉬우면서도 흥미롭게 설명한 책으로 John Kenneth Galbraith, The Great Crash 1929, Harer Business, 2009.

미국 내에서 벌어진 주가 폭락이 전 세계적인 자금 경색으로 이어지게 된 것입니다. 찰스 킨들버거Charles Kindleberger 같은 경제사가는 그때 미국의 조치는 잘못됐고, 최종 대부자 역할을 해서 돈을 빌려줬어야 했다고 말하기도 했는데, 역사에 만약이란 없죠.[48] 미국 주식시장과 금융가는 가라앉을 대로 가라앉았고 유럽 금융시장 역시 붕괴되어 금융기관들이 줄줄이 파산했습니다.

이런 사태가 벌어지면 환 가치가 떨어질 수밖에 없는데, 그때는 아직 금본위제가 유지되고 있었으니까 환 가치가 떨어지게 두면 안 되죠. 이 심한 모순 속에서 괴로워하다가 드디어 1930년, 금본위제의 종주국인 영국이 "이제부터는 파운드화가 아니라 파운드화 할아버지를 가지고 와도 금으로 바꿔 주지 않겠다!"라고 선언하고 금본위제를 탈퇴하면서 그토록 오랫동안 세계 경제 질서를 유지하던 금본위제가 종말을 맞게 되었습니다. 그다음부터 국제 금융 체제는 말할 것도 없고 각 나라 내부의 금융 시스템도 일대 혼란 상태에 빠졌습니다.

이렇게 1929년 월스트리트에서 시작된 시장의 불안정성이 대공황의 주요한 한 가지 원인이라고 볼 수 있고, 배후에 있는 또 다른 원인으로 농산물 하락을 꼽을 수 있습니다. 제1차 세계대전 당시 군인들을 먹여야 하니까 농산물의 수요가 많아졌습니다. 이때 가격도 많이 올라갔고 생산량도 늘었습니다. 이후 전쟁이 끝나고 1920년대에 접어들자 농산물의 수요는 줄었지만 농민들의 숫자가 너무 많았기 때문에 생산량 조절이 되지 않았습니다. 2차 산업혁명을 지나면서 다른 산업들은 대부

---

[48] Charles Kindleberger, The World in Depression, 1929-1939, University of California Press, 2016.

분 독과점 상태여서 생산량과 가격을 마음대로 조절할 수 있었습니다. 독점 기업의 경우에는 시장에서 팔릴 양을 살펴 가격과 생산량을 결정할 수 있기 때문에 생산성의 악화나 과잉 생산 같은 것을 미리 막을 수 있었는데요, 농민들은 미국 전역에 흩어져 있죠. 사정이 그렇다 보니 모여서 생산량을 합의하거나 카르텔을 맺을 수 없습니다. 결국 1920년대 들어와 농산물이 과잉 생산 되면서 가격이 계속 떨어진 것입니다. 그런데 이걸 통제하거나 교통정리를 하는 사람이 아무도 없어요. 이런 상황들이 전체 물가 하락으로 이어지면서 '숨어 있는 디플레이션crypto-deflation'이 되었다는 분석도 있습니다.

다음으로 노동의 실질소득 문제가 있었습니다. 2차 산업혁명이 진행되면서 노동 생산성이 비약적으로 증가했지요. 이렇게 노동에 대한 수요가 증가하면 그만큼 임금도 올라가야 합니다. 일국의 경제가 제대로 돌아가면서 노동 생산성 증가로 생긴 이득의 상당 부분이 노동자의 임금소득으로 넘어가거나, 그게 아니라면 노동 생산성 증가로 이어져 물건값이 낮아지거나 해서 실질임금이 상승하는 식으로라도 혜택을 볼 수 있어야 합니다.

1920년대 상황의 소득 분배 구조를 보면 노동 생산성은 계속 올라가는데 노동자를 더 고용하지도 않았고, 임금도 올라가기는커녕 멈춰 있거나 계속 내려가는 식이었습니다. 물건값이 싸진 것도 아니었는데 말이죠. 그러면 거기서 발생한 이윤은 다 어디로 갔을까요? 두말할 것 없이 고스란히 자본가의 손으로 들어갔습니다. 물론 자본가들이 돈을 다 가져간다고 해서 경제가 망하라는 법은 없습니다. 다만 경제의 선순환이 일어나려면 자본가들이 이윤으로 가져간 돈을 재투자해서 생산도 더 늘리고 노동자들도 더 고용해야 경기도 좋아지고 실업률도 떨어지는데 대부분의 자본가들이 이윤만 가져가고 투자는 하지 않았습니다. 주식시장은 대폭락하고 금융시장이 붕괴하는 이 상황에서 이윤을 땅에 묻어 놨으면 묻어 놨지 그걸 다시 투자할 만한 배짱을 가진 자본가는 찾아보기 힘들었던 거죠.

정리하자면, 1920년대는 산업의 혁신으로 생산성이 엄청나게 향상된 시기였습니다. 하지만 노동자와 농민 집단의 소득은 전혀 향상되지 않았고, 이 문제를 개선하려는 노력도 없었습니다. 농민들의 경우엔 농산물 시장의 구조 문제로 가격이 계속 하락하는 상황을 겪어야 했습니다. 노동자들은 기술적 생산성의 향상으로 노동 시간이 줄기도 했고, 노동 시간당 실질임금에서는 어느 정도 나아지는 면도 있었지만 고용 총량이 크게 늘어난 것은 아니었습니다. 전체 실질임금이 생산성 향상에 맞먹을 만큼 올라간 것도 아니었죠. 따라서 생산성 향상의 과실은 자본가나 투자자 계급에 집중적으로 돌아갔고, 이것은 결국 소득 불평등의 격화로 이어졌습니다. 1919년 미국의 상위 1퍼센트와 5퍼센트가 차지하는 소득 비중은 12.2퍼센트와 24.3퍼센트였지만, 불과 10년 후인 1929년에는 18.9퍼센트와 33.5퍼센트로 폭증합니다.[49]

이런 복합적인 이유로 1929년 이후부터 1933년까지 미국 실업률은 30퍼센트 가까이 올라갔고, GDP도 거의 절반 가까이 떨어졌다고 추산하고 있습니다.[50]

---

49 로버트 하일브로너 외, 『자본주의, 어디서 와서 어디로 가는가』, 홍기빈 역, 미지북스, 275쪽.

50 전반적인 대공황에 대한 설명으로는 로버트 하일브로너 외, 『자본주의, 어디서 와서 어디로 가는가』, 홍기빈 역, 미지북스, 2015.

대책이 없는 것이 대책?

전 세계가 쑥대밭이 됐으니 어떤 식으로든 대책을 세워야 할 것 아니겠어요? 당시 미국 대통령이었던 허버트 후버Herbert Hoover가 은행가도 부르고 기업가도 불러서 계속 대책 회의를 했는데, 나오는 얘기는 대책이 없다는 것뿐이었습니다. 급기야 완전히 바닥을 치고, 더 망할 수 없을 때까지 망하게 돼야 한다는 이야기까지 나오기에 이릅니다.

> "경제에서 경기가 좋아지고 나빠지는 건 인간이 할 수 있는 게 아니라 시장의 자연스러운 운동에 따라 이뤄지는 것이다. 지금 불황이 계속되고, 실업률이 높은 이유는 노동 수요보다 공급이 많아서, 다시 말해 임금이 너무 높아서 그렇다. 여기서 경제가 다시 살아나려면 경기가 더 나빠지고 임금이 더 떨어지는 수밖에 없다. 임금이 더 떨어지려면 실업률이 더 늘어나야 하고, 노동 공급이 노동 수요를 초과하는 상태가 계속되어야 한다. 그러니 노동자들에게 복지나 구호 정책을 펼 게 아니라 떨어진 임금을 받아들일 수 있도록 더 괴롭게 만들어야 한다."

놀랍게도 이게 당시 주류 경제학자들이 공통적으로 내놓은 대책이었습니다. 이걸 과연 대책이라고 할 수 있을지 모르겠지만요. 다른 나라도 사정은 크게 다르지 않았는데요, 오스트리아 재무장관까지 지냈던 경제학자 조지프 슘페터도 비슷한 이야기를 했습니다.

> "세수를 늘리고 지출을 줄이는 긴축 재정을 해야 한다. 경기가 더 나빠지도록 정부 재정은 줄이고, 금리는 올리고, 실업률은 높이고, 임금은 떨어뜨려야 한다."

사실 실업률이 30퍼센트에 육박한다는 건 사회가 폭발 지경에 있다고 볼 수 있습니다. 언제든 폭동이 일어날 수도 있는 일촉즉발의 상황에서, 사람들은 길거리에 늘어서서 죽 한 그릇만 더 달라고 외치고 있었습니다. 실제로 많은 사람이 얼어 죽거나 굶어 죽고 있었고요.

여기에 정부도, 기업도, 금융기관도 제대로 된 대책을 내놓지 않았을 뿐만 아니라 전부 돈을 감추는 일만 하고 있었습니다. 이 대공황으로 인해 모든 중도 정치 세력들이 진리라고 믿었던 신조가 모조리 다 무너지게 되었습니다. 이제, 간신히 월스트리트의 자금으로 겨우 유지되고 있었던 1920년대의 19세기식 자유방임 자본주의 체제는 그 명을 다하게 됩니다. 그 대신 여러 다른 자본주의가 나타나 자신들 나름의 방식으로 상황을 타개해 나갑니다. 그 형태는 제각각이었지만, 국가 자본주의라는 점에서 공통점을 갖습니다.

3

대공황 대책과
국가 자본주의

1930년대부터 새롭게 나타난 국가 자본주의가 그전과는 어떤 식으로 다르게 대공황을 풀어 나갔는지 중요한 개혁을 중심으로 살펴보겠습니다.

19세기에는, 경제란 시장의 작동에 맡겨 둬야 하고, 국가는 철저히 입헌국가로 머무르면서 경제에 개입하면 안 된다는 믿음을 금과옥조처럼 여기고 있었지만, 1930년대 여러 국가들은 더 이상 그런 신조를 따르지 않았습니다. 미국에서는 프랭클린 루스벨트Franklin Roosevelt대통령이 뉴딜 정책을 가지고 나왔고, 스웨덴과 북유럽 국가는 사회민주주의를 내세웠습니다. 심지어 독일·이탈리아·일본에는 파시즘이나 준파시즘 형태가 등장해 중앙집권적 경제 계획을 내세웠습니다. 경우는 좀 다르지만 소련에서도 스탈린에 의한 독재 집권 체제가 나타나서 그 이전의 애매했던 '신경제 체제'를 철폐하고 '5개년 계획'을 시발로 본격적인 중앙계획 경제를 만들기 시작합니다. 지금 나열한 것들의 이념적인 지향을 보면 극우에서 극좌까지 완전히 제각각이지만, 경제적인 측면에서 관찰해 보면 몇 가지 공통된 요소를 발견할 수 있습니다. 이 공통된 요소가 바로 20세기 중반 이후부터 나타난 국가 자본주의의 모습이라고 말할 수 있습니다.

첫 번째는 국가가 공공지출을 한다는 것입니다. 이전까지는 국가는 치안이라든가 군사 방위 같은 고전적이고 제한된 역할만을 해 왔습니다. 공기업을 운영한다든가 경제 활동을 조직한다든가 하는 일에 국가가 나서는 건 부당하다고 여겼죠. 이 생각은 국가 자본주의의 등장으로 달라집니다. 만약 자본가들이 투자를 멈춘 채 산업 조직의 임무를 방기하고, 일하고 싶은 노동자들이 일자리를 찾지 못하고, 멀쩡한 공장들이 전혀 돌아가지 않게 된다면 어떻게 되겠습니까? 다시 또 1930년대 대공황 때 같은 상태가 되고 말겠지요. 따라서 이때부터는 국가가 나서서 산업을 조직하고 사회가 굴러가도록 해야 한다는 쪽으로 생각이 바뀌었습니다. 공공지출을 통해 공기업이나 공공근로를 조직하고, 경제 활동과 산업 활동을 적극적으로 지원하기 시작했습니다. 이런 생각이 특히 강하게 드러난 곳이 스웨덴이었는데요, 나치가 취한 경제 정책이나 미국의 뉴딜 정책에서도 비슷한 모습을 찾을 수 있습니다.

두 번째는 첫 번째와 연결되는 것인데, 더 이상 균형 재정에 얽매여서는 안 되고, 국가가 공채를 발행하여 재정을 마련해 과감하게 돈을 써야 한다는 사상입니다. 그전에는 균형 재정이라는 걸 반드시 지켜야만 했던 이유가 금본위제와 고정환율제라는 조건 때문이었죠. 1930년대에 들어와 금본위제가 깨지고 고정환율제도 사라졌으니 이제는 통화도 더 발행하고 적극적으로 적자 재정을 시행하자는 겁니다. 이때 후버 대통령이 했던 것처럼 정부가 쓸 돈을 세금에 의존하면 시중에 있는 돈을 정부가 흡수하니까 투자가 위축될 위험이 있겠죠.

그래서 일본의 다카하시 고레키요 수상, 독일의 할마르 샤흐트 제국 은행 총재, 스웨덴의 재무장관 에른스트 비그포르스Ernst Wigforss 같은 사람들은 모두 세금이 아니라 국채를 늘려 그 돈으로 여러 공공사업을 진행하는 방식을 취했습니다. 비그포르스는 이걸 위해 정부 재정을 두 개로 나누기도 했습니다. 그전에는 정부 재정을 단순히 일반 회계로만 처리해 들어오는 돈, 나가는 돈으로만 나눴는데, 이때부터는 세수와 세출로 운영되는 국가 기초 수지를 기록하는 회계와, 각종 자본 투자나 공채를 통해 마련한 자금으로 공공사업을 벌이는 자본 계정을 기록하는 회계를 따로 두면서 이원화한 것입니다.[51]

이걸 아주 대담하게 설명한 것이 아바 러너Abba Lerner의 '기능적 재정 Functional Finance' 이론입니다. 국가 재정을 무조건 균형을 맞추도록 운영할 게 아니라 경기에 따라 달리해야 한다는 이론인데요, 불황기가 되면 정부는 적자 재정을 편성해 시중에 돈을 풀고, 경기가 호황 국면에 접어들면 긴축 재정에 들어가 발행한 공채를 회수해 균형 재정, 건전 재정으로 돌아가도록 한다는 것입니다. 이렇게 정부가 경기 순환과 반대 방향으로 재정을 운영한다는 원칙이 자리 잡으면서 1930년대부터 1950년대 정도까지 상식처럼 통했습니다.

세 번째는 집산화collectivism입니다. 농수산물의 가격이 떨어진 가장 중요한 이유가 일반적인 독과점 시장과는 달랐기 때문이었죠. 농민들이 스스로 생산량과 가격을 조절할 수 있는 상황이 아니었으니까요. 이걸 시장의 몰인격성이라고 표현하기도 하는데 19세기까지만 하더라도 많

---

51 홍기빈, 『비그포르스, 복지국가와 잠정적 유토피아』, 책세상, 2011.

은 경제학자들이나 자유주의자들의 로망과도 같았죠. 아무도 자기 뜻대로 가격과 생산량을 임의로 조정할 수 없는 비인격적 힘이 작동하는 시장은 이들의 이상과도 같았습니다. 2차 산업혁명부터 그렇게 시장에 맡겨 놨다가 말도 안 되는 대량 생산의 홍수가 벌어지기도 하고, 생산과 투자가 전혀 이루어지지 않는 대기근이 몇 년씩 이어질 수도 있다는 걸 경험하고 나서는 생각이 180도 바뀌었습니다. 이른바 보이지 않는 손에 맡겨 둘 것이 아니라 생산자와 소비자, 특히 생산자들을 조직과 단체로 묶어 서로 협의하고 토론하고 조정할 수 있도록 만들자는 방향으로 가게 되었습니다.

그래서 업계마다 무슨 산업협회니 무슨 기업연합이니 하는 걸 만들도록 국가가 강력하게 장려했고요. 자본뿐만 아니라 노동의 집산화도 이루어졌습니다. 예전처럼 노동자들이 파업하고 난리 치도록 내버려 둘 게 아니라, 산업별로 노동자를 조직하고 전국적 규모의 노동자 조합을 만들어 협의할 수 있는 대상으로 삼으면 사업을 계획하고 예측하는 데 도움이 되리라고 보았습니다.

1920년대까지만 해도 노동조합이라고 하면 거의 '빨갱이'와 동의어였는데요, 1930년대 뉴딜 정책을 내세운 루스벨트 정부부터는 노조를 적극적으로 활성화하고 장려합니다.

아이러니하게도 노동자들의 집산화가 특히 강력하게 나타난 곳이 이탈리아 · 독일 · 일본 등 파시즘 국가였는데요, 순전히 국가와 자본의 통제력을 강화하기 위해서였지만 어찌 됐건 이로 인해 노동자들의 조직과 연대가 강해지는 계기가 되었습니다. 이런 나라에서는 노동조합뿐 아니라 각종 협동조합도 많이 생기면서 협동조합을 생산자들과 연결해 경제 조직을 집산화하는 도구로 활용하기도 했습니다.

네 번째는 사회 정책을 크게 강화했습니다. 1920년대 무렵 노동자들이 노동시장에서 받는 임금이 살아가는 데 충분했을까요? 물론 살아간다는 걸 어떻게 정의할지, 어느 수준의 생활을 영위할 것인지에 따라 얘기는 달라지겠죠. 다만 살아간다는 의미가 최소한의 의식주만 해결하는 데에 국한되는 건 아닐 겁니다. 결혼도 하고, 아이도 낳아 기르고, 때로 아프면 병원도 가야 합니다. 이 모든 일에는 돈이 들어가죠. 20세기 중반까지도 이들이 받는 임금 수준은 월세를 내고, 일용할 양식을 해결하는 정도였습니다. 그런 임금으로는 삶이 형성되지도 않을뿐더러 인생 주기에 부딪히게 되는 여러 가지 일들을 감당할 수도 없습니다.

20세기 중반을 지나면서 여러 나라에서 복지국가라는 개념이 생겨났습니다. 학자들에 의하면 유럽의 복지국가 유형은 크게 독일과 같은 보수적인 형태, 영국과 같은 자유주의 형태, 북유럽과 같은 사회민주주의 형태로 나눌 수 있다고 합니다. 이 국가들이 이념적인 지향이나 정치·철학적 배경은 크게 다르지만 국민의 삶 일정 부분을 국가가 떠맡아야 한다는 인식 자체는 대동소이했습니다. 이런 개념을 아주 잘 집약했던 말이 영국 복지국가 건설 과정에서 나왔던 '요람에서 무덤까지'입니다.

마지막으로 하나가 더 있습니다. 국가가 산업정책을 내세워 노동 측과 산업 측이 서로 잘 협력할 수 있도록 했을 뿐 아니라 공동의 방향으로 끌고 나가는 역할까지 했다는 점입니다. 특히 제2차 세계대전 이후 1950년대~1960년대 유럽과 미국 등 선진 산업국에서 두드러지게 나타난 모습입니다. 자본과 노동이 싸움을 벌일 때 국가가 개입해 '노사정'이라는 삼자 기본 틀을 마련하는데요, 이때 단순히 자본과 노동을 중재하는 역할만 하는 게 아니라 산업정책도 함께 제시했다는 거죠. 즉 국가가 어떤 산업을 중점적으로 키울 것인지를 논의해 자본이 투자하도

록 유도하고, 돈이 필요하다면 은행이나 신용망을 이용해 융자해 주기
도 했습니다. 이를 두고 국가가 산업을 지배한다고 할 수는 없겠지만,
여러 정책을 통해 산업이 나아갈 방향을 잡아 갔다고 볼 수 있습니다.

지금 나열한 몇 가지가 국가 자본주의의 주요한 특성입니다. 대공황
시기였던 1930년대부터 나타나 1950~1970년대까지 이 틀은 크게 바
뀌지 않고 계속 유지되면서 국가 자본주의 시대를 만들어 갔습니다.[52]
그리고 사회(민주)주의 운동과 심지어 파시즘 운동 또한 이러한 시대가
열리는 때에 '최소한 초입에는' 중요한 역할을 하게 됩니다.

---

52 특히 파시즘 체제에서 만들어진 여러 제도들이 제2차 세계대전 이후 주요 산업국 경제 성장에 중요한 발판
이 된다는 점이 간과되어 왔습니다. 이에 대해서는 Simon Reich, The Fruits of Fascism: Postwar Prosperity
in Historical Perspective, Cornell University Press, 1990.

4

사회주의 운동의 변화와
정당 정치의 형성

한때 자본주의 체제 자체를 전복하자는 혁명적 기치를 내세웠던 사회주의 운동은 어떻게 해서 국가 자본주의 성립의 한 계기가 되었을까요? 19세기 세계 경제 질서가 어떻게 바뀌게 되었는지 관찰할 때, 주의 깊게 살펴야 할 주제 중 하나가 사회주의 운동의 변화와 정당 정치의 형성 과정입니다. 이 과정을 좀 딱딱한 표현으로 하면 혁명 운동의 체제 내화라고 할 수 있습니다.

경제사를 이야기하면서 사회주의 운동에 관해 언급할 수밖에 없는 이유가 있습니다. 산업사회를 구성하기 위해서는 당연히 자본이 필요합니다. 여기서 말하는 자본이란 일반적인 자본도 포함하지만, 화폐로서의 자본, 사회적 권력으로서의 자본, 기계와 같은 자본재로서의 자본 및 세력으로서의 자본이라는 의미도 있습니다. 자본이야말로 거대한 산업사회와 산업 경제를 만들어 가는 중요한 힘이라 하지 않을 수 없습니다.

자본의 다양한 의미를 이해하기 위해서는 그 반대편의 모습 또한 봐야 합니다. 자본의 일방적 독주와 권력 집중을 견제하는 흐름을 폭넓은 의미에서 노동 운동 혹은 사회주의 운동이라고 정의할 수 있는데, 이런 사조는 20세기 경제 체제를 형성하는 큰 힘이 되었습니다. 따라서 20세기에 노동 운동과 사회주의 운동이 어떻게 전개되었는지를 모르면 20세기 자본주의가 어떻게 형성되었는지도 알 수 없고, 현존하는 산업사회의 모습이 왜 이런 형태를 띠고 있으며, 그 바닥에 어떤 논리가 있는지도 알 수 없습니다. 그런 점에서 20세기 초라는 중차대하고 예민한 순간에 사회주의 운동이 어떤 흐름으로 변해 갔는지를 이해하는 것은, 20세기 자본주의는 물론이고 오늘날의 여러 사회 경제 시스템을 이해하는 데에도 매우 중요합니다.

19세기에서 20세기 초까지의 사회주의 운동

사회주의 운동의 역사는 매우 길지만 여기서는 대략적인 흐름 정도만 짚고 넘어가겠습니다.[53]

　1860년대까지만 해도 사회주의 운동은 국제적인 성격이 강했습니다. 이를테면 이탈리아 사람이라고 해서 이탈리아 사회주의혁명이나 이탈리아 민주주의에만 관심을 가지는 게 아니라 폴란드 민족해방이나 폴란드 민주주의에도 관심을 가졌다는 것입니다. 실제로 이탈리아 사람

---

53 비마르크스주의 입장에서 사회주의 운동의 역사를 서술한 고전으로는 G. D. H. Cole, The History of Socialist Thought volume V., St. Martin s, 1960.이 있습니다. 압축적이면서 간결한 서술로는 George Lichtheim, A Short History of Socialism, Praeger Publisher, 1970. 특히 제2차 세계대전 이후 유럽에서의 사회민주당과 (유럽)공산당의 역사에 대해서는 도널드 서순Donald Sassoon, 『사회주의 100년』, 강주헌 외 역, 황소걸음, 2014.

이 폴란드 민족해방을 위해 목숨을 던지기도 하고, 스페인에서 전쟁이 벌어지면 우르르 몰려가 같이 싸워 주기도 하는 등 공동체적 의식이 강했지요. 대표적인 인물을 몇 명 소개하자면 이탈리아 독립 운동 과정에서 활동했던 장군이자 정치인인 주세페 가리발디Giuseppe Garibaldi나 러시아 혁명가였던 미하일 바쿠닌Mikhail Bakunin 같은 인물들이 있습니다. 이들을 이탈리아 사람이니 러시아 사람이니 하는 건 사실 별 의미가 없지요. 칼 마르크스도 마찬가지입니다. 독일 트리어가 고향이지만 칼 마르크스가 독일인인지, 이탈리아인인지, 프랑스인인지 하는 것은 그리 중요한 문제가 아니죠.

이들은 1870년대까지만 해도 국가는 부르주아들의 것이고, 노동계급에게 조국 따위란 없다고 생각하는 경우가 많았습니다. 이런 흐름에 의거해 유럽 전역에 있는 모든 피지배 계급과 노동자가 함께 힘을 모아 민주주의와 사회주의를 쟁취해야 한다는 성격의 운동을 벌이면서 제1인터내셔널이라는 조직을 만들었습니다. 영국에 있는 노동자 협회가 모태였는데요, 이걸 계기로 프랑스, 스위스 할 것 없이 여러 나라 노동자들이 다 참여해서 총회를 열기도 했습니다. 전 유럽 차원의 초국가적인 사회주의 운동 집단이 형성된 것인데요, 이 집단은 나중에 마르크스와 엥겔스를 중심으로 한 집단과, 바쿠닌을 중심으로 한 초기 아나키즘 진영의 싸움 속에 1870년대 중반에 흐지부지되고 맙니다.

1889년이 되면 프랑스 사회주의자들과 독일 사회주의자들이 힘을 합쳐 독일 에르푸르트에서 독일 사회민주당이 채택했던 마르크스주의적인 강령을 내세운 제2인터내셔널을 다시 조직합니다. 자본주의는 자체의 모순으로 멸망할 수밖에 없고, 노동자들은 자본주의가 멸망에 이른 역사를 철저히 이해해서 자본주의가 망한 뒤에 새로운 사회주의를 건설하는 것을 목표로 한다는 게 독일 사회민주당의 강령이었는데요, 제2인터내셔널로 인해 독일 에르푸르트 강령을 기본으로 거의 비슷한 내용을 담은 일종의 프랜차이즈 같은 사회민주당이 세계 곳곳에서 생겨났습니다. 1890년대야말로 이런 마르크스주의에 기초를 둔 사회민주주의 운동의 최전성기라고 할 수 있습니다.

이 과정에서 상당히 역설적인 일이 벌어지는데요, 보통 마르크스주의에서 이야기하는 프롤레타리아나 노동자 계급이라고 하면 헐벗고 굶주린 사람이라는 이미지가 있죠. 하지만 이미 이때만 해도 노동자들은 18세기나 19세기 초 1차 산업혁명 시절의 그런 노동자들이라고 볼 수 없었습니다.[54] 노동자들이 노동조합을 만들면서 정치 세력화를 이룹니다. 특히 독일 같은 경우 사회민주당이 제1당이 되기까지 합니다. 전 세계적 차원에서 가장 중요한 정치 세력으로까지 성장했는데, 이들을 헐벗고 굶주린 집단이라고 말하기는 무리가 있겠죠. 물론 1920년대 정도까지 노동조합이 완전히 합법화되거나 노동자들의 처지가 획기적으로 개선되었다고는 할 수 없지만, 이미 앞에서 우리가 보았던 19세기 초의 처참한 레 미제라블, 무산계급이라고 말할 정도로 정치적·사회적 자원이 전혀 없는 세력은 아니었습니다.

이후 사회주의 운동 자체도 조금씩 변하면서 혁명적 성격에서 탈각하기 시작하는데요, 영국의 경우가 대표적이었습니다. 영국의 정치가인 아서 체임벌린Arthur Chamberlain이 처음 만든 사회 제국주의Social Imperialism라는 기묘한 말이 있습니다. 사회주의와 제국주의를 결합한 이념인데

---

54 사실 1850년대부터 유럽의 '노동 운동'은 주로 숙련공들을 중심으로 이루어졌음을 기억해야 합니다.

요, "인도를 비롯한 대영제국이 거느리고 있는 여러 식민지를 착취해서 영국 기업과 경영자가 큰돈을 벌어야 비로소 영국 노동자의 임금 상승이나 처우 개선이 가능해진다. 영국 노동자들도 자기들의 사회적인 지위 상승을 위해서는 영국의 제국주의적 정책에 적극 협력할 필요가 있다." 이런 주장을 담고 있습니다.

징고이즘jingoism이라는 단어도 등장했는데요, 보통 호전적 애국주의, 배타적 애국주의 정도로 번역되는데, 영국의 대러시아 강경책을 노래한 애국적인 속가에서 유래한 말입니다. "싸우고 싶진 않지만 덤비면 어림도 없다. 우리에겐 배도 있고 군대도 있고 돈도 있다." 이런 내용의 노래인데, 맥줏집에서 술 취한 노동자들이 악을 쓰며 부르던 이 노래의 후렴구가 '징고!'였습니다. 다시 말해 전쟁해서 다 때려 부수자는 메시지를 담은 이 노래를 부르던 많은 사람들이 노동자들이었다는 거죠. 징고이즘이라는 단어야말로 영국이 더 많은 식민지를 개척하고 착취해야 한다는 제국주의적이고 군국주의적인 사고와 노동자들의 계급의식이 뒤섞인 대표적인 예라고 할 수 있습니다. 자본을 통해 자신들의 위치를 개선해야 한다는 사고방식을 진보나 사회주의라고 할 수는 없을 겁니다. 레닌 같은 사람은 이들을 '제국주의가 식민지에서 수탈한 돈에 매수당한 노동계급 상층의 노동 귀족들'이라고 비판하기도 했는데, 사실이게 영국만의 특수한 경우라고 보기는 힘듭니다. 다른 유럽의 노동자들도 실상은 크게 다르지 않았기 때문입니다.

국가 자본주의를 공고하게 하는 사회주의

1899년, 남아프리카 공화국에서 보어 전쟁이 벌어지게 되고, 각국의 동맹 협상 관계라는 게 갈수록 두 쪽으로 나뉘기 시작합니다. 러시아 · 영국 · 프랑스를 한 축으로 하는 연합국과 독일 · 오스트리아 · 튀르키예를 한 축으로 하는 동맹국으로 갈라지는데요, 이런 흐름은 점점 세상을 제1차 세계대전으로 몰아넣고 있었습니다.

이때 사회주의 운동의 지도부가 본래 취했던 입장은, 이건 우리의 전쟁이 아니라는 것이었습니다. 슈투트가르트 대회에 모인 제2인터내셔널의 유명한 사회주의 지도자들은 이건 부르주아들의 전쟁일 뿐, 유럽 노동자 계급 형제들이 서로를 죽이고 피를 흘릴 이유가 없으니 전쟁에 반대하겠다고 합의했습니다. 로자 룩셈부르크Rosa Luxemburg 같은 걸출한 여성 혁명가는 "혁명적 패배주의와 혁명을 내전으로!"라는 구호까지 내걸기도 했죠. 노동자 계급은 자국의 전쟁 노력에 훼방을 놓는 동시에 오히려 전쟁을 교묘히 이용해 국내에서 내전을 벌이고 혁명을 일으켜 자본주의 시스템을 타도하는 방향으로 나가야 한다는 주장이었습니다. 그냥 수동적인 반전 운동의 차원을 넘어 아주 강한 메시지와 의지를 드러냈다고 할 수 있습니다.

시간이 지나 1914년 제1차 세계대전이 벌어졌지만, 모두가 알다시피 혁명의 혁 자도 일어나지 않았죠. 막상 전쟁이 터지니까 이들이 결의한 내용과 실제 각국 노동 운동과 정당이 취한 행동이 전혀 달랐던 겁니다. 뭐 구실이 전혀 없었던 건 아닙니다. 독일 사회민주당은 "러시아 차르 체제라는 끔찍하고 야만적인 반민주적 봉건제가 독일에 쳐들어오는 걸 용납할 수 없다. 러시아 놈들을 때려잡자!" 목소리를 높였고, 프랑스 사회당은 "저 카이저 밑에서 굴러먹던 야만적인 독일 제국이 우리 프랑스 선진 민주주의를 공격하는 걸 좌시할 수 없다. 프랑스 노동자들이여 일어나라!" 그랬습니다. 물론 프랑스 사회당 중에서는 중립을 취하는 경우도 있었고, 이탈리아 사회당 같은 정당 역시 중립 노선을 유지하기도 했지만, 제2인터내셔널에서 레닌이나 로자 룩셈부르크, 독일의 에두아르트 베른슈타인Eduard Bernstein 같은 몇몇 개인을 제외하면 정당 차원에서 적극적인 반전 입장을 취한 경우는 전무했습니다.

사실 사회제국주의나 징고이즘 같은 예에서 드러나듯, 이때가 되면 이미 노동자 계급의 위치나 사회주의 운동 자체가 주류 사회로 편입되어 들어가는 양상을 보이고 있었습니다. 사회민주당이나 노동당은 당원 숫자가 많았기 때문에 의회에서도 빠른 속도로 가장 중요한 정치 세력의 자리를 점령해 나갔기 때문입니다. 각 정당은 강령상으로는 혁명적 태도를 보이고 있었지만 실제 행동에서 혁명적 관점을 고수했던 경우는 거의 없었습니다. 그러면서 서서히 지배 계급이나 부르주아 정치가들과 합의를 보면서 오늘날 우리가 알고 있는 이른바 정당 정치의 기틀을 닦아 나가기 시작했습니다. 안토니오 그람시Antonio Gramsci의 표현을 빌리자면 이때의 사회주의 운동은 제국주의라는 역사적 지배 블록의 한 구성 요소로 '변질되어trasformismo' 편입되어 갔던 것입니다.

이런 흐름을 거쳐 20세기 후반, 전쟁 이후에 유럽 각국에서 나타난 전형적인 정당 정치는 자본 측이나 경영 측을 대변하는 자유민주당·기독교민주당 등과 노동조합과 온건 좌파를 대변하는 사회민주당·노동당 등으로 구성되는 형태였습니다. 자본을 대변하는 중도 우파 정당과 노동을 대변하는 중도 좌파 정당이 극좌와 극우를 배제하면서 산업 사회를 관리하는 시스템을 만들어 갔던 것입니다. 이때부터 노동 운동과 사회주의 운동은 "자본주의 체제를 무너뜨리고 혁명을 이룩해 새로운 세상을 건설하자." 같은 1860~1880년대의 유토피아적인 이야기에서 벗어나 서서히 현실에 있는 하나의 정치 세력으로 변하기 시작하고 기업국가나 국가 자본주의를 강화하는 중요한 세력으로 자리 잡게 됩니다.

　보통 우리가 좌파라고 하면 자본주의 시스템 밖에 있는 세력이라고 이해하는 경우가 많은데요, 최소한 정당 정치 측면에서 보자면 그렇게 판단할 수 없습니다. 자본주의 시스템은 어떤 형태로든 좌파 세력을 역사적 블록 내부에 포함시켜야 비로소 안정된 모습을 띨 수 있습니다. 체제에 대한 문제점을 제기하는 동시에 운영을 함께하면서 해결책을 찾을 수 있도록 해야 하기 때문입니다. 이런 시간의 흐름에 따라 사회주의 운동이 변화하면서 사회민주주의로 발전해 뻗어 나가는데요, 여기서 '변화'는 좋은 뜻도 나쁜 뜻도 아닙니다. 단지 겉으로 드러난 현상을 나타내는 말일 뿐입니다. 다만 이렇게 변화된 사회주의 운동이 산업 문명 전체를 공고히 했을 뿐 아니라 국가 자본주의로 나가는 데에 아주 중요한 기능을 했다는 점은 알아 두어야 합니다. 사회주의 운동이 활발히 일어나던 이 시기가 20세기 경제사에서 매우 중요한 분기점 중 하나라고 할 수 있기 때문입니다.

5

파시즘, 권력, 세계 정복

여기서 불편한 이야기를 하나 짚고 넘어가고자 합니다. 오늘날 양식 있는 지식인들이 모두 20세기의 흑역사로 묻어 두거나, 그냥 저주의 대상으로 여겨 치워 버리는 파시즘 체제의 성격입니다. 파시즘이 산업문명이 타락한 최악의 모습이라는 점은 분명하고, 그것이 인류의 의식에 씻기 힘든 상흔을 남긴 것도 분명합니다. 하지만 '파시즘은 도대체 무엇이었는가' 하는 의문은 아직도 제대로 분석되었다고 보기 힘듭니다.

민족주의라고 보는 시각, 극우 보수주의라고 보는 시각, 광란적인 대중 운동이라고 보는 시각, 심지어 대중문화의 변형이었다고 보는 시각까지 이념적·담론적·문화적 차원에서의 연구는 많이 이루어졌지만, 파시즘을 하나의 대안적인 정치·경제 체제로 보는 연구는 극히 드물었다는 것이 원인 중 하나일 것입니다.

저는 파시즘이 19세기의 제도적 잔재와 2차 산업혁명을 통해 변화한 기술적·산업적 조건이 양립하던 상황에서 생겨난 악제惡制라고 생각합니다. 산업문명의 운명을 엮어 나가는 세 가닥의 끈 중 두 가닥이 서로 엉킨 상태에서 나머지 한 가닥, 즉 사회 세력의 운동과 이념이 극단적 일탈을 저질렀던 경우로 보는 것이 합당합니다. 따라서 그 온갖 추악함과 야수성에도 불구하고, 파시즘 또한 20세기 산업문명이 취하고자 했던 하나의 정치·경제 체제로 볼 필요가 있다는 것입니다.

1933년 독일에서 나치 정당이 집권했던 당시 선거를 되짚어 보겠습니다. 나치 정당 최고의 이론가였던 슈트라서 형제들Strasser Brothers은[55] 대공황으로 일자리와 생계와 가족을 잃고 절망한 노동자들에게 짧고 간명한 구호를 내겁니다. "빵과 일자리!" 인간은 자신의 정직한 노동을 해 나갈 수 있는 기회를 보장받아야 하며, 이를 통해 자신과 가족을 부양할 수 있는 소득 또한 보장받아야 한다고 주장합니다. 이것이 바로 국가와 민족의 존재 이유라고 말합니다.

"그런데 이것이 파괴되도록 방치하면서 금본위제가 어쩌네, 경제 정책의 합리성이 어쩌네 하는 자들이 국가를 쥐고 있는 꼴을 그대로 놓아 둘 것인가? 무슨 수를 쓰더라도 독일 민족 전체의 생존과 존엄 그리고 그 개개인들의 행복을 보장해야 하지 않겠는가? 그러자면 강력한 힘을 발휘할 수 있도록 국가와 사회를 전면적으로 개조해야 하지 않겠는가?"

표현 방식은 조금씩 다르지만 바로 이것이 슈트라서 형제들뿐만 아

---

55 그레고어 슈트라서Gregor Strasser와 오토 슈트라서Otto Strasser 형제를 말합니다. 두 사람 모두 나치의 고위 정치가였으나 히틀러와 대립 끝에 형 그레고어 슈트라서는 암살당하고 동생 오토 슈트라서는 탈당 후 독자적인 정치 활동을 하다가 망명합니다.

니라 이탈리아의 무솔리니나 일본의 기타 잇키北-輝 등의 저작에서 공통적으로 발견할 수 있는 주장입니다.

인정하기 싫다고 해도 이를 단순히 광란이라고 치부할 수만은 없습니다. 또한 파시즘의 이념과 철학이 다른 이념보다 논리 구조와 사상적 배경에서 빈약하다고 할 수도 없습니다.[56] 다른 관점에서 보자면, 이는 2차 산업혁명이 요구하는 새로운 산업 합리성에 맞추어 사회 전체가 바뀔 수 있도록 국가 총동원 체제를 만들자는 '혁명 논리'이며, 그 과정에서 '19세기의 유산'에 불과한 자유방임 시장 체제니 의회 민주주의니 하는 것들은 모두 무시하겠다는 '급진적 태도'로 볼 수 있습니다. 민족주의라든가 극우 보수주의 또 대중적 선동 등은 이러한 실체에 덧붙는 부수적인 요소로 보아야 한다는 것이 저의 시각입니다.

이 점에서만 보자면, 파시즘도 뉴딜이나 사회(민주)주의 혹은 공산주의 운동과 궤를 같이하는 것이라고 할 수 있습니다. 실제로 루스벨트 대통령은 무솔리니를 아주 높게 평가하였고, 이탈리아 파시즘이나 독일 나치즘 게다가 일본 극우파들 모두가 '국가사회주의'를 표방했던 것도 사실이니까요. 하지만 파시즘만의 특유하고 결정적인 성질이 있으니 바로 권력·전쟁·세계 정복 등의 야욕이 드러나는 팽창주의expansionism입니다. 이 이념은 2차 산업혁명의 어둡고 극단적인 측면을 여실히 보여 줍니다.

2차 산업혁명으로 인류가 끌어낸 어마어마한 생산력과 파괴력이 꼭

---

56 이 점은 이탈리아 파시즘 연구의 대가이자 버클리 대학 정치학과 교수인 제임스 그레고어James Gregor의 여러 연구를 참조하십시오.

생산과 소비를 진작하여 돈을 버는 데에만 효과적이었던 것은 아닙니다. 그 힘은 바로 전쟁 능력으로 연결되어 더 많은 권력과 더 많은 파괴와 세계 정복 야욕으로 이어졌습니다. 제1차 세계대전이 말 타고 칼을 휘두르는 것으로 시작해 탱크·독가스·비행기·기관총으로 끝났다는 점은 이미 말한 바 있습니다. 1930년대 말이 되면 전쟁의 '산업화'는 더욱더 가속화됩니다. 2차 산업혁명의 힘으로 사회를 재구성할 때, 무엇을 목표로 할 것인가 또 무엇을 가치로 삼을 것인가 등의 질문과 답은 매우 중요합니다. 당시 스웨덴 사회민주당처럼 '모두가 일하고 모두가 함께 쉬고 모두가 형제자매가 되는' 사회를 목표로 2차 산업혁명의 힘을 사용할 수도 있습니다. 루스벨트의 뉴딜처럼 민주주의의 새로운 도약을 최우선 가치로 삼을 수도 있습니다. 하지만 "산업의 힘을 빌려 국가와 민족을 부강하게 하여 저 간악한 귀축영미들을 때려잡고 세계를 정복하여 우리 민족의 영화를 도모하자." 같은 구호를 현실로 이루고자 하면 파시즘이 될 것입니다.

당시의 사회민주주의나 뉴딜, 파시즘 체제에서 대공황에 맞서기 위해 취했던 여러 정책과 제도를 보면 비슷한 것이 많이 있습니다. 문제는 그렇게 해서 사회 전체를 이끌어 나가는 새로운 산업문명의 목표가 무엇이냐는 것입니다. 각각의 이념을 비교해 보면 크게 다르지 않다고도 할 수 있고, 그저 종잇장에 써 놓은 추상적인 문구일 수도 있습니다. 하지만 이것이 민주주의와 도덕과 문명을 파괴하는 야수가 되느냐 아니면 인류를 새로운 산업문명의 단계로 뛰어오를 수 있게 하는 도약대가 되느냐 하는 것은 큰 차이가 있습니다. 이 분수령 앞에 서 있던 것이 바로 1930년대의 세계 정세였습니다.

6

새로운 세계 경제 질서를 만들다
- 브레턴우즈 체제와 GATT 체제

다행히도 제2차 세계대전은 파시즘 세력의 패배로 끝났습니다. 19세기의 자유방임 자본주의 체제로 돌아가려는 1920년대의 절망적인 시도 또한 이루어지지 않았습니다. 「대서양 헌장Atlantic Charter」과 같은 역사적 문서에 잘 나와 있듯이, 제2차 세계대전 이후의 세계 질서는 민주주의와 산업문명을 양립시키고자 했던 미국이나 스웨덴과 같은 형태의 국가 자본주의를 전제로 구성됩니다.

19세기 자유방임 자본주의가 작동하기 위해 존재했던 제도는 국제 금본위제였습니다. 그렇다면 이제 국가 자본주의가 그 자리를 차지하게 된 만큼, 국제 경제의 질서를 만들어 가는 국제 제도도 새롭게 마련할 필요가 있었습니다. 이것이 제2차 세계대전 후 나타나게 된 브레턴우즈 통화 체제와 GATT 무역 체제입니다. 전후 경제 분야에서 가장 중점적으로 다뤘던 문제는 "과연 19세기 고전적인 자유방임주의 세계 경제 질서를 어떻게 다른 질서로 재편할 것인가?" 하는 점이었습니다. 이건 단순히 학술 의제에나 올릴 만한 추상적인 문제라고 볼 수 없을 만큼 중요한 과제이기도 했고, 실제로 새로운 질서를 만들어 내기까지 상당한 진통을 겪기도 했습니다. 파시스트 세력이 과거의 세계 경제 체제를 부정하고 자신들의 이데올로기에 맞는 정책을 주장했기 때문입니다. 파시스트 세력들은 19세기에 있었던 자유무역과 옛날식 금본위제에 기초한 세계 경제 체제는 더 이상 가능하지도 않고 바람직하지도 않다고 주장하면서 전 세계를 몇 개의 커다란 블록 경제로 재편해야 한다고 공세를 벌였습니다. 이런 선동이 처음부터 비난의 대상이 되었던 것은 아닙니다. 심지어 케인스 같은 석학조차 "딱히 반론할 논리가 마땅치 않다."라고 말한 적도 있었다고 하죠.

그러면 연합국 중심의 민주주의 진영에서도 뭔가 할 말이 있어야 하지 않겠어요? 이 상황에서 다시 예전으로 돌아가자는 말을 하면 인기를 끌 수 없다는 사실은 잘 알았습니다. 1920년대에 19세기 질서를 복구해야 한다며 금본위제 시행했다가 대공황 터지고 기업들 다 파산하고 그야말로 온 세계가 난리가 났죠. 거기다 제2차 세계대전까지 겪어놓고, 다시 19세기 체제를 만들자고 하면 이게 무슨 설득력이 있겠습니까. 이런 배경 때문에 19세기에 있었던 엄격한 금본위제나 자유무역과는 다른 국제 무역 체제와 국제 통화 체제를 만들어 내야만 했습니다.[57]

---

57 국제정치학자 존 러기John Ruggie는 이러한 두 개의 체제가 폴라니가 말한 대로 시장을 다시 사회 안에 '묻어 들게 만드는' 장치를 장착한 자유주의라고 보아 '묻어 들어간 자유주의embedded liberalism' 제도라고 하기도 했습니다. John G. Ruggie, International Regimes, Transactions, and Change: Embedded Liberalism in the Postwar Economic Order, International Organization 36(2), 1982.

브레턴우즈 체제

브레턴우즈 체제는 그런 당면 과제를 받아 안으면서 만든 세계 통화 질서입니다. 1944년 미국 뉴햄프셔주에 있는 브레턴우즈라는 작은 휴양지의 호텔에서 미국 대표인 해리 덱스터 화이트Harry Dexter White와 영국 대표 케인스가 만나 전후의 통화 질서를 어떻게 할 것인가를 놓고 의논한 끝에 하나의 안을 도출해 냈고, 여기에 몇 개 나라들이 참여하면서 새로운 통화 질서를 구축하기 시작했습니다.

원래 처음 케인스가 가지고 왔던 안은 모든 나라를 아우르는 국제 통화기구를 만들고, 거기에 모든 나라가 각각 계좌를 갖는 방식이었습니다. 19세기 국가 간 무역 거래가 금으로 결제하는 시스템이었다면 이제 거기에서 벗어나 나라 간 무역을 통해 발생하는 적자와 흑자를 기록한 다음 중앙에 있는 각자의 계좌에서 청산하는 시스템을 만들자는 상당히 급진적인 내용이었습니다.

미국 입장에서 이걸 받아들일 수 없었습니다. 두 차례의 세계대전을 겪으면서 세계 거의 모든 나라는 미국에 어마어마한 돈을 빌린 상태였습니다. 이런 와중에 케인스 안대로 하면 미국의 수많은 채권은 다 무용지물이 되기 때문입니다. 화이트는 케인스의 안을 반대하고 다른 안을 내걸면서 여러 가지 옥신각신 논쟁을 벌였고, 결과적으로 '금환본위제gold exchange standard system'라는 시스템을 도입하기로 합의했습니다. 구체적으로 설명하면 국제 통화로 달러를 사용하고, 이 달러를 금에 연동시키는 것입니다. 이럴 수밖에 없는 이유가 있습니다. 제2차 세계대전이 끝났을 때 제1차 세계대전 전후와 비슷하게 거의 모든 나라들이 거지 상태와 다를 바가 없었습니다. 전쟁하느라 돈은 다 썼고, 공장은 거의 박살 났고, 그나마 있는 공장에선 여전히 무기만 만들고 있었으니 미국

말고 외환 보유고를 가진 나라가 어디 있겠습니까. 이때는 미국이 달러를 풀지 않으면 세계 무역이 성립할 수 없는 상황이었습니다. 실제로 미국은 달러를 풀기 위해 여러 가지 노력을 기울이는데요, 이를테면 미국이 서유럽의 나라들을 원조했었던 마셜 플랜Marshall plan 같은 것도 지정학적 의미에서 냉전에 대응하는 전략인 동시에 경제적 관점에서 달러를 전 세계 시장에 공급하려는 수단이었습니다. 실질적으로도 국제 통화로 쓰일 수 있는 돈은 달러밖에 없었고 달러를 가진 나라가 미국이니까 금환본위제는 사실상 달러본위제라고 할 수 있습니다. 물론 엄밀히 말하면 달러본위제는 아니었죠. 1온스의 금은 35달러와 등가를 이루도록 가치를 고정해야 한다는 규칙이 있었으니까요. 즉 35달러를 가지고 미국 중앙은행에 가면 금으로 바꿔 줘야 한다는 것이죠. 다시 말해 다른 모든 나라의 통화는 미국 달러를 기준하여 일정 환율로 고정되어 있고, 달러는 금에 환율이 고정되어 있다는 게 금환본위제의 골자입니다.

그다음 실제 금은 미국 포트 녹스라는 군사기지에 보관하고 이건 이 나라 금, 저건 저 나라 금 이렇게 나라별로 나눠 놓습니다. 만약 이 나라에서 저 나라로 금을 보낼 일이 생긴다고 하면 실제 금을 옮기는 게 아니라 그 금에 대한 소유권 기록만 바꾸는 식이었습니다. 영화 007 시리즈를 좋아하시는 분들은 숀 코너리Sean Connery가 제임스 본드 역을 맡던 시절의 〈골드핑거〉라는 영화를 기억하실 텐데요, 악당들이 획책하는 게 바로 포트 녹스 금 저장소를 핵폭탄으로 터뜨려 자신들이 보유한 금 가격을 올리려는 것이었죠. 물론 영화답게 007이 악당들의 야심을 잠재우며 포트 녹스의 금을 무사히 지켜 냅니다. 이 영화를 통해 금 거래와 포트 녹스의 역할을 엿볼 수 있습니다.

여기서 이런 의문이 들 수 있습니다. "금본위제나 금환본위제나 거기서 거기 아니냐? 달러도 결국은 금의 가치와 연동되는 거고 모든 나라가 고정환율제로 엮여 있으니 옛날 금본위제의 본질적인 문제였던, 적극적인 재정 정책과 금융 정책을 시행할 수 없는 건 마찬가지 아니냐?"

아닌 게 아니라 전후에는 돈을 많이 써야 합니다. 이른바 경기 부양도 해야 하고, 투자자들이 투자도 하게 만들어야 합니다. 또 사회복지나 공공지출에도 돈이 들어갈 수밖에 없습니다. 그래서 전후 자본주의 시스템이라는 건 어찌 보면 돈 먹는 하마입니다. 그런 만큼 국가가 탄력적으로 재정 정책이나 금융 정책을 펼쳐야만 전후 자본주의가 돌아갈 텐데 이런 식이면 또 황금 족쇄가 채워지겠죠. 그런데 이름이야 무엇이든 금 혹은 달러를 중심에 놓고서 각국 환 가치를 고정하는 금본위제식의 고정환율 체제를 또다시 채택한다면 1920년대와 똑같은 유동성 부족 문제가 발생하지 않겠습니까?

이 문제를 해결하기 위해 만든 것이 국제통화기금IMF, International Monetary Fund입니다. 악연인지 선연인지는 모르겠지만 우리와도 인연이 있었죠. 또 하나가 더 있습니다. 월드뱅크 또는 세계은행이라고 부르는 경제개발과 부흥을 위한 국제 은행International Bank for Reconstruction and Development 입니다.

나라마다 여러 이유로 환 가치가 불안정해질 수 있습니다. 수출은 못하고 계속 수입만 하는 바람에 국제 수지가 악화될 수도 있고, 장기적으로 경제 개발 계획을 세워서 정부가 돈을 많이 쓰거나 은행이 돈을 많이 풀 수도 있습니다. 이런 일들 때문에 외환 보유고가 부족해지면 더 이상 고정환율제를 지켜 내기 힘들어지는데 그럴 때 IMF나 세계은행이 각 나라에 돈을 빌려줍니다.

환 가치가 떨어지는 원인이 만약 단기적이고 일시적인 것이라 몇 년 뒤에 다시 안정시킬 수 있는 상태라면 IMF가 돈을 꿔 줍니다. 이건 단기 자금입니다. 그런데 그 나라의 환 가치가 계속 내려가는 이유가 장기적이고 구조적인 것에 있을 수도 있겠죠. 이를테면 경제개발 10개년 계획을 잡아 몇 년 동안 계속 재정 투자를 하는 바람에 환 가치가 내려갔다고 하면 이건 단기적으로 해결할 수 있는 문제가 아니죠. 이때는 세계은행에서 장기적으로 자금을 빌릴 수 있습니다. 이렇게 고정환율 제를 유지하는 동시에 그것의 엄격한 준칙이 파괴적으로 작동하는 것을 막기 위해 적절한 유동성 공급 장치를 두었던 것이 전후 세계 통화 질서를 유지할 수 있었던 핵심입니다.

앞에서 말씀드렸듯 전후 세계 질서를 회복하기 위해서는 미국이 달러를 푸는 수밖에 없었는데요, 사실 돈을 푸는 것만큼 세상에 어려운 일도 없습니다. IMF나 세계은행은 이 어려운 일을 하기 위해, 즉 미국이 달러를 풀기 위해 만든 하나의 장치라고 볼 수 있습니다.

브레턴우즈 체제에서 중요하게 기억해야 할 게 하나 더 있습니다. 국가 간 사적 자본 이동 금지 조항입니다. 특히 케인스가 강조했던 지점인데요, 케인스는 1929년 대공황이 터지고 세계적인 금융 시스템이 몰락했던 중요한 이유가 월스트리트의 자금이 전 세계로 이동하는 걸 용인했기 때문이라고 봤습니다. 즉 자본의 무제한 이동이 전 세계 금융 시스템의 불안정을 야기하면서 자유무역이 위협을 당했다는 것이죠. 그래서 브레턴우즈 시스템 내에서는 원조나 차관 같은 경우가 아니면 IMF나 세계은행 같은 공식 루트를 통해서만 국가와 국가 간에 돈이 이동할 수 있도록 했고, 사적으로 직접 투자를 하는 것은 원칙적으로 금지였습니다. 브레턴우즈 체제 시절에는 우리나라도 국가 차원에서 달러 환전을 통제하였죠. 브레턴우즈 시스템은 1950년대까지는 잘 유지되었지만 이후 1960년대부터 서서히 무너지기 시작했는데요, 그 과정은 PART 6. 4장 「세계 경제 시스템의 변동」 편(308쪽)에서 다시 다루도록 하겠습니다.

GATT 체제

브레턴우즈 체제가 생겨나고 얼마 지나지 않은 1947년, 무역 질서에도 어떤 국제적인 협약 같은 게 생겨나는데요, GATT는 General Agreement on Tariffs and Trade의 줄임말로 '관세 및 무역에 관한 일반 협정'이라는 표현으로 옮깁니다. 이건 두 나라의 관계를 규정하는 것이 아니고 GATT에 참여하는 나라 모두에 일괄적으로 적용하는 협정이었는데, 세계무역기구WTO, World Trade Organization 창립으로 1994년 종식되었습니다.

GATT 체제는 자유방임 경제 질서와 비슷한 면도 있고 다른 면도 있는데요, 우선 GATT가 지향하는 뚜렷한 목적은 전 세계 차원에서 열려 있는 자유무역 질서를 만드는 것입니다. 이런 목적에 따라 GATT는 각 나라들이 서로 관세 정책이나 무역 블록 같은 것을 형성하는 걸 금지하거나 반대하지 않는데요, 궁극적으로는 이런 방침이 세계적 차원에서 자유무역을 증진하는 데 도움이 된다고 보아 용인하고 지지하는 것입니다. 이렇게 자유무역 체제를 지향한다는 점에서 19세기 체제와 비슷하다고 볼 수 있지만 여기에 중요한 유보 조항들이 달립니다. 국가 간 무역에서 정치적·사회적으로 예민하고 문제가 많은 산업이 몇 가지 있는데요, 대표적인 게 농업이죠. 우리나라만 생각해 봐도 쌀 시장을 개방한다고 했을 때 난리가 났었죠. 한국인들에게 쌀이라는 곡물은 그 자체로 어떤 문화적·정치적·사회적 상징과도 같습니다. 만약 쌀에 아무런 관세를 매기지 않아 캘리포니아에서 값싸고 질 좋은 쌀이 밀려들어 오면 우리나라 토종 쌀은 퇴출될 수도 있고, 그 여파로 경제 구조가 쑥대밭이 될 수도 있습니다. 그래서 GATT에 가입한 나라들이 궁극적으로는 관세가 없는 자유무역 질서를 지향하지만, 농산물 같은 품목은 유예 기간을 두기도 하고, 그 외에 자유무역의 원리로 인해 경제 구조가 파괴될 위험을 줄일 수 있는 여러 조항을 담기도 합니다.

참고로 GATT는 운영 당시 정기적으로 몇 년에 한 번씩 모여 조항을 업데이트하고 새로 논의하는 회의를 열었는데 이 회의를 라운드Round라고 부릅니다. GATT 체제상에서 우리나라 쌀 시장 개방 문제가 처음으로 제기된 것은 1990년대 초 우루과이 라운드였습니다. 1980년대까지는 우리나라가 자유무역주의를 취하면서도 쌀을 수입하지는 않고 있었는데 이때 처음으로 우리나라도 쌀 시장을 개방해야 한다는 이야기가 나왔습니다. 쌀 개방 문제는 몹시 민감한 사항이었던 만큼 우리나라 경제가 일정 수준 이상 올라갈 때까지 시간적 여유를 준 셈이죠. 다시 말해 GATT 체제가 자유무역을 지향하기는 하지만 무지막지하게 밀어붙이는 게 아니라 어느 정도 완충 장치를 두고 있다는 정도로 이해하면 되겠습니다. 물론 우리나라의 경우 당시 농민 운동이나 학생 운동을 하던 사람들이 쌀 개방 결사반대를 외치기도 하는 등 사회의 뜨거운 감자로 떠올라서 큰 파장을 남기기도 했지만요.

결론적으로 제2차 세계대전 이후에 생겨난 '지구적 시스템'의 국제 질서는 19세기의 그것과는 판이하게 다른 것이었습니다. 2차 산업혁명으로 각국에서 새롭게 형성된 산업문명을 용인하고 담아낼 수 있는 새로운 국제 경제 질서, 이는 브레턴우즈 체제와 GATT 체제 등의 '묻어 들어 있는 자유주의'의 모습을 띠게 되었습니다.

7

정규직 노동자의
탄생

'비정규직'이라고 하면 모든 노동자의 마음에 한이 맺히는 말이 아닐까요? 정규직 일자리라고 해서 다 좋은 건 아니겠지만 최소한 비정규직보다 안정적으로 느껴지는 것만은 분명합니다. 사실 노동의 역사 속에서 이른바 정규직이라는 개념이 등장한 건 극히 최근인 20세기 중반부터인데요. 정규직의 비중은 20세기가 끝나는 시점부터 현재까지도 빠른 속도로 줄어들고 있습니다. 이 추세가 앞으로 계속 이어질지 아니면 어느 지점에서 멈추게 될지는 알 수 없지만 정규직 지위가 굳건하지 않다는 건 주지의 사실입니다. 아마 역사라는 긴 시간을 놓고 보게 되면 정규직이라는 일자리는 20세기 그리고 2차 산업혁명이라는 특수한 국면에 한정해 일반화되었던 노동 형태라고 평가받을지도 모르겠습니다. 이렇게 될 것인지는 훨씬 더 많은 시간이 지나야 알 수 있겠습니다만….

앞서 여러 가지 상황들을 통해 20세기 들어와 19세기와는 다른 형태의 자본주의가 생겨나게 된 과정에 대해 알아보았는데요, 그럼 20세기 노동자들의 삶은 어땠을까요? 결론부터 말씀드리면 19세기 노동자들이 갖지 못했던 것들을 몇 개 얻게 됐습니다. 우선 노조를 인정받았습니다. 우리나라와 일본은 기업별 노조가 주축을 이루고 있습니다만, 대부분의 선진 산업국은 산별 노조 시스템입니다. 즉 개별 기업이나 개별 사업장 단위의 노조가 중심이 되는 것이 아니라 동종 산업을 아우르는 큰 규모의 노조가 있고, 그것의 하부 개념으로 각 기업에 노조(지부)가 있는 식입니다.

이게 오늘날 기준으로 보면 대수롭지 않은 것으로 보이겠지만 19세기 노동자들로서는 상상하기 힘든 것이었습니다. 물론 19세기에도 직종 조합이라는 게 있었으나 그건 기능공·숙련공에 한정된 얘기였고, 미숙련 노동자들은 노조를 하다가 총 맞아 죽기도 했습니다. 그랬던 것이 20세기 들어와 비로소 합법적인 노동조합이 생긴 것이죠. 이렇게 노조가 생기면서부터 19세기 노동자들은 꿈도 꾸지 못했던 것들을 이룰 수 있게 되었습니다.

첫 번째로 임금 협상을 통한 실질임금의 상승입니다. 제2차 세계대전 이후의 자본주의는 경제와 기업이 계속 성장한다는 걸 전제로 합니다. 이에 따라 노동 행위를 통해 매년 기업의 이윤에 기여한 바를 일정 부분 돌려받는다는 개념이 생겼습니다. 자연 인상분, 즉 인플레이션에 의해 올라가는 만큼이 아니라 실질임금을 몇 퍼센트씩 올리는 게 당연하다고 여겼고, 여기서 몇 퍼센트를 올릴 것이냐를 노사 협상을 통해 정하는 방식이었습니다. 노동시장에서 힘을 쓰지 못하던 19세기 노동자들과는 달랐던 것이죠.

두 번째, 임금뿐만 아니라 여러 노동 조건도 협상안에 올랐습니다. 이를테면 유급 휴가의 일수와 형태를 들 수 있는데요, 유급 휴가라는 건 20세기 초까지만 해도 그저 꿈같은 얘기였다고 해요. 20세기 중반부터는 단체 협상 시 매년 유급 휴가를 며칠로 할 것인지, 어떤 조건으로 할 것인지도 함께 이야기하게 되었습니다. 이 외에 각종 수당에 대한 협상도 벌였는데요, 기업에서 주는 복지 같은 것과 비슷하다고 볼 수 있겠습니다. 보통 이런 협상은 기업 내의 노조 대표가 그 기업의 사장과 담판을 짓는 방식이 아니라 산별 노조 대표와 산업 경영자 총연맹 대표가 모여 의논하는 방식으로 진행되곤 했습니다. 자동차 산업 전체 노동자들의 대표와 자동차 회사들 전체의 경영자 총연합회 대표가 테이블에 앉아 자동차 산업 또는 금속 산업이라는 단위 전체에서 일괄적으로 협상을 벌였다는 거죠. 이를 통해 매년 실질임금의 일정한 상승을 꾀할 수 있을 뿐 아니라 각종 노동 조건, 수당이나 휴가 방식을 개선하는 것도 기대할 수 있게 되었습니다.

다음으로 각종 사회보험이 생긴 것도 새로운 특징으로 꼽을 수 있습니다. 19세기에 사회보험이라는 게 전혀 없었던 것은 아니지만, 그때는 노동자들의 상호공제회 수준을 크게 넘어서지 못했습니다. 보험이라는 건 리스크를 분담하는 단위가 커져야 그만큼 많은 혜택이 돌아올 수 있겠죠. 20세기 중반 이후에는 국가가 적극적으로 사회적 위험의 책임을 떠안으면서 기존에 있었던 여러 사회보험 제도를 국가가 인수하거나 지원해서 전국적 차원의 사회보험 시스템을 구축합니다.

이런 국가들의 주요 복지 시스템을 보면 부자들로부터 세금을 걷어 필요로 하는 각종 집단에 나눠 주는 공공부조 시스템, 국민들 스스로 자기 주머니에서 돈을 내서 그걸로 리스크를 분담하는 사회보험 그리고 각종 사회 서비스 세 부분으로 구성되어 있는데요, 이 중에서 사회 서비스 같은 것이 노동자들에게도 제공되었다는 점이 큰 변화입니다.

가령 19세기 노동자들은 당시 아주 흔했던 질병인 폐결핵에 걸리면 사실상 노동력을 상실했고, 가장이 다치거나 하면 집안이 그냥 풍비박산 났다고 봐야 했습니다. 20세기 중반 이후부터는 노동자들도 의료보험 혜택을 누리게 되었습니다.

이외에 연금 시스템도 있습니다. 연금은 나라에서 지급하는 연금도 있고, 노사 간 합의를 통해 임금의 일부분에다 사측이 얼마를 내서 함께 조성하는 연금도 있습니다. 옛날에는 노동자들이 일을 못 할 나이가 되면 돈을 더 벌 수 없는 게 당연했는데 국가와 기업 차원의 연금 시스템이 마련되면서 이제는 어느 정도 노후 보장이 가능해졌습니다.

또 공공주택 프로젝트 같은 것도 있었습니다. 노동자들의 가장 큰 고민 중 하나가 집 장만일 텐데요, 이 문제 때문에 제2차 세계대전이 끝난 다음에 미국이고 영국이고 할 것 없이 국가 차원의 공공주택 건설 프로젝트가 진행되었습니다. 비록 엄청나게 좋다거나 내 집이라고 할 수는 없을지 몰라도 쫓겨날 걱정 없이 장기 임대로 집 문제를 해결할 수 있었습니다. 주택 담보 대출로 돈을 빌릴 수도 있었고요.

종합해 보면 20세기 후반, 최소한 1970년대까지 노조가 제대로 구성되어 있는 작업장의 노동자들은 취직이란 걸 하면 평생직장에 가까웠습니다. 노조 말 잘 듣고 회사 말 잘 들으면 일단 잘 안 잘립니다. 또 나이를 먹어 갈수록 꼬박꼬박 월급도 오릅니다. 때가 되어 결혼하고 아이를 낳으면 각종 수당이 더해지고, 아파서 병원에 가도 보험으로 해결이 되고, 나이가 들어 정년퇴직하면 연금이 나옵니다. 그 와중에 꼬박꼬박 원리금만 갚으면 자기 집도 마련할 수 있었고, 정 여의치 않으면 공공 임대 주택에 들어가서 집 문제를 해결할 수도 있었습니다.

물론 이 당시 해고가 전혀 없었던 것은 아닙니다. 기업이 경영상 위기를 맞으면 노동자를 일정 기간 쉬게 하는 레이오프lay-off도 있었고, 정리해고도 있긴 했습니다. 하지만 기업 경영 측이 이러한 일을 벌이려면 여러 엄격한 규제와 심사를 통과해야만 했습니다. 주가가 좀 떨어졌다고 5천 명씩 한 번에 자르는 대규모 정리해고 같은 것은 1990년대에 들어서서 나타난 현상이고, 이보다 전에는 상상하기 어려웠습니다. 특히 일본은 1980년대까지만 해도 종신고용제와 호봉제가 아주 탄탄하게 유지되고 있었습니다.

물론 이런 고용 형태가 나타나고 노동자들의 처우가 개선된 것이 세계적인 현상은 아니고, 잘 자리 잡힌 산업국가의 운 좋은 노동자들에 국한된 이야기입니다. 많은 노동자들이 여전히 고되게 일해야 했을 테고, 인생이 그리 쉽기만 한 것 역시 아니었겠지만 19세기 노동자들처럼 정글에 혼자 버려진 것 같은 외로운 존재는 아니었다는 것이죠. 이게 우리가 알고 있는 정규직 노동자들의 모습이기도 하고요.

다만 여기서 짚어 봐야 할 지점들이 좀 있는데요, 몇만 년에 가까운 인류 노동의 역사 속에서 이런 형태와 이런 조건으로 노동하는 사람이 과연 얼마나 있었을까 하는 관점에서 생각해 보면 다소 회의감이 들 정도로 드뭅니다. 노동사 연구로 유명한 스웨덴의 예란 테르보른Göran Therborn이라는 학자가 있는데요, 이 사람이 잡지에 기고한 글을 읽은 적이 있습니다.[58] 그는 "노동사를 쭉 돌이켜 보면 아마도 20세기가 인류 역사상 노동하는 사람이 가장 유리한 입지를 점했던 그런 시기가 아니었을까 생각한다."라고 하면서도 "앞으로 어떻게 될지는 모르겠다." 이

---

58 Göran Therborn, The Class in the 21st Century, New Left Review, 78. 2012.

런 식으로 결론을 맺었습니다.

그렇다면 "이런 노동 형태가 앞으로도 지속 가능할 것인가?" 하는 질문이 남습니다. 물론 공무원이나 군인 같은 직업은 특별한 이변이 없는 한 정규직이라는 형태로 유지되겠지만 과연 산업 노동자 직업군도 계속 정규직이라는 형태로 존재하는 시대가 이어질까요?

어떤 사람들은 정규직이라는 것이 2차 산업혁명이라는 특수한 상황에서 나타날 수 있었던 특정한 고용 형태라고 이야기합니다. 2차 산업혁명이라는 건 아주 거칠게 말하면 대량 생산·대량 소비 체제인데, 이때는 생산 시설이나 생산 과정이 상당히 안정화되었을 뿐만 아니라 구매자들에게 소비되는 시스템도 안정화를 이루었습니다. 그러니 이때는 사업을 장기적 차원에서 경영하는 것뿐만 아니라, 노동자들이 공장에 얼마나 익숙해지고 숙달되는가 하는 것도 매우 중요했습니다. 장기적인 경영과 고용 그리고 장기적인 인간관계가 갖는 커다란 장점이 있었죠. 노동자뿐만 아니라 협력 업체와 하청 기업 간의 관계도 마찬가지였습니다. 일본 자본주의의 경우를 보면 원청과 하청이 서로 주식까지 교환해 가면서 장기적인 파트너십을 맺기도 했는데요, 이런 방식은 2차 산업혁명에서 생산성을 올리는 데 아주 중요한 요소로 작용했습니다. 그렇다면 지금은 과연 어떨까요? 다시 말해 고용안정을 보장해 주고 노동자들의 삶을 보호해 주는 정규직이라는 형태가 사실은 2차 산업혁명이라는 시대로 한정하였을 때만 유효한 것은 아닌지 한번 생각해 볼 문제입니다.

8

젖과 꿀이 흐르는
풍요의 시대

풍요가 넘치던 1950년대 사회 모습

이제 노동자들도 바뀌었고 자본주의도 바뀌었는데요, 그럼 세상은 어땠는지를 좀 살펴볼 필요가 있습니다. 존 갤브레이스John Galbraith라는 경제학자가 있는데요, 이 사람이 1958년에 당시 미국 사회에 관해 쓴『풍요한 사회Affluent Society』라는 책이 있습니다.[59] 어떤 얘기인가 하니, 1950년대 들어와 2차 산업혁명의 대량 생산·대량 소비 시스템이 완성되고 일하는 노동자들의 삶도 안정되니까 그다음부터 세상은 무시무시한 성장 머신으로 변신합니다. 스웨덴 같은 경우를 보면 노동 생산성이 계속 올라가고, 노동자들은 노동 생산성에 합당한 임금과 복지 혜택을 받습니다. 경제적으로 안정되다 보니 이 돈을 또 어딘가에 씁니다.[60] 당연

---

59 J. K. Galbraith, The Affluent Society, Mariner Books, 2019.

60 옌뉘 안데르손,『경제 성장과 사회보장 사이에서: 스웨덴 사민주의, 변화와 궤적』, 박형준 역, 책세상, 2014.

히 경기가 더 좋아집니다. 좋아진 경기는 더 많은 투자로 이어지고 다시 경제가 성장하는 선순환이 일어납니다. 이런 식으로 1950년대부터 1960년대까지는 실업률도 굉장히 낮았을 뿐 아니라 거의 모든 나라에서 엄청난 경제 성장을 이뤘습니다. 프랑스는 1945년부터 1974년까지를 '영광의 30년Les Trente Glorieuses'이라고 부를 만큼 경제 성장률이나 인구 증가율이 매우 상승했지요.

이렇게 대량 생산·대량 소비 시스템이 안착하면서 사회는 너무나 달라졌습니다. 이전 몇만 년, 어쩌면 몇백만 년에 걸친 인류의 진화 속에서 배고픔과 추위는 거의 항시적인 상태였을 겁니다. 인류의 역사란 기본적인 의식주를 해결하기 위한 길고 지난한 과정이라고 해도 과언이 아니죠. 그런데 1950년대가 되면 배고픔이 웬 말입니까. 미국과 같은 경우에는 의식주는 물론이고 물질적인 생활에 필요한 재화들이 너무나 싼값에 사방에서 넘쳐났습니다.

이 당시를 상징하는 물건을 하나 꼽자면 스팸SPAM이 아닐까 싶은데요, 스팸은 Spiced Ham의 준말로 1930년대 미국에서 개발된 제품입니다. 원래 햄은 돼지 앞다리를 쓰는데 이건 돼지 목살을 썼다고 하네요. 퍽퍽하다고 해서 미국 사람들이 잘 안 먹는 부위를 가공하고 조미해서 깡통에 넣어서 판 건데요, 처음에는 별로 인기가 좋지 않았다고 합니다. 그러다 전 세계적으로 알려진 계기가 바로 제2차 세계대전입니다. 군인들에게 군수 식량을 지급해야 하는데, 이 정도 칼로리에 이 정도 맛을 내는 음식을 이 정도 간편한 방식으로 휴대하는 게 쉬운 일이 아니었죠. 그래서 미군 부대가 가는 곳에 스팸이 갔고, 전쟁 지역의 굶주린 사람들에게도 미군들이 구호물자로 스팸을 주곤 했습니다. 다시 말해 스팸은 2차 산업혁명을 통한 대량 생산과 원가 절감이라는 의미에 정확히 직결되는 물건이기도 합니다. 이 스팸이 의미하는 바는, 2차 산업혁명을 기점으로 인류의 오랜 숙원이던 굶주림으로부터 탈출하는 것이 가능해졌다는 것일 텐데요, 이게 갤브레이스가 말했던 풍요의 시대라는 말의 배경입니다.

참고로 헨리 포드가 벨트 컨베이어 시스템 아이디어를 얻은 곳이 바로 돼지 도축 공장이라고 하지요. 돼지를 갈고리에 걸어 이동시키면서 누구는 돼지 배를 가르고, 누구는 뼈를 발라내고 하는 과정으로 착착 진행되는 걸 보면서 헨리 포드가 "아! 자동차 공장도 이렇게 설계하면 되겠구나." 해서 벨트 컨베이어 시스템이 나왔다고 합니다.

풍요가 끝났다는 징후

소개하고 싶은 사람이 한 명 더 있습니다. 머리 북친Murray Bookchin이라는, 20세기 후반을 기준으로 가장 걸출한 아나키스트이자 생태 환경 운동가인데요, 이 사람이 1960년대에 『희소성 이후의 아나키즘Post-Scarcity Anarchism』이라는 에세이집을 출간합니다.[61] 이 책에서 북친은 "이 시대의 아나키즘은 어디로 가야 하느냐?"이런 질문을 던지는데요, 이 사람이 진단한 바로는 2차 산업혁명의 성공으로 인해 경제적 희소성이라는 조건 자체가 사라졌다는 거예요. 이제 굶어 죽는 사람은 없다는 겁니다. 그러면 인간의 낙은 어디에 있을까요? 인간은 이전 몇천 년 동안 경제적인 투쟁, 의식주를 확보하기 위한 투쟁으로 살아왔습니다. 그런

---

[61] Murray Bookchin, Post-Scarcity Anarchism, AK Press, 2004.

데 "희소성이 사라지고 풍요의 세상이 도래한 지금, 인류는 이제 무엇을 꿈꾸고, 무엇을 낙으로 살아야 하느냐?"라는 문제에 직면했다는 겁니다. 이 상황에서 새로운 인류 문명의 전망을 보여 주는 건 아나키즘밖에 없다는 게 북친의 메시지입니다.

그렇다면 현실은 어땠을까요? 안타깝게도 북친이 말한 것처럼 인류가 품위 있게 살았던 것 같지는 않아요. 이때 노동자 계급에서 새롭게 나타난 특징은 소비 중독이었습니다. 당시 노동자의 삶은 블루칼러든, 화이트칼러든 하루의 절반은 공장에서 일해요. 노동자의 경우라면 일할 때는 테일러주의·포드주의의 원리에 입각해 아무 생각 없이 순응하면서 8시간이든, 10시간이든 참아 냅니다. 그 이후에 백화점이든 어디든 가서, 자동차를 사고 바바리코트를 사고 양복을 사고 스팸을 사고 정원 물뿌리개를 삽니다. 이게 당시 현대인들의 기본적인 삶이었습니다. 이렇게 소비라는 게 어마어마하게 팽창하니까 동시대의 의식 있는 문화 평론가들이나 문명사가들이 경악하기 시작했습니다. 미국 사회는 1930년대까지만 해도 소비는 악덕, 검약이 미덕이라고 생각하는 게 일반적이었으니까요. 소비를 뜻하는 consumption의 동사형인 consume은 '써서 없애 버린다', '소모시킨다' 이런 것에 가깝습니다. 좋은 의미가 아닌 것이죠. 사전에서 consumption를 찾아보면 폐결핵이라는 뜻이 있을 정도입니다. 그런데 제2차 세계대전이 끝나고 1950년대가 되면서 얘기가 완전히 달라진 겁니다. 돈 잘 쓰고, 소비 잘하고, 즐길 줄 아는 게 마치 사회적 관습처럼 됐다고나 할까요, 일반적인 행동 양식으로 자리 잡게 된 것이죠.[62]

---

62 이러한 소비주의의 팽창에는 1930년대에서 1970년대까지 미국 자본주의를 규정했던 '뉴딜 질서'도 중요

이렇게 열심히 일하고, 즐겁게 소비하고, 아무도 배고프지 않고, 풍요한 사회가 영원히 계속 되면 얼마나 좋겠습니까만, 인생도 역사도 늘 그렇게 만만하게 굴러가지 않지요. 사회 곳곳에서 병적 징후가 흘러나오고 있었고, 그것은 곧 2차 산업혁명이 만들어 낸 국가 자본주의가 효용성이 다해 간다는 의미이기도 했습니다.

한 역할을 했습니다. '뉴딜 자유주의'의 중요한 전제는, 비록 강력한 중앙 정부가 산업사회와 시장 경제 전체를 관장하지만 개인들의 자율성과 개성은 시장에서의 소비로 나타날 수 있다는 것이었고, 따라서 더 많은 소비와 시장의 확장은 뉴딜 이념과 궤를 같이하는 것이었습니다. 게리 거슬, 『신자유주의 질서의 흥망(가제)』2장 참조, 홍기빈 역, 21세기북스, 2023. 2장 참조.

PART 6

전후 산업문명의 해체

1960년대 들어오면 젖과 꿀이 흐르던 이 풍요한 국가 자본주의의 체제도 여러 모순과 균열의 징후가 뚜렷이 보이기 시작합니다. 1950년대는 1880년대에 시작된 2차 산업혁명으로 산업사회와 그 기술 구조가 완성되었다고 볼 수 있는 시기인데요, 여러 가지 불안 요소가 문제점을 드러내기 시작합니다. 결국 1960년대, 1970년대가 지나면서 근본적인 변화를 겪게 되지요. 그 원인을 꼽는다면 금융과 생산 조직 등등 여러 가지가 있겠지만, 이러한 논의의 많은 부분은 3권의 주제인 '지구적 시스템'에서 다루도록 하고, 여기서는 제도 변화보다 인간과 사회에 어떤 변화가 있었는지, 큰 추세 몇 가지를 들여다보겠습니다. 이것이 산업문명의 근저를 보다 더 깊게 살피는 계기가 되리라 생각합니다.

1

풍요의 시대와
호르몬

국가 자본주의에 균열이 일어난 첫 번째 원인으로 호르몬을 꼽을 수 있을 것 같습니다. 자본주의 경제사 이야기를 하다가 왜 갑자기 호르몬이 튀어나오나 싶으시겠지만, 사실은 매우 밀접하게 연결되어 있습니다. 1950년대 산업사회의 모습을 보면 노동이든 일반 대중사회든 엘리트들이 짜 놓은 시스템을 고분고분 따르고, 그에 대한 보상으로 더 많은 소비를 제공받고 향유하는 양상이 주류였다고 할 수 있습니다. 더 많은 물건을 사고, 요즘 말로 이것저것 질러 대는 것이 곧 행복이라는 인식이 팽배했는데요, 이런 인식에 빠진 사람을 두고 헤르베르트 마르쿠제 Herbert Marcuse 같은 철학자는 '일차원적 인간'이라고 비판하기도 했습니다.[63] 열심히 일하는 대신 풍요롭게 살면서 갖고 싶은 물건을 살 수 있

---

[63] 소비주의consumerism에 대한 비판은 대단히 많습니다만, 가장 큰 영감을 주는 주요한 저작으로 Herbert Marcuse, One-Dimensional Man: Studies in the Ideology of Advanced Industrial Society, Beacon Press, 1991. 그리고 이반 일리치Ivan Illich의 여러 저작들을 들 수 있습니다.

는 세상이라면 어떨 것 같나요? 이 정도면 그리 나쁘지 않다는 생각이 들지는 않나요? 합리적이고 통제도 잘되고 모두가 순응하는 잘 짜인 사회, 아주 매끄럽게 굴러가는 산업사회라고 해도 무방하지요. 실제로도 꽤 오랜 기간 그럭저럭 잘 작동해 왔습니다. 1940년대부터 1960년대까지 서구와 일본을 포함한 여러 선진 산업 국가들은 어마어마한 경제 성장을 이루었고, 부와 생활 수준도 크게 올라갔습니다. 실업률이 2퍼센트만 넘어도 실업 사회가 왔다고 난리를 칠 정도였으니까요.

그런데 이 시스템에 빠져 있는 요소가 있습니다. 제아무리 이런 사회라도 통제할 수 없는 게 하나 있는데 돌이켜 보면 그게 호르몬이었습니다. 테일러주의 · 포드주의를 중심으로 이루어진 소비사회는 취직해서 집 장만하고 차 사고 결혼해서 아이 기르면서 늙어 가는 '인생한살이' 측면에서는 무리 없이 작동했을지 모릅니다. 하지만 예측하지 못한 변수가 있었습니다. 호르몬이 마구 분출하는 10대, 20대 시기의 청년들도 통제할 수 있느냐는 질문은 명백히 이 시스템이 놓친 지점입니다.

당시의 사회는 10대, 20대의 교육적인 부분에 크게 고민이 없기도 했고 고등학교나 대학교 전반적인 문화들을 봐도 제2차 세계대전 이전과 크게 다를 바 없이 굉장히 보수적이고 억압적이었습니다. 다시 말해 당시 사회에 작동하고 있던 시스템이 청년 세대들의 욕망이나 불만, 좌절 같은 것에는 크게 신경 쓰지 않았을 뿐 아니라 심지어 젊은이들을 강압적으로 통제하고 있었다는 것이죠.

그런 점에서 1950~1960년대의 프랑스나 영국이나 미국의 많은 젊은이들은 사회에 굉장한 좌절을 느끼고 있었습니다. 1950년대를 오늘날의 자본주의 모델과 비교하면 아주 질서가 잘 잡혀 있다고 볼 수도 있습니다. 요즘이 얼마나 먹고살기 힘든 세상인지를 생각해 보면 더더욱 그렇죠. 모든 사람이 스무 살 전후에 안정적이고 평생직장이 될 가능성이 높은 곳에 취직하고, 복지나 연금이나 임금 상승을 비롯한 여러 조건이 제도적으로 보장되어 있으니 얼마나 부러운 얘기예요. 하지만 이 시스템에는 분명 다른 측면이 존재했고 청년들은 그걸 견디기 힘들어했습니다.

이러한 청년들의 불만에 큰 호응을 일으킨 사회비판은 바로 '순응주의conformism'의 문제였습니다. '신좌파New Left'의 씨앗이 된 1950년대의 여러 사회비판 서적들, 예를 들어 폴 굿먼Paul Goodman의 『부조리 속에서 어른이 되다Growing Up Absurd』 같은 책들을 관통하는 주제는 이 '시스템'이 인간의 창의력과 생명력을 말살하여 모든 젊은이들을 말 잘 듣고 시키는 일 잘하도록 일률적으로 '찍어 내고' 있다는 이야기였습니다. 가장 고통스러운 부분은 일과 업무가 끝난 뒤에도 놀고 즐기는 방식, 삶을 영위하는 방식, 심지어 생각하고 느끼는 방식까지도 모조리 획일적으로 통제하고 있다는 비판이었습니다.[64]

결국 청년들을 중심으로 일대 반란이 일어납니다. 이른바 '1968 혁명'입니다. 1964년 미국 버클리 대학에서 크게 터진 이후 1960년대 중후반이 되면 거의 모든 나라 대학에서 난리가 나고, 심지어 일본 대학은 불바다가 될 정도로 청년들의 저항은 거셌습니다. 그 절정은 말할 것도 없이 1968년 5월 프랑스 파리를 거의 무정부 상태로 만들었던 사

---

64 이 순응주의에 대한 반항이 1960년대 중반 이후 터져 나온 히피 · 사이키델릭 · 록 음악 등의 '반문화 counter-culture'의 중심 주제가 됩니다. 비틀스의 'Rain'이나 블랙 사바스의 'Wheels of Confusion' 같은 곡들을 들으면서 가사를 한번 음미해 보면 좋을 듯합니다.

태의 시발점이었던 학생 시위였습니다. 이러한 와중에서 히피가 나오고, 마약과 연결된 사이키델릭psychedelic 문화가 등장했고요, 1970년대로 넘어가면서 특유의 개인주의 문화가 형성됩니다. 이후 실리콘밸리에서 만들어진 여러 문화들도 그 근원을 따지고 보면 1960년대 청년 사회 운동에서 비롯된 반문화나 지하 문화가 형성된 흐름과 깊은 관련이 있다고 할 수 있습니다. 대표적으로 애플의 창업자 스티브 잡스Steve Jobs 같은 이를 들 수 있습니다.

경제사에서 이 청년들의 '호르몬' 문제가 중요한 이유가 몇 가지 있습니다. 우선 이 문화 흐름의 영향으로 1980년대를 지나면서 경제 체제에서 가장 중요한 질문이 "인간이 원하는 게 무엇이냐?"로 바뀌었다는 점입니다. 그 원인이 호르몬이든 뭐든 인간이 원하는 게 무엇인지를 찾아내고, 이른바 필요 욕구라고 하는 걸 어떻게 하면 풍부하고 효율적으로 충족시켜 줄 것인지 하는 관점으로 경제 패러다임이 전환되었습니다. 그 배경이 된 거대한 문화혁명이나 자본주의 성격 변화에는 사회 피라미드 아래에 있던 젊은이들의 욕망과 개성의 반란이 있었다는 사실을 기억해야 합니다.

이보다 훨씬 더 중요한 이유는 이 세대가 자라 1970년대 후반 이후 사회의 중심으로 들어오면서 이른바 '신자유주의' 시대의 문화를 만드는 핵심적인 역할을 했다는 데 있습니다. 신자유주의는 1980년대 영국의 대처와 미국의 레이건 시대까지는 가족·종교·국방 등을 중시하는 기존의 보수주의 이념과 결합했습니다. 1990년대 미국의 클린턴 정권과 영국의 블레어 정권 이후로는 개인의 해방과 욕망의 충족, 정체성과 자율성의 강조 등을 중시하는 1960년대 '신좌파' 이념과 더욱 긴밀하게 연결됩니다. 이는 단지 이념적인 차원에서 머무른 것이 아니었습니다. 1990년대 특히 2000년대 이후의 중요한 기업 및 제품의 혁신에 따라오는 수사학rhetoric을 보면 1960년대 젊은이들의 이상주의와 깊은 관계를 맺고 있다는 점이 바로 그 증거라고 할 수 있습니다. [65]

65 개리 거슬, 『신자유주의 질서의 흥망(가제)』 홍기빈 역, 21세기북스, 2023. Gary Gerstle, The Rise and Fall of the Neoliberal Order: America and the World in the Free Market Era], Oxford University Press: 2022 3장을 참조하세요.

2

지식 기반 경제로의
이행

국가 자본주의 균열의 두 번째 원인으로는 지식 기반 경제knowledge-based
economy가 대두되었다는 점을 꼽을 수 있습니다. 우리가 경제학에서 가
르치는 생산함수를 보면 생산 요소에 들어가는 것은 보통 자본(K)과
노동(L)으로 나뉩니다. 아주 단순화해 얘기하자면 노동과 자본 두 가지
를 생산 요소로 놓고 여기에 기술만 함께 때려 넣으면 이것저것 생산할
수 있다는 건데요, 1960년에 들어오면서 자본과 노동과 기술만으로는
생산성, 좀 더 구체적으로는 '창출되는 부가가치의 구체적인 양'을 설
명할 수 없다는 생각이 확산됩니다. 그럼 뭐가 더 필요할까요? 바로 지
식입니다.

　1960년대 초까지 대부분의 사회과학자들은 산업사회가 계속 발달하
다 보면 많은 사람들이 노동자가 될 것이라고 생각했습니다. 소수의 경
영자나 중간 관리자나 투자자 등을 비롯해 공무원이나 군인 혹은 예술
쪽의 특수 직종군 정도를 제외하면 전체 인구의 다수가 산업 노동자가
될 거라고 예측했던 거죠. 실제로 1960년대 초 미국에서 인구 조사를

해 보니까 산업 노동자 계층은 대략 30퍼센트 정도 수준에서 더 증가하지 않고 계속 정체하더란 겁니다. 오히려 교사나 연구자나 기자 같은, 지식이나 정보를 취급하고 가공하는 직종의 비율이 폭발적으로 늘고 있다는 걸 발견하게 된 겁니다. 왜 이런 현상이 나타나는지 분석해 보면 그 바탕에는 '풍요한 사회'의 한계와 밀접하게 닿아 있습니다.

사회가 풍요로워지면 비용을 절감해 아무리 싼값에 물건을 생산해도 어느 순간 사람들이 그걸 원하지 않는 상태가 오기 시작합니다. 실제로 1950년대 풍요한 사회가 지나면 생필품 시장은 거의 포화 상태에 이르는데요, 그다음부터 사람들은 색다른 무언가가 있다면 아낌없이 돈을 쓰지만 뻔하고 진부한 상품은 외면하기 시작했습니다. 이를테면 예전에는 싼 스팸 안주에 싼 소주를 먹었다면 이제는 비싼 하몽 안주에 수입하기 힘든 칠레 와인을 찾는 식이죠. 그렇다면 핵심은 사람들이 뭘 원하는지, 어떤 걸 원하는지, 그걸 어떻게 효과적으로 조달할 수 있는지 빨리 파악해서 실행하는 건데 이건 큰 공장을 짓거나 노동자를 많이 고용하는 것으로 해결할 수 있는 문제가 아닙니다. 여기에는 지식이 필요하고 정보가 필요합니다. 세상의 흐름을 잘 읽어야 하고, 유행을 잘 예측해야 하고, 마케팅을 잘해야 합니다. 그야말로 우리가 뭉뚱그려 지식과 정보라고 부르는 것들이 결정적으로 중요해진 것이죠. 이걸 잘 결합하면 소위 대박도 터지고, 큰 부가가치를 창출할 수 있지만 그러지 못하면 진부하기 짝이 없는 생필품만 계속 대량으로 생산하는 수밖에 없습니다.

기업을 운영하는 경영자 입장에서는 당연히 더 큰 부가가치를 만들고 싶어 하겠죠. 그러면서 지식을 어떻게 생산하고 유통하고 향유할 것인가 하는 문제를 점점 고민하기 시작했습니다. 그 과정에서 지식이 자본이나 노동과 동등할 정도로 생산에서 중요한 위치를 차지하는 생산 요소라는 인식이 생겨났죠. 이 지식 기반 경제 담론이 이미 1960년대부터 나오기 시작했고, 이런 내용을 잘 담은 책이 피터 드러커Peter Drucker가 1969년에 쓴 『단절의 시대』입니다.[66] 이게 과연 50년도 더 지난 책이 맞나 싶을 정도로 혜안을 담고 있으니 기회가 되면 한번 읽어 보길 추천합니다.

2차 산업혁명이 완성되고, 국가 자본주의가 자리를 잡으면서 세계는 유례없는 경제 성장과 발전을 이루었지만 이 또한 영원하지는 못합니다. 인간의 호르몬을 통제하기 힘들다는 문제와 값싼 시장이 포화 상태에 달하면서 생필품의 저렴한 공급만으로는 한계에 부딪혔다는 문제는 1960년대 자본주의가 해결해야 할 중요한 과제였습니다. 이런 과제들을 해결하는 과정을 거치며 1970년대와 1980년대에 탈공업화 자본주의postindustrial capitalism가 나타나기 시작합니다.

---

66 Peter Drucker, The Age of Discontinuity: Guidelines to Our Changing Soceity Routledge, 1992. 피터 드러커, 『단절의 시대』, 이재규 역, 한국경제신문사, 2003.

3

'사람을 자본으로!' 인적 자본론의 대두

1970~1980년대로 넘어가면 노동에 대한 인식도 다시 한번 변하게 됩니다. 이때 벌어졌던 자동화 문제와 연결되어 있었는데요, 지금 디지털혁명이나 정보기술혁명이 워낙 유명하고 맹위를 떨쳐서 가려져 있지만 사실 경제사적으로 보면 이즈음 기술적 기계장치 같은 걸 아주 정밀하게 컨트롤하는 제어혁명Control Revolution이 계속 진행되었다는 것이 산업 전반의 큰 변화였습니다.[67] 이 제어혁명이 로봇 발전으로 이어지면서 저숙련 노동자나 육체노동자는 로봇으로 대체되고 일자리가 줄어들 거라는 전망이 나오기 시작했습니다. 기술 변화로 인해 소위 굴뚝 산업이 사라지고 탈공업화가 이루어지면 노동자들이 다 직업을 잃을 가능성이 있지 않느냐, 중산층의 위기나 실업률 증가 또한 이와 관련이 있는

---

[67] James Beniger, The Control Revolution: Technological and Economic Origins of the Information Society, Harvard University Press, 1986. 제임스 베니거, 『컨트롤 레볼루션: 현대 자본주의의 또 다른 기원』, 윤원화 역, 현실문화, 2009.

것이 아니냐 하는 이야기였죠. 유럽도 그랬지만 특히 미국에서 이런 주제가 사회를 풍미했는데요, 그러면 대안이 같이 나와야겠죠. 이때 나온 대안의 중요한 배경이 됐던 게 인적 자본Human Capital 개념이었는데, 사람을 노동으로 보지 말고 자본으로 봐야 한다는 이론입니다. 이걸 제창한 사람은 여럿 있습니다만, 노벨상 수상자이자 '모든 것을 가격으로 계산'하는 놀라운 재주를 보여 주었던 게리 베커Gary Becker 같은 사람의 주장을 살펴볼 필요가 있습니다.

전통적으로 생산에 들어가는 요소로 기술·자본·노동 세 가지를 얘기하곤 하는데요. 이때 사람의 위치가 애매하다는 거예요. 사람은 보통 노동 범주에 넣어서 근로계약서 쓰고 임금을 받으며 계약된 업무 내용을 수행하는 존재로만 보는데, 따지고 보면 기술이나 자본이 사람으로 구성된 경우도 많습니다. 기술 엔지니어처럼 노동력이 지식과 기술에 기반한 경우에는 사람도 충분히 자본에 포함될 수 있겠죠. 특히 지식기반 경제로 넘어가기 시작하면 한 사람이 창출할 수 있는 경제적 가치라는 게 엄청나게 커질 수 있습니다. 이런 틀 안에서 인적 자본론이 나오기 시작한 것인데, 사람도 일반적인 자본과 마찬가지로 생산성을 품은 '자본'으로 볼 수 있다는 겁니다. 물론 그 속성이 발현되는 상황은 여러 가지가 있겠죠. 우선 창의성이나 천재성을 바탕으로 상상하지도 못했던 제품과 플랫폼을 만드는 것을 생각할 수 있습니다. 또 인적 자본론에 의하면 좋은 성격도 자본에 포함이 됩니다. 성격도 자본으로 본다는 게 무슨 말인가 싶겠지만, 사무실 분위기를 좋게 만들고 사람들을 인화단결하게 하면 생산성이 올라갈 테니 이것 역시 자본 개념으로 이해할 수 있다는 것입니다.

정말 사람이 노동을 넘어 자본이 된다면 로봇이 발전하고 자동화가 발달해서 노동이 기계에 대체를 당하더라도, 실업자 신세로 전락하거나 소득이 낮아지면서 쇠락하는 상태를 피해갈 수 있겠죠. 이런 배경 속에서 1990년대부터 '인적 자본을 스스로 조성할 수 있는 기회를 주는 것이 대책'이라는 얘기가 나오기 시작합니다. 특히 이른바 진보파랄까, 중도 좌파랄까 하는 사람들이 이런 주장을 강력하게 펼쳤는데요, 이들은 인적 자본론과 같은 맥락에서 '지식 자본주의'를 이야기합니다.

"전통적인 노동 과정에서 자동화가 진행됨에 따라 노동자의 권한은 미약해지고 지위는 불안정해진다. 따라서 국민들이 더 높은 부가가치 창출 능력을 가진 자원으로 올라설 수 있게 하려면 교육을 강화하여 그들이 노동을 벗어나서 '인적 자본'이 될 수 있도록 해야 한다."[68]

미국의 경우 클린턴 정부 시절 노동부 장관을 지냈던 로버트 라이시Robert Reich나, 진보파들이 아주 좋아하는 경제학자인 폴 크루그먼Paul Krugman 등이 이러한 지식 기반 경제의 담론을 주도했습니다

인적 자본론은 영국으로 넘어가면서 좀 더 체계적이고 세련된, 심지어 사회주의적이기까지 한 담론으로 바뀌게 되는데요, 영국 노동당은 1970년대 말에 마거릿 대처Margaret Thatcher에게 패배한 이후로 계속 정권 창출에 실패했습니다. 서서히 옛날의 노동당 강령이나 노선이나 이

---

68 이러한 지식 기반 경제론과 인적 자본 이론을 영국과 스웨덴에서 어떻게 이해하고 실행했는가에 대해서는 다음의 책을 보세요. 옌뉘 안데르손, 『도서관과 작업장: 스웨덴, 영국의 제3의 길과 사회민주주의』, 장석준 역, 책세상, 2017.

데올로기로는 안 된다는 위기의식이 팽배했는데요, 1990년대 중반 토니 블레어Tony Blair나 고든 브라운Gordon Brown 같은 옥스퍼드 출신의 초고급 엘리트들이 등장해 노동당을 개혁하고 신노동당을 만들어 냅니다. 이 사람들은 전통적인 영국 노동당의 사회주의 이념을 새롭게 해석한 '제3의 길'을 만드는데요, 여기에 앤서니 기든스Anthony Giddens 같은 사회학자들도 결합하죠. 이들이 노동을 대하는 중요한 논리는 이랬습니다.

"이제 지식을 축적하면 사람이 노동이 아니라 자본이 될 수 있는 시대가 왔다. 지금까지 노동은 계속 생산 관계에서 자본보다 열등한 위치에 놓여 있어서 자본에 착취당하고 이용당했는데, 이제 사람들이 스스로 지식을 축적하고 인적 자본을 조성하면 자본과 동등한 관계에서 여러 가지 좋은 조건들도 얻어 내고 전략적으로 유리한 위치에 설 수 있게 된다. 따라서 국가는 모든 계급의 사람들이 스스로 지식 자본을 축적해 자본과 동등하게 자신의 생산성을 발휘해서 합당한 대접을 받을 수 있도록 기회를 제공해야 한다."

신노동당은 이런 논리에 근거해 사회주의의 전통적인 가치였던 평등을 기회균등의 원리로 재해석합니다. 이들이 생각하는 평등이란, 설령 흙수저를 물고 태어났다 하더라도 금수저들과 똑같은 기회를 제공받아 충분히 자기의 역량과 지식과 능력을 확장할 수 있도록 하는 것입니다. 이를 위해서는 국가가 교육 시스템과 사회 시스템을 개조해야 한다고 주장합니다. 이 연장선에서 전통적인 복지 노선도 확 바뀌게 되는데요, 그전까지 복지 정책이라는 것은 결과적 평등과 관계가 많았습니다. 일종의 사회보장 성격이 강했는데 제3의 길에서는 단순히 개인에게 복지를 제공하는 '웰페어welfare' 대신 공공 서비스 일자리를 주거나 직업 훈련에 참여토록 하는 '워크페어workfare'를 시행하였습니다. 그 일환으로 사회보장social security이 아니라 사회안전망social safety net을 제공했고요.

"무조건 먹여 살려 주는 복지? 더 이상 없다. 사람이라면 누구나 일을 해야 한다. 이걸 전제로 자신의 생산 능력을 향상시키려는 의지가 있고, 스스로 직업도 찾아다니고, 열심히 학교도 다니려는 사람들에 한해서만 기회를 보장하겠다." 이런 의미라고 볼 수 있겠습니다.

2000년대 초중반이 되면 영국 노동당뿐만 아니라 독일 사민당이나 유럽에 있는 사회민주당 등에서도 제3의 길을 받아들이게 됩니다.

이 노선을 추구했던 사람들의 각본대로 하면 이렇습니다. 전 세계가 기술 변화의 물결에 휩쓸린 상황에서 국가 경쟁력과 경제 수준을 올리기 위해 국민에게 더 많은 교육 기회를 제공합니다. 경제 정책은 물론이고 사회·노동·교육 정책 등등을 포괄적으로 엮어 사람들을 고숙련 노동 단계로 이끌어야 하죠. 이를 통해 전통적인 의미의 산업 경제에서 무형의 지식·정보·디자인 등에 기반한 경제로 넘어갑니다.

기술과 숙련도를 가진 존재로 인식되던, '노동자'로서의 인간의 정체성은 사라져 갑니다. 산별 노조와 경영진이 합의한 직무표를 근간으로 하여 '동일 노동·동일 임금'을 이야기하던 시대도 끝나 갑니다. 인간은 더 이상 '노동'이 아니라, 그 자체로 수익을 창출하는 '자산', 즉 '자본'입니다. 집단행동의 시대는 20세기로 저물었습니다. 이제부터 사람들은 모두 자신의 '자본 가치'를 끌어올리기 위해 끊임없이 경쟁하고, 끊임없이 배우고, 끊임없이 꾸미고, 끊임없이 네트워크를 만들어 가면서 '커리어'를 쌓아야만 합니다. '풍요의 시대'는 옛말이 되었습니다.

4

세계 경제 시스템의
변동

1970년대로 접어들면서 세계 경제 질서에 큰 변동이 일어납니다. 구체적으로 표현하자면 혼란과 불안정성이 커진 것인데요, 브레턴우즈 시스템의 변화, 이것과 긴밀히 연결되어 있는 석유 파동 그리고 세계 무역 체제 변동 등 여러 조건들에 변화가 생겼기 때문입니다.

브레턴우즈 시스템의 위기와 강제적 변동 환율제

1960년대 들어와서 세계 통화 질서를 구축했던 브레턴우즈 시스템이 위기에 처하기 시작했습니다. 가장 큰 원인은 미국이 달러를 남발한 것에 있는데요, 브레턴우즈 시스템은 '1온스의 금 = 35달러'라는 교환 비율로 고정되어 있습니다. 그런 만큼 브레턴우즈 시스템에 들어온 나라(사실상 공산권을 제외한 전 세계 모든 나라)의 통화가 안정되려면 중요한 전제가 하나 있는데, 그건 바로 달러화의 가치 또한 그만큼 안정되어 있어야 한다는 것입니다. 그런데 1960년대에 미국 달러화 가치가 큰 하락을 맞습니다.

첫 번째 원인은 지나친 사회 지출입니다. 1960년대 미국 린든 존슨 Lyndon Johnson 대통령이 위대한 사회Great Society라는 표어를 내걸면서 빈곤을 퇴치하고 완전한 복지국가를 만들겠다고 선언합니다. 이를 위해서 더 많은 사회 정책을 펼쳤고, 당연히 많은 돈이 들어갔습니다. 사회 지출 비용을 지나치게 많이 늘렸던 거죠.

두 번째는 군비 지출이 계속 늘어났습니다. 1960~1970년대 미국의 재정 구조를 분석해 보면 베트남 전쟁 때문에 군비 지출 항목 수가 엄청나게 많아졌습니다. 무려 15년 동안이나 이어진 이 전쟁은 밑 빠진 독에 물 붓는 꼴이었습니다. 베트남 전쟁으로 인한 군비 증가는 당시 시대상을 설명하는 중요한 키워드이기도 합니다.

군비는 한없이 들어가고 복지 비용 역시 계속 늘어나니까 재정 지출을 하지 않을 수 없었습니다. 이 재정 지출은 세수를 늘려서 이를 바탕으로 진행하는 게 아니라 국채를 발행하는 식으로 이루어졌는데요, 이게 고스란히 달러 팽창으로 이어지면서 달러화의 가치 하락을 불러왔습니다. 주목해야 할 점은 이제 다른 나라들도 난감해졌다는 겁니다. 통화 가치를 일정하게 유지하려면 다른 나라도 달러에 맞춰 똑같이 통화를 더 많이 발행해야 했으니까요. 즉 미국에서 발생한 인플레이션이 전 세계로 퍼져 나가기 시작했습니다.

인플레이션 하면 치를 떠는 나라가 있었으니 바로 독일입니다. 1923년에 하이퍼인플레이션을 겪다가 나치가 등장하는 등 여러 안 좋은 기억들이 있었으니까요. 독일은 1960년내 말에 미국에 강력하게 항의하기도 했고, 프랑스 샤를 드골Charles de Gaulle 대통령 같은 경우 아예 달러와 관계를 끊어 버리겠다고 얘기할 정도였습니다. 여기서 미국의 입장은

'배 째라'에 가까웠습니다. "맘대로 해라. 너희가 달러와 관계 끊고 얼마나 버틸 수 있나 보자. 어차피 달러와 너희 통화를 연결해야만 국제 시장에서 쓸 수 있으니 너희는 우리가 하는 달러 정책을 받아들일 수밖에 없을 거다." 뭐 이런 식이었습니다.

다만 이런 막가파식 대응도 한계가 있는데 브레턴우즈 시스템이 원칙적으로는 달러본위제가 아니잖아요. 달러 자체가 금과 연동되어 있는 조건이기 때문에 달러를 너무 남발해 가치가 떨어지면 금으로 태환해 달라는 요구가 나올 수 있습니다. 사태가 급박해지니까 닉슨 대통령은 1971년 더 이상 달러를 금으로 바꿔 주지 않겠다며 그야말로 '배짱 선언'을 합니다. 금본위제로 시작해 금환본위제로 이어지면서 100년 넘게 명맥을 유지하던 금과 통화의 연결이라는 게 1971년에 완전히 끊어지게 되었고, 이는 오늘날까지도 이어져 오고 있습니다.

그다음부터 국제 외환 시장에 대혼란이 벌어졌습니다. 가뜩이나 남발된 탓에 달러 가치가 내려가 있었는데 이제 금 태환까지 중지되었으니 그야말로 납덩어리가 물 아래로 가라앉듯이 쑥 떨어져 버리고 말았고요. 달러와 연동되어 있던 각 나라 통화 가치가 떨어지는 경우도 많았는데, 그렇다고 이게 다 같은 속도로 떨어지는 건 아니잖아요. 그러니까 통화들끼리의 환율이 매일매일 달라지면서 그야말로 난리가 납니다.

이렇게 해서 1971년 이후 국제 통화 제도는 변동 환율제가 되어 버렸습니다. 오늘날에는 변동 환율제라는 게 너무 일반적이니까 당연한 거라고 생각할 수 있을지 모르겠는데요, 어떤 준비나 대비가 있었던 것도 아니고, 고정환율제로 100년 이상 유지되던 세계 경제가 갑자기 새로운 상황에 처하게 되었으니 국제 질서가 안정적으로 돌아갈 리가 없었겠죠. 이로 인해 무역을 비롯한 여러 가지 조건에서 발생한 불확실성이 어마어마했습니다.

석유 파동

이때 생긴 여러 불안정성 가운데 가장 크게 터진 것이 석유 사태였습니다. 이 석유와 관련한 시스템이라는 것이 참 묘한데요, 석유는 2차 산업 혁명 시대에 들어오면 거의 '인프라의 인프라'라고 할 수 있습니다. 석탄 없는 증기기관을 상상할 수 없듯 석유 없는 20세기 산업 경제도 상상할 수 없습니다. 알다시피 이 석유가 세계 어디에나 있는 것은 아닙니다. 미국이나 러시아를 비롯해 여러 나라에 있습니다만, 세계 시장에 석유를 공급하는 것은 주로 중동 지역입니다. 미국과 영국 같은 강대국들은 이미 20세기 초에 중동 지역을 놓고 현지 족장이나 왕, 술탄 등과 여러 가지 협약을 맺어 대부분의 유전을 이미 '찜'해 놓은 상태였습니다. 그래서 20세기 중반까지만 해도 미국·영국·네덜란드 세 나라 7개 대기업들이 석유 공급을 완전히 독점했는데요, 이 기업들을 통칭해 '칠 공주Seven Sisters'라고 합니다. 지금은 인수합병이 벌어져 숫자가 팍 줄어들었지요.

이런 식으로 유지되고 있었기 때문에 제2차 세계대전이 끝났을 때만 해도 석유의 흐름이라는 것은 공급부터 가공까지 상당히 안정적이었습니다. 석유를 연구하는 사람들은 이 시기를 '자유 흐름Fredd Flow의 시대'라고 불렀습니다. 수도꼭지를 틀면 물이 나오듯 석유 또한 자유롭게 유통되었다는 의미인데요, 가격도 아주 쌌고 달러에 고정되어 있었습니다.

1950년대부터 브레턴우즈 시스템이 유지될 때까지만 하더라도 달러라는 것이 금으로 고정되어 있고 인플레이션이 벌어지든 어떻든 외환 시장에서의 기축통화인 달러로 석유 대금을 결제하는 데 큰 문제가 없었습니다. 하지만 변동 환율제가 되면 얘기가 달라지죠. 기축통화였던 달러 자체의 가치가 떨어지면 석유를 파는 사람들도 하루아침에 이익이 크게 줄어들게 되는 셈이니까요. 이 문제를 어떻게 해결할 것인지 이런저런 이야기가 있었습니다. 달러로만 결제하던 석유를 다른 통화로 결제할 수 있도록 하자는 안이 오르내리기도 했지만 이건 미국이 국제사회에서 갖고 있는 패권에 균열을 낼 수도 있는 예민한 문제인 만큼 무산되었습니다. 결과적으로 산유국들이 한데 모여 석유수출기구OPEC, Organization of the Petroleum Exporting Countries라는 이익 단체를 결성해 "이제부터 우리는 석유 생산량을 줄이고 석유 가격을 올리겠다. 지금까지 대금을 결제했던 달러 가치가 떨어지는 상황에서 이걸 우리가 뒤집어쓸 수 없다." 이런 태도를 취하기 시작했습니다.

사실 석유라는 물건처럼 선물시장에서 가격 변동에 예민한 게 없습니다. 석유라는 건 썩지 않기 때문에 쟁여 놓으면 언젠가 쓸 수 있는 물건입니다. 그러니까 구매자들은 항상 석유 가격 변동에 촉각을 세울 수밖에 없습니다. 오를 것 같으면 잽싸게 사재기를 하고, 떨어질 것 같으면 구매를 중단하는 거죠. 일반적인 시장에서 볼 수 있는 수요공급 곡선 움직임과 일치하지 않는 경우도 많습니다. 당시 석유 가격이 오른다는 조짐이 보이니까 각 산업 국가들이 패닉에 빠져 미친 듯이 사재기했고, 석유 가격이 4~5배로 뛰었는데요, 이게 1973년에 벌어진 1차 석유파동입니다. 석윳값 폭등 이후 전 세계를 덮친 것은 인플레이션입니다. 거의 모든 산업 생산물에는 생산 요소로 석유가 들어가죠. 그러니 석유 가격이 오르면 물가 또한 오르는 것이 필연적인 현상입니다.

우리나라도 2022년부터 현재까지 이어지고 있는 극심한 물가 상승으로 많은 국민들이 고통을 겪고 있는데요, 원인은 여러 가지가 있겠지만 그중 하나로 꼽을 수 있는 것이 러시아·우크라이나 전쟁으로 인한 석유 가격 상승입니다. 2022년 10월, 러시아 등 비OPEC 산유국들까지 가세한 이른바 OPEC 플러스라는 집단에서 1일 원유 생산량을 2백만 배럴까지 감산한다고 결의하면서 원유 가격이 배럴당 92달러를 상회하기도 했지요. 어찌 보면 1973년에 벌어졌던 문제가 이번에 또 벌어진 셈인데요, 그때도 지금도 석유 가격 상승은 물가 불안정을 낳는 결정적인 요인입니다.

무역 체제의 불안정

1970년대 세계 경제 질서가 흔들린 마지막 원인으로 무역 체제 불안정성을 꼽을 수 있습니다. 1950년대까지만 해도 수출을 제대로 할 수 있는 나라는 사실상 미국밖에 없었습니다. 이때까지만 해도 전후 복구가 다 이루어지지 않았기 때문인데요, 그래서 다른 나라는 수출이라고 해봐야 농산물이나 광물 같은 것이었고, 공산품이나 제조업품의 수출은 미국이 압도적이었습니다. 그러다 1960년대부터 산업 복구에 먼저 성공한 나라들이 서서히 세계 시장에 공산품을 수출하기 시작했습니다. 전형적인 선두주자가 독일과 일본이었고요. 1970년대가 되면 이 경쟁이 더욱 격화되어 일본에서 나온 가전제품이 미국을 비롯해 세계 여러 나라를 강타했고, 1970년대 말에서 1980년대 초가 되면 일본 자동차가 미국에 들어가면서 당시 세계 최대 자동차 산업국인 미국을 위협하는 일까지 벌어집니다. 일본의 예를 말씀드렸습니다만, 사실 1960년대 말이나 1970년대 초 무렵부터는 이미 다른 여러 주요 산업국들이 산업 능력을 회복하면서 국제적으로 경쟁하는 형국이 벌어졌습니다. 글로벌 시장이 확립된 오늘날 관점에서 보면 너무 당연한 얘기인데, 그전까지 미국의 독무대였던 국제 무역에서 이런 상황은 미국인에게도 너무나 큰 변화이자 충격이었습니다.[69]

여기서 문제는 브레턴우즈 시스템이 1940년대 상황에서 나왔다는 데 있습니다. 당시에는 무역 흑자국이 사실상 미국밖에 없었습니다. 달러가 기축통화로서 안정된 위치를 고수하려면 미국이 계속 흑자를 내서 외환 보유고를 충분히 가지고 있어야만 합니다. 그런데 국제 무역 경쟁이 심해지면 미국도 무역 적자를 낼 수 있다는 우려가 커질 수밖에 없고, 실제로 무역 적자를 내는 초유의 사태가 벌어진다면 당연히 미국 달러화 가치가 불안정해지는 일이 또 발생하게 되겠죠.

결론적으로 1970년대 세계 경제를 혼란스럽게 했던 주요 원인은 다음과 같습니다.

1. 미국의 군사 재정과 복지 재정 팽창으로 인한 달러화 가치 혼란 → 브레턴우즈 시스템 붕괴 → 변동 환율제로의 이행
2. 이것과 맞물려 벌어졌던 석유 파동 → 전 세계 인플레이션 발생
3. 동시에 독립적으로 벌어진 여러 산업국의 성장으로 인한 세계 무역 시장에서의 경쟁 격화

---

69 다음을 참조하세요. Robert Brenner, The Boom and the Bubble: The US in the World Economy, Verso, 2003.

5

경제 정책의 대변화 – 수요 측면 정책에서 공급 측면 정책으로

제2차 세계대전이 끝나면서 본격적으로 틀을 갖춘 '전후 자본주의 세계 체제'는 큰 성공을 거두어 1945년에서 대략 1975년까지의 기간을 '영광의 30년'이라고 부릅니다. 이 기간 동안 주요 선진국들뿐만 아니라 우리나라와 아시아 산업 국가들도 놀라운 경제 성장을 이루었고 인구 또한 폭발적으로 늘어나게 됩니다. 하지만 1970년대에 들어서면 전후 국가 자본주의 체제는 위기를 맞게 됩니다. 그리고 1980년대가 되면 이른바 '신자유주의'라고 알려져 있는, 지금 우리에게 익숙한 자본주의 형태로 변화하기 시작합니다. 이 시대의 이야기는 지구적 시스템을 다루는 3권에서 자세히 이야기하기로 하고 여기에서는 전후의 국가 자본주의 체제가 어떤 위기를 맞았고, 경제 정책이 왜 대변화를 겪게 되었는지에 대해서만 간략히 설명하겠습니다.

'스태그플레이션'과 '총수요 관리'의 위기

이 전후 자본주의 시대의 경제 정책 기본 틀을 마련한 것은 미국식 '케인스주의 경제학'이었습니다. 존 메이너드 케인스가 의도했던 본래의 경제 이론 및 사상과는 별도로, 미국에서는 케인스 이론 중 일부를 차용하여 재정 정책 및 금융 정책을 수립할 때 공학 개념을 도입하여 '경제 공학economic engineering'으로 발전시켰습니다.[70] 여기에서 도출되는 경제 정책 패러다임은 거시 경제 전체의 '총수요' 관리에 초점을 두는 '수요 측면 경제학'이라고 할 수 있습니다.

> "시장 경제는 자체적으로 균형점에 도달하는 능력이 있기는 하지만, 그 균형점이 완전 고용, 즉 모든 사람이 일자리를 얻을 수 있는 상태를 가져오리라는 법은 없다. 다시 말해 실업률이 높은 상태에서 시장이 균형을 이룰 수도 있다. 이런 사태를 막으려면 국가가 개입해 직접 돈을 푸는 재정 정책과, 금융기관을 매개로 시중에 자금이 풀리도록 하는 금융 정책을 활용해 경기를 부양해야 한다. 다시 말해, 시장에서의 균형점이 완전 고용 상태와 일치할 수 있도록 국가가 잘 조정해야 한다."

이러한 원칙을 구체적인 정책 지침으로 전환시키는 중요한 도구 역

---

[70] 이러한 변형을 가장 성공적으로 이룬 저작은 폴 새뮤얼슨의 교과서 『경제학Economics』입니다. 이 책은 1948년에 초판이 나온 이후 1990년대에 그레고리 맨큐Gregory Mankiew의 교과서가 나오기 전까지 전 세계적으로 경제학 교육을 지배하다시피 했던 책입니다. 한편, 케인스 경제학의 산실인 영국 캠브리지 대학 경제학과의 학자들은 이러한 종류의 케인스 경제학을 '사생아 케인스주의bastardized Keynesianism'라고 비판하면서 본래 케인스 경제학의 전통을 잇는 '포스트케인스주의Post-Keynesianism' 경제학을 발전시켜 왔습니다. 양자는 판이하게 다른 경제학입니다.

할을 했던 것이 필립스 곡선Phillips curve입니다. 윌리엄 필립스William Philips 라는 통계학자이자 경제학자가 1861년에서 1957년까지의 영국의 실업률과 명목임금 변화율을 비교했더니 역관계가 성립하더라는 겁니다. 즉 임금 인상률이 높을수록 실업률은 떨어지고 반대로 임금 인상률이 낮거나 마이너스가 되면 실업률이 올라가는 식의 관계를 관찰할 수 있었다는 것이죠. 폴 새뮤얼슨Paul Samuelson과 로버트 솔로Robert Solow 등 주도적인 역할을 했던 '미국식 케인즈주의' 경제학자들은 필립스의 연구를 가져와서 물가 인상률, 즉 인플레이션과 실업률의 관계로 바꾸어 해석하였습니다. 이것이 케인스주의자들을 중심으로 한 거시 경제학자들 사이에서 시장 경제의 보편적인 법칙처럼 받아들여졌고, 케인스주의 경제 정책의 가장 중요한 초석이 되는 원칙으로 자리 잡았습니다.

지금도 그렇지만 경제 정책을 운용하는 데 있어 가장 큰 두 개의 목표가 있다면 물가 안정과 일자리 창출, 즉 경제 성장이라고 할 수 있을 겁니다. 케인스주의 경제학에 따르면 이 두 가지는 하나가 높아지면 다른 하나가 낮아지는 역관계에 있으니, 어느 한쪽을 얻으려면 다른 한쪽은 어느 정도 포기할 수밖에 없습니다. 즉 물가를 안정시키기 위해 성장을 포기하든가, 실업률을 낮추고 경기를 부양하기 위해 물가가 높아지는 걸 감수하든가 선택을 해야 한다는 것이죠. 이런 이론을 바탕으로 당시 경제 관료들은 물가가 어느 정도 오를 때 실업률은 얼마나 낮아지는지, 또 여러 경제 지표는 어떻게 달라지는지 등을 계산하는 정교한 수리 모델을 만들었습니다. 간단하게 말하면, 무엇을 얼마나 올리면 무엇이 얼마나 떨어진다는 식의 미세 조정을 통해 경제를 운용하려고 했던 것이죠.

여기에는 운전대를 잘 잡고 레버만 적절히 조정하면 두 가지 목표 중 하나는 항상 취할 수 있다는 자신감과 낙관주의가 깔려 있습니다. 그런데 그 레버가 꽂혀 있는 지점은 수요 측면이었습니다. 즉, '총수요 관리를 통한 일자리 창출'이 이 시기 경제 정책의 주요한 틀이었다고 할 수 있습니다. 목표는 항상 실업률의 저하 즉 '완전 고용'에 맞추어집니다. 이를 위해서는 너무 심하지 않은 정도의 인플레이션을 감수하면서 경기를 부양합니다. 즉 정부가 재정 정책으로 큰돈을 풀기도 하고, 은행 시스템 전체가 금리를 낮추고 통화를 더 발행하여 실물 투자를 촉진하기도 합니다. 그리고 노동자들에게는 정기적인 단체 협상을 통하여 실질임금 인상을 보장하고 또 상당한 수준의 복지 정책을 펼쳐 구매력을 키워 줌으로써 소비를 촉진합니다. 이렇게 해서 정부·투자자·노동자 모두가 더 많은 돈을 시장에 푼다면 당연히 경기도 좋아지고 '완전 고용'도 이루어질 것입니다. 이렇게 "총수요를 관리하여 경제 성장을 이룬다."라는 것이 이 '영광의 30년'에 나타난 경제 정책의 패러다임이었습니다.

그런데 1970년대에 '스태그플레이션'이라는 새로운 현상이 나타났습니다. '스태그네이션' 즉 장기적인 경기 침체는 심해져만 가고 또 동시에 '인플레이션'까지 한꺼번에 나타나는 현상입니다. 이렇게 되면 방금 말씀드린 '총수요 관리'의 케인스 경제 정책은 속수무책이 됩니다. 정부는 하던 대로 '총수요'를 자극하기 위해 금융 정책, 재정 정책 할 것 없이 돈을 풀어 봅니다만, 실업률은 떨어지지 않고 물가는 무섭게 치솟습니다. 필립스 곡선이 무색해지고 맙니다. 숭어도 뛰고 망둥이도 뛰는 상황, 물가도 올라가고 실업률도 올라가는 상태인데 도대체 무엇을 희생해서 무엇을 잡을 수 있을까요?

밀턴 프리드먼과 통화주의 경제학

이때 뜨기 시작한 사나이가 있었으니, 이름하여 밀턴 프리드먼Milton Friedman입니다. 미국 시카고 대학 출신으로 나중에 모교의 교수가 되었고 훗날 노벨 경제학상도 수상하는 경제학자인데요, 시카고 대학 경제학과는 1930년대부터 시작해 케인스 경제학이 유행하는 1940~1950년대에도 계속 보수적인 신고전파 경제학을 고수해 왔습니다. 거의 이 대학에서만 배우고 연구하고 가르쳤던 밀턴 프리드먼은 케인스 경제학이 세계를 풍미하는 상황에서도 거기에 맞서 보수적인 경제학을 고수하고 발전시켰습니다. 미국식 케인스 경제학의 논리를 일정 정도 수용하는 포용력을 보이며 새로운 버전을 내놓기도 합니다. 그러다 1970년대가 되어 케인스 경제학으로 설명할 수 없는 스태그플레이션이 나타났을 때 그의 경제 이론이 각광을 받게 됩니다.

프리드먼은 실업률이란 생산 조건에 따라 노동 시장에서 자율적으로 결정되는 것이라고 봅니다. 정부의 이런저런 경기 부양 정책이 단기적으로는 어느 정도 자극을 줄 수 있지만 중장기적으로는 아무런 효과도 발휘할 수 없고 공연한 혼란만 자아낼 뿐이라고 말합니다. 오히려 그런 혼란을 야기하지 않는다면 시장 경제는 알아서 균형을 이뤄 '자연적 실업률'에 근접한 '완전 고용' 상태를 만들어 낼 것이라고도 합니다.

먼저 그는 완전 고용을 따질 때의 실업률이란 '비자발적 실업자'의 비율에 국한된 문제임을 강조합니다. 즉 일하는 대신 놀고먹기를 선택한 이들까지 실업자로 보아서는 안 된다는 것입니다. 그리고 하기 싫은 일이라도 하겠다고 결심하여 노동 시장에 나선 이들은 다 형편이 허락하는 수준에서 임금 조건과 노동 여건에 맞는 일자리를 찾게 되어 있으니, 정부가 돈을 풀고 말고 해서 해결할 수 있는 문제가 아니라는 것입니다. 단, 일을 하고자 하는 사람들도 산업 기술 변화 때문에 일자리를 잃거나, 노동 시장의 구조적인 여건 불비와 정보 부족 등으로 일자리를 찾지 못하는 상태가 발생할 수 있다고 봅니다. 이러한 유형의 실업 상태는 시간이 지나면 곧 해결되고 또 아무리 경제가 제대로 돌아간다고 해도 항상 존재할 수밖에 없는 실업의 형태이니, 이러한 마찰적·구조적 이유에서 발생하는 실업률은 '자연 실업률natural rate of unemployment'이라고 보아야 하며(그는 자연 실업률을 3~4퍼센트 정도로 보았던 듯합니다.), 이는 누구도 근본적으로 줄일 수 있는 게 아니라고 말합니다.

이렇게 실업률이라는 게 그 자체의 논리로 결정되는 것이라면, 정부가 경기를 부양한다고 돈을 푸는 것은 어떤 결과를 가져올까요? 물가만 올릴 뿐입니다. 프리드먼은 오랫동안 잊혔던 물가 이론인 '화폐수량설money theory of prices'을 되살려 냅니다. 물론 똑같은 형태는 아니었습니다. 옛날의 화폐수량설과 달리 프리드먼은 화폐의 유통 속도가 고정되어 있다고 보지 않았고, 이자율의 변화에 따라 가변적이라고 생각했습니다. 하지만 그 정도는 무시할 만한 것이라고 판단했습니다. 그리고 화폐를 단지 소비 수단으로만 본 것이 아니라 주식이나 채권 등과 마찬가지로 삶에서 일정량을 보유하고자 하는 '자산'의 하나로 보았습니다. 사람들은 경제 상황의 변화에 따라 현금을 어느 정도 가지고 있어야 하는지 스스로 결정한다는 것입니다. 만약 생각보다 통화량이 적다면 가지고 있는 자산을 팔아서 현금 보유량을 보충할 것이며, 만약 생각보다 통화량이 크다면 보유하고자 하는 것보다 초과되는 현금은 소비로 써 버릴 것이라고 보았습니다. 이것이 결국 물가 인상으로 나타날 것이라고 주장했습니다.

결국 프리드먼은 종래의 미국식 케인스주의 경제학과는 전혀 다른 정책 권고를 내놓습니다. "실업률을 잡겠다고 쓸데없이 돈 풀지 마라. 노동 시장에 혼란을 일으키며 물가만 올릴 뿐이다. 정부가 할 일은 실질 성장률에 근거하여 매년 정해진 비율로(k 퍼센트 준칙) 통화를 공급하는 것에서 멈추어야 한다."라는 것입니다.

프리드먼의 통화주의 정책은 갈수록 미국과 영국 정계와 관계에서 큰 힘을 얻었고, 1970년대에서 1980년대로 넘어가는 시점에서 실제로 정책화되지만 큰 성공을 거두지는 못했습니다. 미국에서는 카터 정부 당시 통화주의자 폴 볼커Paul Volcker가 연방준비위원회 의장으로 취임하여 극단적인 금리 인상 정책을 시행합니다. 물가는 잡혔지만, 경기 침체의 후유증이 만만치 않았습니다. 영국에서도 대처 정권에서 통화주의 정책이 시행되었지만, 6퍼센트 정도였던 실업률이 1983년에는 두 배가 넘는 13퍼센트까지 치솟습니다.

'공급 측 경제학'과 신자유주의 경제 정책

1970년대 말부터 경제학계에서는 통화주의에서 한 걸음 나아가는 더욱 공격적인 변화가 나타납니다. 프리드먼의 말대로 금융 및 재정 정책 그리고 분배 및 재분배 정책 등으로 '총수요'를 진작하여 실업률을 낮춘다는 '수요 측면' 정책이 효과가 없다면, 결국 '공급 측면'을 진작하는 방식으로 물가 인상과 실업 증가에 대처해야 한다는 것입니다. 이러한 새로운 '공급 측 경제학'은 1980년대 미국 레이건 정부가 시행하였고, 이후 클린턴 정부로 계승되며 오늘날까지도 지배적인 영향력을 행사하고 있습니다.

'공급 측면'을 진작하는 방법은 어떤 것이 있을까요? 이제 2020년대에 살고 있는 우리에게도 친숙한 경제 정책의 원칙들입니다. 첫째, 생산성 향상을 위해서 '인적 자본'을 축적하며, 이를 교육·의료·주거 등의 사회 정책과 연계합니다. 둘째, 대폭적인 감세를 통하여 투자를 촉진합니다. 셋째, 지식 자본의 축적을 위해 '연구 및 개발'을 적극 지원합니다. 넷째, 정부가 앞장서서 투자와 사업을 가로막는 각종 규제를 대거 철폐합니다. 이러한 '공급 측 경제학supply-sided economics'과 긴밀하게 연결되어 있는 이론과 정책 및 제도도 곧 모습을 드러냅니다. 정부의 균형 재정, 사회 복지의 감축, 시장의 전면적인 대외 개방, 금융 시장의 통합과 자유화 등등입니다.

이렇게 경제 정책의 패러다임이 '총수요 관리'에서 '총공급 관리'로 넘어가게 되면서, 1980년대 이후의 산업사회에는 실로 '뽕밭이 바다로 변하는' 대규모의 변화가 벌어집니다. 1970년대 이전과 같이 임금 인상과 사회 복지 확충, 정부의 대규모 재정 지출, 느슨한 통화 및 금융 정책 등을 특징으로 하던 국가 자본주의는 전혀 다른 성격의 자본주의로 변모합니다. 사회 전체의 생산성과 효율성을 극대화하기 위한 각종 정책이 시행되고, 방만한 재정 지출은 금기시됩니다. 복지 정책의 패러다임은 '복지'가 아니라 노동의 동기부여인 '노동 연계workfare'로 바뀝니다. 경제 행위의 평가는 국가나 사회가 아니라 오롯이 시장 특히 금융 및 자본 시장에 맡겨집니다. 임금 결정을 포함한 노동의 지위 또한 노동 시장의 작동에 따라야 한다는 원칙이 대두됩니다.

이러한 변혁은 국내의 경제 정책에 머물지 않습니다. 예전과 같이 그저 '무역'과 '금융'을 별개로 보아 따로따로의 국제기구 및 질서에 맡기는 대신, 총체적으로 크게 통합하는 '지구화globalization'가 거스를 수 없는 시대의 지상 명령으로 자리 잡습니다. 우리가 지난 30년간 익히 들어 알고 있는 단어, '신자유주의적 지구화'의 시대로 전 세계의 산업문명 전체가 이행하게 됩니다.

6

제3세계가 세계 경제에
편입되기까지

이번 장과 다음 장에서는 제3세계와 공산권 국가에 관해 이야기할 텐
데요, 사실 제3세계는 아시아와 아프리카 그리고 라틴아메리카까지를
포함하는 만큼 굉장히 넓은 지역이고, 이 나라들은 물론 공산권 국가들
도 세계 경제 체제에 편입되기까지 굉장히 긴 시간적 흐름이 있습니다.
최소한으로 잡아도 100년에서 200년 정도라고 봐야 하는데, 이 넓은
지역과 이 긴 역사를 단순화시켜 이야기하려니 부족한 것이 많습니다.
여기에서는 중요한 키워드를 바탕으로 거칠게나마 엮어 보겠습니다.

제2차 세계대전 이후 제3세계 상황

세계 체제론자들과 종속 이론가들이 강조하는 것이 있습니다. 18세기
와 19세기를 거치면서 자본주의가 발전할 적에 유럽 나라들이 먼저 산
업화를 할 수 있었던 계기가 제3세계를 식민지로 두면서 많은 경제 잉
여를 창출할 수 있었기 때문이라는 것입니다. 식민지였던 많은 나라들

은 수탈과 착취로 고통을 받았고 산업화가 뒤처진 상태에 있었는데요, 제2차 세계대전이 끝난 다음 이 나라들은 어떻게 산업화를 이루고 경제 성장을 할 것인가 하는 과제를 안게 되었습니다. 처음 월트 로스토 Walt Rostow 같은 경제학자는 단계론인 절약 – 자본 축적 – 기술 혁신 – 도약을 주장했고, 실제로 이걸 해 보려고도 했으나, 그리 간단하지 않은 문제라는 게 서서히 밝혀지게 되었습니다.

경제학자인 라울 프레비시 Raúl Prebisch 가 사무총장으로 있던 UN의 산하기관 UNCTAD에서 발표한 프레시비 보고서라는 게 있습니다. 여기에 왜 제3세계 나라들이 선진국과 같은 성장 발전 단계를 거칠 수 없는지에 대한 구체적인 이유가 담겨있는데요, 쉽게 말해 구조주의라고 할 수 있겠습니다. 세계 무역 구조를 보면 이미 산업화를 이룬 제1세계는 제조품을 만들어 수출하는 것이 가능했습니다. 제3세계에 있는 나라들은 산업화가 안 됐으니 농업이나 광업 같은 1차 산업에 머물러 있었고요. 여기서 가격 탄력성이라는 문제가 등장하는데요, 쌀값이 반으로 떨어진다고 우리가 밥을 두 공기씩 먹지는 않잖아요. 이처럼 농산물이나 1차 상품은 가격 탄력성이 지극히 낮은 반면, 제조업은 가격 탄력성이 높아 변화무쌍한 시장에서 교역 조건에 따라 가격을 올리거나 낮추는 것이 가능합니다. 결국 1차 상품과 공산품을 각각 생산해서 교역하는 식으로는 자본이 축적되기 힘들고, 시간이 가면 갈수록 불리할 수밖에 없다는 것입니다. 그러니 제3세계 국가는 농산물이나 광공업품을 수출해서 공산품 사 오려고 하지 말고 지금까지 수입해 오던 제1세계에서 생산하는 공산품을 스스로 생산하는 식으로 산업 구조를 바꿔야 한다는 게 프레비시 보고서의 결론이었습니다.

여기서 등장하는 게 수입대체전략 ISI, Import Substitution Industry 입니다. 우리

나라도 박정희 정권 초기에 이 전략을 잠깐 모색한 때가 있었다고 하죠. 하지만 우리나라는 수입대체전략에 반대되는 개념인 수출주도형 성장 모델을 택하게 됩니다.

수입대체전략이란 간단하게 말해서 지금까지는 미국이나 독일 같은 나라에 커피나 코코아 이런 걸 잔뜩 수출하고 나이키 신발 몇 켤레를 사 오는 방식이었다면, 이후부터는 "죽이 되든 밥이 되든 그 나라 안에 신발 공장 세워서 비록 '나이케이'든 '아디도스'든 직접 생산하자." 이런 주의라고 할 수 있습니다. 수입대체전략은 라틴아메리카의 여러 나라에 많은 영향을 끼치면서 실제로 추진하기도 했고, 수입대체전략이 수출지향전략보다 훨씬 독자적인 경제 성장 방법이라는 주장도 있었습니다.

우리나라가 택했던 수출지향전략을 취하려면 우선 외자를 들여와야 합니다. 외국에서 원자재를 사 와서 그걸로 물건을 만들어 팔아야 하니 세계 시장의 변동에 의존하게 되면서 시간이 갈수록 외세 지향적이고 종속적인 경제가 될 우려가 있습니다. 실제로 1960~1970년대 제3세계를 풍미했던 정치 경제 이론인 종속 이론에 의하면 수출지향전략을 택했다가 잘못하면 수렁으로 빠져 제국주의 세력에 의한 착취와 수탈의 늪에 들어갈 수 있다는 우려가 있었습니다. 수입대체전략은 비록 독립성은 약해도 경제적 자급자족을 지향하는 측면이 분명 있지요.

"우리 스스로 산업을 육성하고, 필요한 걸 우리 스스로 생산해서, 우리 스스로가 거둔 이윤과 수익을 다시 우리의 산업을 생산하는 데 재투자해야 한다. 외자를 도입해 수출해서 다시 외자에 대한 이자로 빼앗기는 수출주도형과는 달리 민족 독립을 꾀할 수 있고, 나아가 중장기적으로는 자본주의로부터 빠져나와 평등한 사회주의적인 경제로까지 발전할 수 있다."

이런 주장인데요, 실제로 1970년대 초까지만 해도 이념적 지형에서는 수출지향전략보다 훨씬 우세하고 우월하다고 보기도 했습니다.

수입대체전략의 한계

실제는 어땠을까요? 수출주도형 성장 모델을 선택했던 우리나라나 대만 같은 경우 다른 제3세계 나라들보다 훨씬 더 빨리, 더 크게 성장했죠. 여기에는 수입대체전략이 가진 중요한 한계가 있습니다. 신발공장을 지어서 나이케이나 아디도스 운동화는 생산할 수 있을지 몰라도 운동화를 생산하는 기계는 생산해 낼 수 없다는 것이죠. 재봉틀 같은 간단한 기계라면 국내에서 어찌어찌 만들어 볼 수도 있겠지만, 산업연관이라는 게 뒤로 가면 결국 철강이나 석유 등등 원자재 산업의 가장 기본에 해당하는 자재들과 연결되는데, 석유는 산유국이 아니라면 불가능하고 철강을 생산한다는 것도 쉬운 일은 아니죠.

제3세계 국가들 중에는 "우리도 이거 한번 만들어 보자! 그까짓 철강 한번 생산해 보자!" 했다가 처참한 드라마로 끝나는 일도 많았습니다. 잘 알려진 비극적인 경우가 중국 대약진 시대의 일입니다. 때는 마오쩌둥이 집권하고 있던 1950년대, "우리도 산업화를 이뤄야 하는데 철이 없다. 철을 사 올 돈도 없다. 그러니 가가호호 있는 철들 내놔라." 그랬습니다. 이런식으로 수많은 인민들로부터 냄비·숟가락·젓가락 등등을 받아서 철강을 만들겠다고 시도한 적이 있었는데요, 그렇게 징발한 철로 아무리 녹이고 두드리고 한들 질 좋은 강철이 나올 리 만무합니다. 이로 인해 당시 중국에서 너무나 많은 사람이 굶어 죽고 희생당했던 슬프고 어이없는 일이 있었죠.

이런 게 수입대체산업이 가지고 있는 치명적인 약점이었습니다. 신발을 대체하는 건 가능할지 모르지만, 한 나라 안에서 필요한 모든 산업 연관을 다 구현하는 것은 다른 차원의 문제였으니까요. 그 나라 안에 필요한 기술과 자원과 자본이 다 있어야 하는데, 이 중 하나라도 없다면 꼼짝없이 사 와야만 합니다. 그러려면 다시 자본이 필요한데 수출지향형 국가들은 현금의 흐름이라는 게 있습니다. 계속 빌려 오고 갚고 다시 또 빌려 오고 갚는 과정에서 자본을 조달할 수 있는 틀이 존재합니다.

수입대체산업형 모델은 좋게 말하면 민족 독립적이고, 나쁘게 말하면 폐쇄 경제로 가는 경향이 있어서 국제적으로 통용될 수 있는 통화로 구성된 자본을 조달하는 일이 만만치가 않았던 겁니다. 그래서 수입대체산업은 초기엔 괜찮을지 몰라도 산업고도화 발달 단계로 가면 자본의 필요성이 아주 절실해지고, 이때 자본이 제대로 조달되지 않으면 기계 노후화나 산업 노후화 같은 일이 계속 벌어집니다. 시간이 지나면서 생필품의 질과 양이 악화되고 민생이 안 좋아지면서 온갖 나라들에서 온갖 사회문제가 발생했는데요, 이때 뜻밖의 단비 같은 소식이 들려왔으니 제1세계에 있던 은행들이 돈을 꿔 주겠다고 달려들기 시작한 것이었습니다.

이 돈이 다 어디서 나왔냐면, 일명 오일 머니였습니다. 앞서 1973년에 있었던 석유 파동에 대해 설명했었는데요, 나중에 1979년에도 비슷하게 국제 유가가 몇 배로 치솟는 끔찍한 사태가 벌어졌습니다. 세계 경제는 그야말로 위기였지만 산유국들은 엄청난 돈을 벌게 되었죠. 그들은 이 돈을 주로 서방에 있는 큰 은행들에 몽땅 맡겼는데요, 이러니까 은행들이 큰 고민에 빠졌습니다. 예금이 적당히 들어오면 좋은 일이지만, 이 어마어마한 뭉칫돈을 받아서 매년 이자를 줄 생각하니까 눈앞이 캄캄했던 거죠. 심지어 1970년대는 스태그플레이션 때문에 세계 경제가 그다지 좋은 상황도 아니었습니다. 여기서 활로를 뚫은 게 다른 나라에 돈을 꿔 주는 방법이었습니다. 보통 국가에 꿔 주는 종류의 부채는 상대적으로 안전하다는 믿음이 19세기 말부터 쭉 있어 왔거든요. 그래서 돈이 필요한 라틴아메리카를 비롯해 수입대체전략을 추진하던 제3세계 국가들에 빌려준 것입니다.

1970년대 중후반이 되면 한창 돈이 필요했던 제3세계 국가들이 싼 금리로 많은 돈을 빌립니다. 그 금리가 그대로 유지됐다면 큰 문제가 없었겠지만, 갑자기 금리가 하늘로 치솟는 사태가 벌어져요. 미국 레이건 대통령이 집권한 다음 미국 중앙은행 역할을 하는 기구의 의장으로 폴 볼커라는 사람이 새로 들어왔는데요, 이 사람이 강력한 통화주의 신봉자였던 겁니다. 무조건 인플레이션을 잡아야 한다는 강력한 신념이 있어서 중앙은행이 일반 은행에 꿔 주는 기준 금리를 무려 22퍼센트까지 올려 버리고 말았습니다. 요즘도 인플레이션을 잡아야 한다며 이른바 자이언트 스텝으로 가면서 기준 금리를 계속 올리고 있는데 이때도 지금과 비슷한 전략을 취했습니다.

그 결과 일단 미국에서 인플레이션이 잦아들기는 하는데 국제 금리가 어마어마하게 올라가 버렸습니다. 무사히 돈을 꿨다며 안심하고 있던 제3세계 국가들은 하루아침에 갚아야 하는 이자액이 어마어마하게 불어났습니다. 특히 타격을 심하게 받은 나라가 멕시코였는데요, 멕시

코는 1970년대 말에 유전이 발견되면서 온 나라가 흥청망청하는 분위기에 국가 부채도 많았습니다. 여기서 금리가 올라 버리니까 도무지 감당할 수 없었죠. 결국 1982년에 제3세계 국가로서는 최초로 모라토리엄을 선언합니다. 이렇게 멕시코를 필두로 그때까지 빚을 많이 졌던 제3세계 국가들이 줄줄이 모라토리엄을 선언하는 일이 벌어졌는데, 이게 1980년대 벌어졌던 제3세계 외채 위기입니다.

제3세계 국가들은 모라토리엄을 선언했고, 은행은 이제 돈을 못 받게 되었으니 여기까지만 보면 제3세계 승, 서방 은행 1패로 느껴지죠? 결과는 전혀 그렇지 않았습니다. 제3세계 국가들은 다시 돈을 빌리러 그 유명한 IMF도 가고 세계은행도 갔는데요, IMF와 세계은행은 돈을 꿔 줄 테니 몇 년 안에 알아서 갚으라며 뒷짐 지고 앉아 있었던 게 아니었습니다. 쉽게 말하면, "꿔 주긴 꿔 주는 데 담보물 내놔. 담보물이 마땅하지 않으면 너희 장부 꺼내 봐." 하는 식이었습니다. 그때부터 나라 살림살이와 경제 정책 등에 조목조목 개입하기 시작하는데요, 빨리 돈을 갚으려면 국제 수지를 호전시켜 흑자를 만들어야 한다는 명목 아래 대대적이고 가혹한 구조조정을 시행하기 시작했습니다.

몇 가지 예를 들자면

1. 유전을 비롯한 중요한 자산들을 빨리 팔아 버려라.

2. 수입 대체 산업이니 하는 소리 집어치우고 내다 팔 수 있는 건, 석탄이든 구리든 당장 내다 팔아라. 다시 말해 무역 자유화를 시행하라.

3. 국가가 너무나 많은 돈을 쓰고 있다. 이래선 돈을 못 갚으니 사회 지출 · 복지 지출 같은 재정 지출 줄이고 긴축 재정 시행하라.

4. 웬만하면 국가와 연결된 공기업 매각하라.

한마디로 온 나라 경제를 최대한 빨리 현금을 조달할 수 있는 구조로 만드는 것, 팔 수 있는 것 다 팔고 최대한 허리띠를 졸라매게 한 것인데요, 이게 그 유명한 IMF의 조건부conditionality 대출이었습니다.

이때부터 IMF와 세계은행에서 돈을 빌린 나라들은 이런 종류의 가혹한 구조조정을 거쳐야만 했습니다. 1987년에 조금 완화된 조건이 나타나기는 했지만 큰 방향은 바뀌지 않았습니다. 수입대체전략으로 시작하여 서방이 주도하는 자본주의 세계 경제에 무작정 통합되기를 거부하면서 독자적인 발전 경로를 모색하고 추구하였던 제3세계 국가들의 노력은 이렇게 해서 종말을 고합니다. 1990년대가 되면 공산권의 몰락과 함께 몰아친 '지구화'의 대세 그리고 그와 함께 움직인 엄청난 규모의 지구적 자본의 흐름에 이 나라들도 함께 휩쓸리면서, 지구적 자본주의로 통합되는 결과를 낳았습니다.

IMF와 세계은행은 2차 세계대전 말 출현하던 당시에는 세계 경제의 순탄한 작동과 장기적 발전을 위해 유동성을 탄력적으로 공급하려는 목적에서 마련되었지만, 이제는 빚더미에 오른 나라들에 '물린' 서방의 은행이 무사히 돈을 회수할 수 있도록 자금을 융통하는 한편, 그 나라들의 재산에는 빨간 딱지를 붙여 버리는 집달리와 비슷한 모습으로 변해 갔습니다. 지난 십몇 년간 지구적 신자유주의 질서가 위기를 맞으면서 IMF와 세계은행의 성격은 또다시 변화해 왔습니다만, '지구화'가 시작되던 시기에 이 기구들이 이렇게 결정적인 촉매 작용을 했다는 것은 분명한 사실입니다.

7

공산권 국가의
몰락

볼셰비키 집권 이후, 러시아 경제의 외형적 성장

1917년에 러시아에서 혁명이 벌어지고, 볼셰비키가 집권합니다. 어떤 사람들은 이를 두고 사회주의혁명이라고 부르기도 하는데요, 정치학자들끼리 나누는 학술적 개념 규정에서는 의미가 있을지 모르겠으나 경제적인 차원에서 이걸 사회주의혁명으로 부르는 건 굉장한 난센스입니다. 제1차 세계대전이 끝날 무렵엔 전시 공산주의라고 해서 강력한 중앙집권적인 경제 체제가 들어서지만, 1920년대 들어오면서 이른바 신경제정책NEP, New Economic Policy이 행해지는데요, 이는 시장에 의한 가격 기구가 상당 부분 작동하는 시장 경제에 가까웠다고 봐야 합니다. 우리가 교과서에서 봤을 법한 러시아 공산주의 경제, 즉 중앙계획 경제가 본격적으로 건설되는 건 1932년 스탈린이 5개년 계획을 시작하면서부터입니다.

러시아를 제외한 다른 공산권 국가들의 경우, 중앙계획 경제를 실행하기까지 과정은 조금씩 차이가 있습니다만 공산권 국가들이 밟아 온 순서는 거의 비슷해서 다음 정도로 정리할 수 있습니다.

부르주아 정당 단독 혹은 좌파 정당과 부르주아 정당이 연립해 권력을 잡는 단계 → 공산당이 반대 세력을 숙청해 완전히 권력을 장악하는 단계 → 어느 정도 기간 이 지난 후 철저한 중앙계획 경제로 이행하는 단계

　그렇다면 이 중앙계획 경제는 어떻게 작동할까요? 아주 간단하게 말하자면 그해의 모든 생산물의 수요를 예측하고, 그해 가동이 가능한 모든 생산 시설, 공장의 현황을 파악합니다. 다음으로, 필요한 수요를 충족시킬 생산물을 생산하기 위해서는 어떤 지역에 있는 물자를 어디에 있는 공장으로 이동시켜야 하는지, 그 공장에서 생산된 중간 생산물은 또 어디로 보내야 하는지 등 총체적인 계획을 중앙에서 짭니다. 이를 위해 각 공장과 각 소비조합에서는 뭐가 얼마만큼 필요한지, 얼마나 생산할 수 있는지를 쭉 써 내기도 하고, 전년도 자료들을 취합해 총계를 내기도 하죠. 이런 모든 자료들이 올라오면 중앙에 있는 슈퍼컴퓨터가 돌아가서 각 지역에 있는 공장으로 올해 생산 목표를 하달합니다. 이렇게 계획을 짜도 현실과 안 맞을 수 있겠죠. 그러면 각 공장에서 하달된 목표를 수정해서 다시 위로 올리기도 합니다. 이렇게 몇 번 왔다 갔다 하는 방식으로 최종 경제 계획이 형성됩니다. 소련에서 이런 기능을 맡았던 기구의 이름이 고스플란Gosplan입니다.

　이 중앙계획 경제가 한때는 굉장히 성공적이었어요. 1930년대 스탈린이 5개년 계획을 할 적에 소련의 경제 성장률이라는 게 상상을 초월할 정도의 효율성을 발휘했습니다. 추산이긴 하지만 연 20퍼센트가 넘었을 거라고들 하죠. 물론 그 밑에 수많은 노동자들이 엄청난 저임금

으로 희생당했고, 곡식을 거의 수탈당하다시피 한 농민들이 있고, 또 특히 그 과정에서 대규모 학살을 겪어야 했던 우크라이나 사람들의 고통이 있습니다. 절대로 정당화할 수 있는 체제는 아니었습니다만, 최소한 고스플란 중앙경제계획이 아주 말도 안 되는 그런 시스템은 아니었다는 이야기이기도 합니다. 한때 외형적으로 굉장한 경제 성장을 이루었던 건 분명한 사실이니까요.

러시아를 비롯한 공산권 국가들의 몰락

이걸 계속 이어갈 수 있느냐고 묻는다면 그건 또 다른 차원의 문제라고 할 수 있습니다. 예를 들어 압정을 생산한다고 가정해 보겠습니다. 어떻게 생겼는지 어떤 크기인지 어디에 쓰는 물건인지 그 재료는 또 무엇인지 알고 있으니 압정 5만 개를 생산하는 계획을 세우는 건 그렇게 어려운 일은 아닙니다. 경제 발전 초기 단계, 산업화의 초기 단계에 필요한 것들도 대부분 이런 식입니다. 가령 '콘크리트를 생산하라.' 그러면 콘크리트는 다 거기서 거기니까 그냥 생산하면 됩니다.

이후에 경제 성장이 어느 정도 이루어진 다음에는 어떨까요? 이해를 돕기 위해 아주 극단적인 예로 속옷이라고 합시다. 압정은 하나밖에 없고 기능도 뻔하죠. 그런데 속옷을 이루는 요소에는 기능도 있고 디자인도 있고 사이즈도 있습니다. 용도와 목적에 따라 소비자의 욕구는 너무나 다양할 수밖에 없습니다. 그러니 고스플란에서 속옷 5만 장을 생산하라는 명령을 내려도 이걸 전부 하얀색 '백양 메리야스'로만 만들 수는 없는 노릇입니다. '빅토리아 시크릿' 같은 야릇한 속옷은 어떻게 생산해야 될까요? 갑갑한 일입니다. 즉 경제 성장 초기 단계에서 기술 계

수로만 계산하는 경우라면 중앙 계획이 힘을 가질 수 있는데 시간이 지나 소비자의 욕구가 다양해지고 경제 산업 구조가 복잡해지면 고스플란이 감당할 수 있는 범위를 넘어선다는 겁니다.

참고로 1950년대 말까지만 해도 소련 경제가 자본주의 경제보다 훨씬 우월하다고 생각하는 사람도 많았고, 놀라운 일이지만 미국 정부도 그렇게 믿는 경향이 있었습니다. 최초의 인공위성인 스푸트니크도 소련이 먼저 쏘잖아요. 케네디 정권 때까지도 미국 지배 계급은 언제 자신들이 공산주의 국가의 생산력에 압도당할지 모른다는 공포감에 사로잡혀 있었습니다.

이제 1960년대 중후반을 지나 1970년대 레오니트 브레즈네프Leonid Brezhnev 서기장 시절로 들어오면 경제가 서서히 작동을 멈추고 사방에서 기능 부전이 나타납니다. 이런 경우 해결책은 히틀러나 무솔리니가 썼던 방법이기도 한데, 물자를 지출해 자기들이 정치적으로 중요하다 싶은 생산물부터 우선 생산해 버리고 나머진 "모르겠다, 알아서들 해라." 라며 내팽개치는 것입니다. 이때 중요하다고 여겨지는 생산 부분은 말할 것도 없이 군수품이고, 그 외 정치적·전략적으로 중요성이 부여된 품목들이었습니다. 항상 뒤로 밀리는 건 생필품이나 소비재 같은 경공업 생산품들이었죠. 이런 품목들은 제품의 질도 형편없을 뿐 아니라 항상 부족했습니다. 가격이 낮게 고정되어 있으면 뭐 하나요? 수량이 적으니 어차피 손에 넣을 수 없는 것은 마찬가지입니다.

이를테면 "돈만 있다고 살 수 있는 게 아니라 돈을 가지고 줄을 서야 하는데, 세 시간 정도 기다렸더니 다 필렸다고 문을 닫더라." 이런 식이죠.

이런 무지막지한 해결책만 있는 건 아닙니다. 보통 첫 번째 해결책을 쓰다가 사람들의 원성이 높아져 사회에 큰 문제가 발생할 우려가 있거나, 온건 세력이 집권하는 경우에 시장 해법을 들여오기 마련입니다.

물론 이들이 시장 해법을 얘기했다고 해서 처음부터 무턱대고 자본주의를 신봉했다고 보기는 어렵습니다. 사회인류학자인 조하나 보크만 Johanna Bockman의 『신자유주의의 좌파적 기원』[71]이라는 책을 보면 공산권에서 시장 요소를 도입하려고 했던 경제학자들이 시장사회주의라는 걸 얼마나 강하게 신봉했는지에 대한 이야기가 구체적으로 나오는데요, 한두 명이 그랬던 것이 아니라 많은 사람들이 진정한 사회주의는 시장경제를 통해서만 가능하다고 믿었습니다. 이들은 파시즘식으로 중앙에서 원하는 것만 생산하고 내팽개치는 방식으로는 안 되고, 시장 기구·가격 기구를 도입해 생산의 양을 늘리고 생산품의 질과 다양성을 확보하자고 주장했습니다. 이 계획은 구체적으로 이루어지진 않았는데요, 보통 이런 정책을 추진하려 했던 온건 세력이 집권해도 정치적인 흐름에 따라 숙청당하고, 정통파가 들어섰다가 다시 정통파가 밀려나고, 또 온건파가 정권을 잡았다가 하는 과정이 반복되다 보니 일관된 정책이 계속 이어지지 못했죠. 대략 1960년대부터 이런 혼란을 겪다가 1970년대 중반이 되면 소련 경제를 필두로 공산권 경제 시스템이 거의 마비되기 시작합니다.

제가 유학할 당시 1980년대에 미국으로 이민 온 연세 많으신 소련 트로츠키주의자[72]를 만난 적이 있는데요, 그분께서 하신 말씀이 아직도 선연합니다.

---

71 조하나 보크만, 『신자유주의의 좌파적 기원』, 홍기빈 역, 글항아리, 2015.
72 트로츠키주의는 레닌주의의 하나이지만, 스탈린식 소련 공산주의 체제에 대해 상당히 비판적입니다.

"대략 1970년대 중반 정도가 되면서부터는 소련 전체의 나라 경제가 어떻게 작동하는지 파악하는 사람이 거의 없었다. 저 공장이 대체 어떻게 직원들의 월급을 주고 생산을 계속할 수 있는지 아무도 모를 정도로 나라 전체가 거대한 복마전이었다. 각 공장은 자신들 생산에 필요한 원자재를 확보하느라고 혈안이 되어 있었고, 일단 구하면 상당량을 쟁여 놓기 일쑤였지만 이를 전체적으로 파악하는 시스템은 없었다. 또 공장들은 부품 및 자재를 구하기 위해 자신들의 생산물을 가지고 해당 생산 조직에 직접 가서 물물교환을 행하기도 하였다."

이분은 자신이 느낀 바를 말씀하셨던 건데, 나중에 이 시기를 다룬 연구자들의 보고서나 학자들의 문헌을 보고 나서 당시 소련 경제의 핵심을 짚은 얘기였구나 싶었습니다.

1980년대 들어와 소련은 미하일 고르바초프Mikhail Gorbachëv가 공산당 서기장이 되면서 개혁 개방 정책을 추진하는데요, 그때는 이미 다른 선택의 도리가 없었다고 합니다. 이걸 두고 일각에서는 후진적인 소련의 경제 생산력 때문에 나라가 사실상 백기를 들었다고 해석하기도 하지요.

그 이후 스토리는 익히 잘 알려져 있습니다. 1989년에 베를린 장벽이 무너지고, 1991년에 소련에서 고르바초프에 반대하는 공산당 보수파의 쿠데타가 벌어졌다가 실패하고, 이후 보리스 옐친Boris Yel'tsin이 의회를 장악한 다음 공산주의를 포기하면서 결국 소련이 해체됩니다.

1990년대가 되면 이른바 이행기를 맞는데요, 기존 공산주의적인 방식으로 조직되어 있던 경제를 어떻게 시장 경제, 시장 자본주의로 전환할 것인가 하는 문제가 대두됩니다.

여기서 중요한 사실 하나는 동유럽의 공산주의 국가 내에 있는 시장 사회주의 경제학자들은 오래전부터 그 과정을 준비해 오고 있었다는 겁니다. 중앙계획경제에 근거한 사회주의가 아니라 시장 경제에 근거한 사회주의를 만들기 위한 여러 계획을 세우고 있었는데요, 주로 협동조합이라든가 노동·생산자 조합, 소비자 조합 등등 여러 작은 단위의 공동체를 중심으로 시장 경제를 조직하고, 큰 생산 수단이라든가 큰 생산 자원의 동원 같은 문제에서는 국가의 기능을 결합한다는 여러 플랜이 있었습니다. 하지만 이 사람들이 꿈꾸는 대로 일은 진행되지 않았습니다. 콜롬비아 경제학과 교수였던 제프리 색스Jeffrey Sachs를 비롯한 많은 경제학자들과 결탁한 세계은행이 추진했던 방법이 이른바 충격 요법Shock Therapy이었기 때문입니다. 이들이 공산주의 국가에 권장했던 이행 방법은 앞서 얘기한 시장 사회주의자들처럼 느슨하고 점진적으로 경제 체제를 바꾸는 것이 아니었습니다. 쉽게 표현하자면 질질 끌지 말고 한순간에 바로 시장 경제 제도를 도입하자는 건데요, "준비하세요, 탕! 오늘부터 시장 경제!"뭐 이렇게 된다고나 할까요?

이 과정에서 엄청난 혼란이 벌어진 것은 당연지사였습니다. 여기에다 온갖 폭력 세력들이 기존 지배 계급과 결탁하면서 군벌에 가까운 몇몇 강력한 세력들이 소련 전체에 있는 크고 주요한 생산 시설을 땅 따먹기 하듯 다 먹어 버립니다. 그 혼란의 과정에서 소련 사람들이 겪었던 고통은 상상을 초월하는 것이었는데, 1990년대를 거치면서 경제의 규모는 절반으로 줄어 버렸을 뿐만 아니라 분배 또한 악화되어 빈곤 상태에 처한 인구의 비율이 2퍼센트에서 40퍼센트로 급증하는 믿기 힘든 사태가 벌어졌습니다.(1인당 하루 수입 4달러 기준) 그 고통과 혼란의 1990년대를 지나며 러시아를 포함한 제2세계는 세계시장 자본주의의 일원으로 통합되기에 이릅니다. 어쩌면 당연한 논리로 이들이 속한 집합은 금융 자본주의의 지배를 받을 수밖에 없었습니다. 중요한 사실은, 지금까지 살펴본 거대한 서사의 흐름을 배경으로 지구화된 신자유주의가 마침내 그 모습을 드러내기 시작한다는 것입니다.

어나더 경제사 - 산업문명 편을 마치며

산업문명은 언제까지 지속될 수 있을까

지금까지 우리는 18세기 영국의 폭발적인 산업 기술 혁신에서 시작하여 20세기 말의 지구적 자본주의의 성립까지 산업문명이 어떻게 전개되었는지를 살펴보았습니다. 이제 20세기 말에서 시작하여 21세기의 4분의 1지점인 현재까지의 이야기가 남았습니다. 이 기간의 이야기는 우리가 1권에서 살펴본 자본주의라는 틀과 2권에서 살펴본 산업문명의 틀만으로는 제대로 풀어낼 수가 없습니다. 그 이야기는 3권에서 '지구적 시스템'이라는 또 하나의 틀을 도입하여 전개해 보도록 하겠습니다.

자본주의, 산업문명, 지구적 시스템, 이 세 가지 개념이 어떠한 관계를 가지고 있는지에 대한 것은 각 권의 전체 서문에 나와 있는 설명을 참조하시기 바랍니다. 여기에서는 왜 지난 몇십 년에 걸쳐 일어난 산업문명의 이야기를 '지구적 시스템'이라는 틀로 바라보아야 하는지 말씀드리겠습니다. 사실 그 이유는 그리 복잡하지 않습니다. 산업문명의 운명이 누구도 예측할 수 없는 상황에 처했기 때문입니다. 어떤 이들은 산업문명의 종말 가능성까지 아주 설득력 있게 이야기하고 있기도 합니다. 정말로 '우리가 알고 있는 세계의 종말'이 올지는 모르겠습니다만, 산업문명의 존속 자체가 중대한 기로에 서게 된 것은 분명합니다. 앞으로 구체적으로 어떤 일이 닥칠지는 모르지만, 지금부터 50년 후의 산업문명이 지금의 산업문명과 판이하게 다른 모습을 띠고 있을 것이라는 점만큼은 확신할 수 있습니다. 구스타프 말러Gustav Mahler의 교향곡을 숨죽이며 경청하던 1910년대 빈 문명이 엘비스 프레슬리Elvis Presley 노래에 맞춰 춤을 추던 1950년대의 미국 문명으로 바뀐 변화의 폭보다 훨씬 훨씬 더 클 것으로 저는 믿습니다.

어째서 21세기의 산업문명이 이러한 기로에 서게 된 것일까요? 바로 '지구적 한계'에 부닥쳤기 때문입니다. 이는 많은 사람들이 지적해 온 생태적 한계나 자원의 한계 등과 같은 '물질적' 차원에 국한되는 것이 아닙니다. SNS와 인공 지능 등과 함께 인간의 정신적 삶도 심각하게 지구화되었습니다. 동시에 인간 사회의 제도 또한 20세기 말엽부터 이른바 '신자유주의'의 물결과 함께 심각할 정도로 지구화되었습니다. 즉 인류의 물질적 생활, 정신적 생활, 제도로 나타나는 사회적 생활 측면 모두에서 그 어느 때보다 전 지구적 차원으로 획일화되었습니다. 이에 따라 지금까지 산업문명의 향방과 운명을 만들어 엮어 왔던 그 세 가닥의 끈도 이제 그 끝이 보이기 시작하는 듯합니다.

산업문명의 미래를 내다본 예언들은 모두 빗나갔다

산업문명의 장기적인 경향과 그 미래의 운명에 대해서 19세기부터 카를 마르크스, 막스 베버, 베르너 좀바르트, 존 메이너드 케인스, 조지프 슘페터 등 여러 빛나는 사상가들이 예언이라고 해도 좋을 만한 논리와 주장을 내놓은 바 있습니다. 물론 이들이 내세웠던 이야기들에는 놀랄 만한 통찰과 혜안이 담겨 있는 것이 사실이지만, 그 전체적인 내용과 방향이 제대로 들어맞은 경우는 없다고 보아야 합니다. 급기야 1990년대 초에는 '역사의 종언'이라는 선언이 나오기까지 했습니다. 기나긴 혼란과 싸움 끝에 드디어 산업문명은 지구적 차원의 시장 자본주의와 대의제 민주주의라는 종착역에 도착하였고, 이것으로 역사는 '종결'되었다는 이야기였습니다. 이 주장은 2000년대 초까지도 전 세계를 풍미하였고, 어느 유명 저널리스트의 책 제목처럼 '세계는 평평하다'는 극단적인 논리로 이어지기도 했습니다. 한 인간은 어느 나라에서 태어나느냐에 따라 그 삶이 크게 달라질 수밖에 없습니다. 똑같이 천재적인 두뇌를 가지고 있다하더라도 미국에서 태어났는지, 아시아나 아프리카의 어느 빈국에서 태어났는지에 따라 그 사람은 스티브 잡스가 될 수도 있지만 그저 일생을 가난하게 살다 죽을 수도 있습니다. 하지만 2000년대 들어서면서 그렇지 않게 되었다는 것입니다. 저자는 그 이유를 국가 간 물리적 장벽은 없어져 가고, 지구 전체가 하나의 거대한 공동체적인 성격을 띠게 되었기 때문이라고 주장합니다. 이를 두고 세계가 평평하다고 비유한 것이죠.[73]

2020년대의 시점에서 이 30년 전의 낙관론을 곧이곧대로 믿는 사람은 거의 없을 것입니다. 지구적 산업문명은 이제 또 다시 짙은 안개 속으로 들어서고 있으며, 그 방향과 종착점이 어디가 될지를 누구도 예측할 수 없는 상황입니다.

어째서 산업문명의 전개를 예측하는 일은 빗나가기만 하는 것일까

---

73 토머스 프리드먼Thomas Friedman, 『세계는 평평하다』, 이건식 역, 21세기북스, 2013.

요? 제가 이 책의 서두에서 이야기했던 '세 가닥의 끈으로 꼬인 밧줄' 이라는 비유를 떠올려 보셨으면 합니다. 기술의 변화, 사회 세력의 충돌, 제도의 형성과 변화 세 가지 모두 단선적인 과정이 아닙니다. 물론 이 세 가지 모두 깊게 들여다보면 일정한 패턴 몇 가지를 발견할 수 있습니다만, 그것들만으로 각각의 끈이 이어지지는 않습니다. 게다가 산업문명은 세 가지 끈이 복잡하게 얽히고설키면서 만들어지는 이야기입니다. 이렇게 꼬여 나가는 산업문명의 운명을 어떤 법칙이나 논리에 의해서 확실하게 설명하고 분석하고 예측할 수 있다는 생각 자체가 애초에 무리였을 것입니다. 찰스 다윈은 생물의 진화 과정을 '그 어떤 목적도 방향도 없는 과정'이라고 해석했다고 하지요. 산업문명의 전개 또한 그런 생물의 진화 과정과 동일한 방식으로 보아야 할 것입니다.

하지만 '끝'이 있을 수 있습니다. 어떤 생물종이든 무한히 존속할 수 있는 것은 아니며, 언제든 상황이 바뀌면 멸종하는 일이 가능합니다. 산업문명 또한 그렇습니다.

운명의 여신 세 명의 이름

셰익스피어의 『맥베스』에 나오는 세 '마녀들weird sisters'[74]들에게는 따로 이름이 없지만, 고대 문헌을 보면 북유럽 신화에 나오는 '운명의 여신들Norns'들은 이름이 있습니다. 바로 우르드Urðr, 베르단디Verðandi, 스쿨드

---

74 이 'weird'는 요즘 영어에서 쓰이는 '이상한' 혹은 '기이한'이라는 의미가 아니라 옛날 앵글로 색슨족이 사용했던 고대 영어의 wyrd, 즉 '운명'이라는 뜻으로, 북유럽 신화의 Norns 특히 그중 하나인 우르드 여신과 어원적으로나 의미상으로나 같은 말입니다. 스코틀랜드에는 고대 영어의 흔적이 남아 있다고 합니다.

Skuld입니다.

우르드와 베르단디는 '변화하다', '생성되다'라는 뜻의 동사 weorþan의 과거분사와 현재분사에서 파생된 말로 보입니다. 즉 우르드라는 여신은 '이미 이루어져 있는 것들'이라는 뜻이며, 베르단디 여신은 '지금 벌어지고 있는 것들'이라는 뜻입니다. 한편 스쿨드라는 이름은 '죄'와 '빚'을 뜻하는 말과 관련이 있으며, '마땅히 이루어져야 할 일들'이라는 뜻으로 볼 수 있습니다. 그래서 옛날에는 이 세 명의 여신을 각각 과거 · 현재 · 미래에 대응하는 존재로 해석하기도 했습니다만, 오늘날에는 그렇게 보지 않는 듯합니다. 우선 고대인들이 과거 · 현재 · 미래라는 시간관을 가지고 있었는지도 심히 의문이며, 특히 스쿨드의 경우 결코 단순하게 '미래에 벌어질 일'이라고는 도저히 볼 수 없다는 것입니다.[75]

저 또한 이런 단순한 의미는 아니라고 생각합니다. 세 명의 여신은 각각 독립적인 존재이며, 우르드는 '과거에서 내려온 것들의 누적', 베르단디는 '지금 막 벌어지고 있는 변화', 스쿨드는 '인간이 스스로의 판단에 따라 대응하는 방식'으로 해석하는 편이 낫다고 생각합니다. 이렇게 해석한다면, 북유럽 신화에 나타난 고대인들의 사고방식이 운명과 미래를 바라보는 생각이 얼마나 섬세하고 사려 깊은 것인지 느낄 수 있습니다.

아득한 과거에서 내려온, 당장 바꿀 수 없는 것들이 있습니다. 또 지

---

75 이러한 해석은 Karen Bek-Pedersen, The Norns in Old Norse Mythology, Dunedin: 2011. 또 이러한 시간관을 철학적으로 해석한 책으로서 Anthony Winterbourne, When the Norns Have Spoken: Time and Fate in Germanic Paganism, Fairleigh Dickenson University Press: 2004.

금 계속 일어나고 있는 변화도 있습니다. 이러한 상황에서 인간은 스스로의 판단으로 어떻게 해야 할지를 결정하고 움직여야 합니다. 그 행동의 결과는 다시 '이루어진 일들의 누적'이었던 우르드에 변화를 가져오고 또 새로운 과정이 시작됩니다. 그렇게 이 세 가닥의 끈이 얽히고설키면서 밧줄은 계속 꼬여 나갑니다.

상상력을 확장한다면, 이 세 명의 여신은 산업문명의 운명을 짜 나가는 세 개의 끈으로 이야기했던 제도의 형성과 변화, 기술의 변화, 사회세력의 충돌에 각각 대응한다고 할 수 있을 것입니다. 즉 이 온 우주를 지배하는 운명이 우르드, 베르단디, 스쿨드 여신이 세 가닥의 끈으로 짜 나가는 밧줄에 좌우된다는 신화를 비유적으로 차용한다면 산업문명의 운명도 제도·기술·사회 세력이라는 세 가지 끈으로 이리저리 얽여 나가는 이야기라고 볼 수 있을 것입니다. 고대 앵글로 색슨 문헌에 "운명은 사람 뜻으로 피할 수 없다wyrd bið ful aræd."라는 격언이 있다고 합니다. 이 말이 옳은 것이라면 산업문명의 미래를 예측하려는 노력이 모조리 빗나간 것도 어쩌면 당연한 일일 것입니다. 하지만 여기에도 역시 끝이 있습니다.

'지구적 시스템'으로 눈을 돌려야 한다

20세기 후반, 즉 제2차 세계대전 이후부터 자본주의와 산업문명은 본격적으로 지구적 시스템을 건설하기 시작했으며, 특히 20세기 말과 21세기 초에 들어와서 실로 전대미문의 폭과 깊이에 도달하였습니다. 여기에서 문제가 생깁니다. 제도·기술·사회 세력이라는 세 가지 역동성이 모두 한계에 도달합니다. 세 명의 여신이 짜는 밧줄은 무한히 이어지지 않습니다. 그중 한 명이라도 이어 댈 수 있는 자신의 끈이 모자라게 된다면, 아마 그때가 밧줄의 끝이 다가오는 시기일 것입니다. 여신들은 지저분하게 너덜거리는 부분을 가위로 가혹하게 잘라 내 버립니다. 그렇게 밧줄이 끝나면, 사람도 명을 다해 죽고 심지어 신들도 명이 다해 죽습니다. 결국 우주의 나무 위그드라실에 달려 있는 지금의 우주도 명을 다하게 됩니다.

가까운 과거만 보아도 우리는 이러한 사태를 겪은 적이 최소한 두 번 있습니다. 우선 1780년대의 유럽 상황입니다. 영국에서 시작된 기술 변화는 가까운 프랑스를 궁지로 몰아넣습니다. 이는 원래부터 심각했던 프랑스 내부 사회 세력의 대립을 더욱 격화시킵니다. 하지만 당시의 완강한 계급적 위계 체제는 꼭 필요한 제도 변화를 허용할 수 없었습니다. 이에 왕이 목이 잘리고 공화국이 수립되고 전 유럽이 나폴레옹 전쟁의 참화로 들어서는 일들이 생겨납니다.

두 번째는 1930년대의 월스트리트입니다. 엄청난 생산력 향상에서 나온 경제적 잉여가 엄청난 양으로 주식 시장에 밀려들지만 현실에서의 사회 세력 구도는 이를 지속 가능한 자본주의로 연결시킬 수 있는 형태가 아니었고, 제도적 상상력은 오히려 사태를 악화시키는 쪽으로 치닫습니다. 이에 파시즘이 대두되며 제2차 세계대전으로 이어집니다.

지난 40년간 지구화globalization는 산업문명의 역사에 완전히 새로운 국면을 열어 놓았습니다. 모든 나라의 모든 제도는 '신자유주의'의 규범에 맞추어 '글로벌 스탠더드'로 통합되는 것을 규준으로 삼게 되었습니다. 반면 기술의 변화는 지구적인 시장과 자원과 지식의 통합으로 그 이전의 기술 혁신을 아마 훌쩍 넘어서게 될 새로운 비약의 지점으로 가고 있습니다. 또 지구화의 진전으로 노동 · 자본에 집중되었던 사회 세력의 대립 구도는 훨씬 더 복잡하고 새로운 지형으로 전개되고 있습니다. 이 세 가지가 맞물리는 방식 또한 이전처럼 하나의 국민국가nation-state 안에서 진행되던 방식과는 전혀 다른 양상으로 나타나고 있습니다.

　이러한 변화에 더하여 '지구적 한계'라는 더 큰 구조적 변화도 모습을 드러내고 있습니다. 물질적 자원의 고갈과 탄소 배출 같은 심각한 오염 그리고 생태계의 변화와 파괴 등과 같은 자연적 한계가 나타난 것입니다. 이는 20세기 중반 이후 산업문명의 지고지상의 조직 원리, 기술과 제도와 사회 세력이라는 세 가닥의 끈을 하나로 엮어 내기 위해 인류가 도달하고자 했던 최고의 목표인 경제의 지속적인 성장을 근본부터 위협하고 있습니다. 이 모든 변화가 전면화된 지난 40년간 산업문명의 변화에 대한 설명 그리고 지금 우리가 어디에 있으며 어디로 나아가게 될 것인지에 대한 생각은 다음 권으로 넘기도록 하겠습니다. 3권에서는 '운명의 여신들은 자신들이 짜 온 밧줄을 어디에서 가위로 자를 것인가' 하는 주제를 놓고 이야기를 이어 갑니다. 가위의 날은 어쩌면 우리 머리 바로 위에 있을지도 모릅니다.

어나더 경제사 2 - 산업문명

초판 1쇄 발행 2023년 7월 1일
2쇄 발행 2024년 2월 28일

지음 홍기빈
펴낸이 박정우
편집 고흥준
디자인 디자인 이상

펴낸곳 시월
출판등록 2019년 10월 1일 제 406-2019-000107 호
주소 경기도 고양시 일산동구 문봉길62번길 89-23
전화 070-8628-8765
E-mail poemoonbook@gmail.com

ⓒ 홍기빈
ISBN 979-11-91975-12-3(03300)